石川啄木

[日]唐纳德·基恩 著
沙青青 译

DONALD KEENE

The First Modern Japanese
The Life of Ishikawa Takuboku

上海文艺出版社
Shanghai Literature & Art Publishing House

赠吾子诚己,
他让我生命的最后几年成为了一段最幸福的时光。

目 录

第 一 章　　啄木，现代诗人　1

第 二 章　　在东京　22

第 三 章　　身为教师　42

第 四 章　　放逐北海道　54

第 五 章　　函馆与札幌　69

第 六 章　　在小樽　85

第 七 章　　钏路的冬天　101

第 八 章　　诗歌还是小说？　122

第 九 章　　加入《朝日新闻》　146

第 十 章　　《罗马字日记》　164

第十一章　　啄木与节子的悲哀　186

第十二章　　失败与成功　197

第十三章　　啄木论诗　212

第十四章　　大逆审判　227

第十五章　　**最后的日子**　244
第十六章　　**啄木死后**　259

译后记　270

注释　272
参考文献　317
索引　323

第一章

啄木，现代诗人

　　石川啄木（1886—1912）可能是最受人喜爱的短歌诗人。千余年间，短歌是无数日本诗人参与创作的一种诗歌形式。啄木的短歌与其说是因为其美感而脱颖而出，不如说是因其个性而引人瞩目，时至今日他的诗作仍能让初读者感到惊奇。他的诗作几无借鉴任何人的作品，却能别出心裁地传递出他的思想和经验并附以令人惊奇的新鲜感。在他之前，有无数诗人在短歌的三十一个音节中描绘四季的变迁或因爱而起的渴望等主题。石川的作品却很少触及这些常规的主题，而他也无意用自己的原创性来打破短歌的传统。与之相反，他坚持用三十一个音节来创作，一如两千年来其他短歌诗人所做的那样。虽然他经常撰文敦促诗人们用当代的语言来创作，但他的短歌却依旧用古典日语写成，哪怕是在描述一个明确无误的现代人的思想。他很像法国的现代主义诗人，他们虽然下决心革新旧诗，但还是会押韵和采取传统形式，例如十四行诗那样。[1]

　　尽管短歌诗人可用的音节不多，但短歌的意向依旧洋溢着丰富多彩的美感且饱含深意。可供诗人使用的词藻是由许多世纪前公家贵族所规定的，以期确保优雅，但这种规定也限制了主题。事实上，短歌诗人都会公开引用前人作品，不参考过往作品的诗作也多不受褒扬。短歌诗人大多没什么惊世骇俗的想法，他们只是对自己所熟悉的主题不断进行变奏而已，沉迷于对旧诗的微妙改编及其隐晦透露出的新鲜感。

不过，短歌千篇一律的主题并不适用于十余位伟大的短歌诗人。即便是那些传统的主题，他们的作品也能令人流连忘返。虽然十四世纪连歌和十七世纪俳句的兴起给了诗人更多主题和语言的自由，但既没有让短歌消失，也没让短歌产生大变化。直到十九世纪末，才开始有人高声呼吁摒弃过往的遗产，创作属于明治时代众人的诗作。

正冈子规*（1867—1902）是这场运动的领导者。他的作品很少描绘樱花、秋叶之美以及其他可爱但烂俗的诗歌主题。相反，他会在诗作中叙述他自己的认知与感受，却不会担心这类诗作可能会让守旧的读者觉得缺乏诗意。子规坚持用现代日语进行写作，把短歌和俳句带入了新时代。这才让这两种日本传统诗歌形式免于被十九世纪八十年代后蔓延日本的欧陆思潮所吞噬。

---

* 正冈子规（1867—1902），近代日本最著名的诗人之一，为俳句、和歌革新发挥了巨大作用。（本书脚注均为译注）

不过，这些并没有让正冈子规成为一位现代诗人。因为他很少会像现代诗人那样吐露自己内心深处的情感，也很少用第一人称提到自己。他最有名的短歌需要读者理解未曾明言的背景：子规在他病重而卧床不起时写下了这些作品，却至死都没有透露创作这些作品时的心路历程。

与正冈子规不同，石川啄木是一位真正意义上的现代诗人。大约六十年前，京都大学的哲学教授高坂正显告诉我：他深信啄木是第一个现代的日本人。这句话在我的记忆中挥之不去，尽管当时我对啄木的作品还不了解，以至于无法理解究竟是什么让他如此"现代"。[2]

虽然很难讲清究竟哪些特征能让诗人显得现代，但啄木的诗作则无需多言。例如：

> 跟我相像的两个朋友，
> 一个是死了，
> 一个出了监狱，至今还病着。[3]

显而易见，这首的主题是早期短歌诗人从未写过的，一名死者、一名刚出狱的人，还有一个生病的人。而啄木的经历与上述所有人都相似：

> 如同在旷野里走的火车一样，

> 这个烦恼啊,
> 时时从我心里穿过。[4]

啄木在这首诗中将脑海中闪现的痛苦比喻成一列在荒原上疾驰而过的火车。在啄木之前,肯定没有人用过这样的比喻。

> 不能忘记那颊上流下来的
> 眼泪擦不去的,
> 将一握沙给我看的人。[5]

在啄木最著名的诗集《一握沙》的前十首中都出现了"沙子"一词。这首诗暗示了时间的流逝,如同沙漏中的沙子。尽管啄木并没有直言他目睹那位哭泣者时的心情,但却能让我们感同身受。

啄木认为短歌是诗的理想形式。他并不赞成同时代诗人的观点:在欧陆的影响下,他们认为简约的短歌会限制表达。而啄木坚持认为:简约的短歌允许诗人在灵光闪现之时就能马上写出一首来。而短歌的简约形式也让诗人不会过度夸张渲染自己的情绪,因为没有第二节来重复那些已经表达过的内容。

啄木写其他形式的诗时有时会使用现代日语,但他所有的短歌都是用古典日语写成的。尽管有时会让这些作品难以理解，尤其是在当下，古典日语不再是日本教育重要一环的时候，但啄木依然愿意使用这些不常见的词藻或其过往的意涵。即使他的某一首诗难以理解，但其要旨仍能被感知到。

当我们今天阅读啄木的诗作和日记时，可能会忘记他是在一个世纪前去世的。尽管日本在此期间已发生了翻天覆地的巨变，但啄木与我们现代人之间并没有任何隔阂。有时我们可能会惊讶于他的坦诚，特别是在他日记中，他甚至会比如今大部分作家都更坦诚地揭露自己的缺点。以下引自他的《罗马字日记》（1909年）足以说明他的坦率："为什么我决定用罗马字来写这本日记？为什么？我爱我的妻子。正是因为我爱她，我才不想让她读这本日记。不，这是个谎言！我爱她是真的，我不想让她看这个也是真的，但这两件事并不相关。"[6]

虽然不如他的诗作流传范围大，但啄木的日记是他最令人难忘的作品。因为它是每天都会写的，之后也没有重写过，所以难免会掺杂某些他因一时兴趣而写的段落，但无一例外也都是关于文学旨趣的。即使是干了愚蠢、可悲的事，啄木仍会毫不犹豫地坦率示人。他在写日记时并没有考虑谁会是读者，也不会在日记里做忏悔。他偶尔会在小说中使用日记中的材料，但从未长篇摘引，况且这样的运用也并不成功。这些日记每天要花费大量时间，自然是啄木最珍贵的财产。当他丧失一切时，他留下了自己的日记。之后，当他意识到自己不久于人世时，他曾要求一位友人在其死后烧掉日记，但他自己从未尝试烧掉它们。他还曾让他的妻子节子在他死后烧掉日记，幸运的是她并没有这么做。

当啄木于1912年去世时，他并不为公众所熟知。然而，此后这么多年来，有超过一千本专著和传记来介绍他的生涯和作品。如今他已被认为是现代日本文学史上的重要人物之一。

石川啄木出生于岩手县一个叫日户的小村庄。一般认为他生于1886年，但一些学者根据啄木的备忘录和他妹妹的回忆，主张他生于1887年。[7]他的父亲石川一祯（1850—1927）是日照山常光寺的住持。不过，啄木自己从未提到日户是他的出生地。以至于直到1955年，他所居住过的其他地方都已立有纪念碑后，日户才有了他的纪念碑。现在的纪念碑上刻有啄木学生时代的好友金田一京助（1882—1971）的铭文。他是第一个指出传记作者搞错了啄木的出生地的人，之前的传记常将啄木的出生地错记为涩民村。[8]

啄木之所以不愿意提到日户的一个可能原因是在他死后二十年左右才被发现的。当地村民指责他的父亲侵占了献纳给寺庙的钱财,而这些钱财原本是用来救济贫穷信众的。在此阴影之下,他的父亲离开了日户。此外,一祯被指控利用这笔钱进行贷款并收取利息,还被指责擅自售卖寺庙的林木并用所得购买了贵重品,还带去了下一个落脚地。

二十世纪五十年代斋藤三郎造访日户时曾发现,当地一些年迈的村民对一祯的行径仍感到愤怒并将这种不满的情绪延伸到他的儿子啄木身上。现在很难认定对一祯的这些指控是否能坐实。不过,他的传记作者认为他或许曾大手大脚地滥用了这笔钱,还认为啄木从他父亲那儿继承了这个花钱大手大脚的毛病。[9]

啄木的出生证明上并没有确认他是一祯的儿子,而是被记为他母亲工藤葛(1847—1912)的私生子,名字为工藤一。虽然日本政府在1872年允许此前大部分宗派坚持独身的佛教僧侣结婚,但不赞成乃至鄙视僧人结婚者在民众中仍大有人在。啄木出生时,石川一祯作为一名十岁皈依禅宗的低级僧人对自己的未来如何并没有底,很可能为保住自己的职位而选择隐瞒这段婚姻,哪怕这会让他的孩子被贴上私生子的标签。实际上,啄木两个姐妹出生时也被登记为"没有父亲"。[10]

1887年,位于更繁荣的涩民村的曹洞宗宝德寺的住持突然去世,而他的孩子年幼无法继承寺院,于是石川一祯被任命为下一任住持。此项任命是葛原对月（1826—1910）安排，葛原对月不仅是一祯的授戒法师，与一祯秘密结婚的也正是他的妹妹。不少信众认为一祯对这么一座大寺来说太年轻和缺乏经验了。另一些人则对前任住持家人的境遇感到遗憾，他们被迫离开寺庙，并陷入贫困。而一祯的书呆子风格和对诗歌创作的痴迷也让信众感到不满。

啄木尚在襁褓时，就被从日户带到了涩民。1892年，一祯或许是因为受到自己新职位的鼓舞，他开始承认自己已婚的事实并将自己的姓氏"赐"给了他的妻子和孩子们，只是对外还是声称这些孩子是收养的，并非亲生。一祯承认已婚的事实刺激了他的反对者。不少信众指责他对增加当地民众福祉毫无兴趣。不久之后，又有流言蜚语称其擅自挪用寺庙的钱财，而他则强烈否认有任何不当行为。尽管当地大多数信众接受了他郑重其事的自辩，但一祯追随者和反对者之间的争端依旧持续了很多年。

啄木五岁时上学。当时他被称为工藤一，一年后改名为石川一。涩民村小学是应1872年日本政府命令而建立的，当时要求日本每个儿童从六岁起（按西方的算法是从五周岁起）至少要读四年书。当然在此之前，日本就有学校存在。但平民的孩童除了基本的读写外，几乎学不到什么，此外可能还有一些基本的算数，以便能算账。对于武士阶级的孩童来说，他们也会在一些学校里花大量时间来学习儒家思想。这类对研究儒家著作至关重要的古典汉语知识也是武士身份的重要标志。

随着明治维新的推进，日本在1868年后开国，日本政府清楚表明：仅靠儒家智慧并无法使日本在现代世界占有一席之地。在年轻的明治天皇登基之初，就承诺："求知识于世界，大振皇基。"1872年颁布的《学制令》*兑现了这项诺言，决定在日本全国范围内兴建学校、向孩童传授科学、地理、英语和其他非传统科目，不问阶层出身。

大约十五年后，到了啄木所处的时代，连日本偏远地区的学校也能提供堪与西方发达国家相当的小学教育。这种显著的教育跃升，使啄木获得有关诗歌和生活的丰富知识。而他的学习速度则是令人惊讶的。

啄木最初就读的小学就设在他居住的宝德寺院内。由于缺少可用于教授新知识的教室，佛教寺庙（最大的可用建筑）往往被改造成学校的校舍。起初，啄木的学习成绩很糟糕。或许是与生俱来的叛逆精神和对户外活动的热爱使他不愿意遵守学校的纪律。不过，他的成绩很快就日渐提高，毕业时他的成绩在班上已经名列前茅。

事实上，啄木的成绩比他的同学好得多，以至于他们

---

* 日本明治政府颁布的第一个教育改革法令，基本确立了日本的教育制度。作者此处误作《教育敕语》（Rescript on Education），疑为笔误。《教育敕语》是1890年颁布的。

把他称为天才，这个外号在他的余生中一直伴随着他。偶尔他甚至会自称天才，但他越来越意识到神童的美好预期和他被迫承受的生活之间的痛苦反差。他用这些诗作来表达这种反差：

> 那时候神童的名称
> 好悲哀呀，
> 来到故乡哭泣，正是为了那事。

然而，啄木在涩民的童年时代，大部分时间都是愉快的。他享受母亲的宠爱，以及很多朋友的推崇。不过，他的欢愉并非来自人，而是来自山间田野。他是一个"自然的孩子"，正如他妹妹光子所描述的那样。[11] 他经常回忆他儿时的快乐：

> 涩民村多么可怀恋啊，
> 回想里的山，
> 回想里的河。

他还会怀念涩民当地鸟儿的歌声：

> 布谷鸟啊！

围绕着涩民村的山庄的树林的

黎明真可怀念呀。

他特别喜欢宝德寺周遭树上啄木鸟的声音。1902年，在他十六岁的时候，他发表了一篇关于啄木鸟的十四行诗，尝试用这种外国的诗歌形式来写作。事实上，啄木深深着迷于啄木鸟，甚至将"啄木"这两个字作为自己的"诗名"。[12]

曾经有人问他，为什么放弃了早先的另一个更有诗意的名字，而选择了"啄木鸟"的意象，这种鸟的外形和歌声并不被日本诗人所赞美。他如此回答道：

> 我的窗外是一片漆黑的森林。在它的深处，无论是哪个季节，总能听到啄木鸟稳稳啄树的声音。这种声音来自森林的中心，在任何时候都在作响，如同柔和的鼓声，就像从古代传来的回声，令人喜爱的声音。它治愈了我的春病，无论我因头疼而靠着枕头休息，还是在朗诵诗歌解闷，甚至在我正阅读心爱的瓦格纳时。[13]这声音无论在白天还是黑夜都能抚慰我，而当我听到它是，无论何时都会感到一股压抑不住的创作欲——一种在我体内喷涌而出的纯粹快乐，一种可以冲淡写作倦怠的快乐。这就是为什么我把"啄木"作为我的名字。[14]

第一章 啄木，现代诗人

当他离开涩民、远离啄木鸟后，啄木仍继续怀念这个村庄。尽管他在这儿居住的时间仅仅是从1887年到1903年。随着他越来越意识到涩民岁月可能是他人生中最快乐的一段日子，他对此的怀念之情更与日俱增。他那些关于童年的诗都是最明朗的：

> 夜里睡着也吹口哨，
> 口哨乃是
> 十五岁的我的歌。[15]

啄木在涩民的家人除了他本人外，还有他父母、他的妹妹光子（1888—1968）。在光子的回忆里充满了啄木如何不善待她，乃至残忍的抱怨。她显然对母亲更偏爱哥哥而感到不满。

啄木很少写他童年时与伙伴们的关系，而他的诗还显示他和自己父亲也并不亲密：

> 父母和儿子，
> 怀着不同的心思，静静对着，
> 多么不愉快的事呀。[16]

> 父亲与我彼此无言，

在一个秋夜,
回家的路走了一半。[17]

悲哀的是我的父亲!
今天又看厌了报纸,
在院子里同蚂蚁玩耍去了。[18]

尽管父子间并不亲密,但一祯很高兴能有一个儿子,尽管他似乎并不指望啄木能够继承他在教派中的地位。住在寺庙的啄木经常能听到父亲念经,但并没有接受过任何佛教禅宗的教育,甚至都没有学过拜佛的重要性。不久之后,他就自称是无神论者了。[19]

然而,他的父亲则可能是在无意间促成了啄木诗歌天赋的觉醒。一祯自己就是一位老派的短歌诗人,留下了近四千首作品。[20] 他还为一些诗歌杂志写文章。这对一名乡下僧人来说是很不寻常的。啄木可能是在看过这些杂志或他父亲的诗作后,萌生了写诗的念头。不过,没有任何一首他童年时代的诗作存世。

这个世上,啄木最爱的人可能是他的母亲,尽管他的日记从未直接表达过这种爱,甚至也未曾流露感激之情。他的母亲的家庭背景要优于父亲,她在小学时成绩很好,但婚后没有再接受教育。在啄木最长的有关母亲的叙述中

（在《罗马字日记》中），她已近乎文盲。他引用了一封母亲寄来信中的内容，信里讲述了家中如何缺钱。她向啄木求助，哪怕一日元也是好的。她写道"如果我们没有得到你的答复，那我们就完了"，啄木接着评论道：

> 我母亲的信中，满是扭曲的字体和拼错的假名。除了我自己，大概没人能读懂这封信。有人告诉我，母亲以前在盛冈仙北的学校读书时，是班上最聪明的学生。但在与我父亲四十年的婚姻生活中，我怀疑她一封信都没写过。她写给我的第一封信是在前年夏天……今天是我来东京后收到的第五封信。信中的错误比第一封要少，字也写得好了一些。多令人悲伤啊，我母亲的信。[21]

根据啄木在日记中提到父母的次数，研究者斋藤三郎得出结论的是，啄木对母亲的爱至少是父亲的七倍。[22]不过，啄木生活中扮演过重要角色的宫崎郁雨（1885—1962）则曾认为啄木与母亲的关系有些"不健康"，尽管他没有明说。他在1908年见到她时，留下了负面的印象：

> 他的母亲看起来像一个老巫婆。她非常瘦小，而且痛苦地弯着腰。坐着的时候，她看起来不比一个女

孩大，但她的体态很有特点。额头很饱满，就像啄木的一样。她苍白的脸是葫芦形的，鼻子和嘴甚为平常。她最引人注目的地方是她的白发。看着她的脸，我想，她年轻时可能很美，但只要有什么事让她不高兴，她就会在言谈中透露出一种令我不快的逆反天性。[23]

尽管他的母亲身材瘦小，但她却会毫不犹豫地说出她的喜好与厌恶。但她首先致力于让啄木感到快乐。这种关心可能要追溯到啄木的婴儿时期。他出生时体弱多病，他的母亲非常害怕失去她唯一的儿子，所以她会允许他任性，害怕责骂他可能会导致他发脾气，甚至死亡。

光子将她母亲对啄木的感情描述为"盲目的爱"。她回忆说，为了能让啄木长力气，她的母亲会给他喂其他人都吃不到的美味佳肴。她从不责骂，无论啄木如何调皮捣蛋。他的父亲则比较严厉，有一次他严厉地责骂了啄木。对于这种突如其来的家长权威，这个小男孩被吓得直哆嗦。光子承认，她看到弟弟受罚时，感到非常高兴。她坦承：自己恨他，因为他总是骂她笨，还会打她。[24]

光子很羡慕啄木。作为独子，他可以自由自在地做自己想做的任何事。他的父母却没有做任何事来保护光子免受啄木的欺负。啄木总是穿戴整齐，而当光子每次想要衣服时，父母只给她一些啄木穿过的旧衣服。在啄木死后，

第一章　啄木，现代诗人

光子写了这些有关她哥哥的不快回忆，但她坚持说这样做并非是为了揭露她哥哥曾如何让他痛苦，而是为了反驳那些将啄木的不幸归咎于世态炎凉的说法。光子相信，啄木之所以不快乐的根源在于母亲培养的贵族式的利己主义："现在人们忘记了我哥哥是一个在家里被宠坏的儿子，在村里像个贵族少爷。石川家后来确实被迫四散各方，但希望读者诸君能客观地认识到，我哥哥的麻烦在很大程度上是由他自己的贵族化倾向造成的"。[25]

用"贵族"这个词来形容一位一生大部分时间都在贫困中度过的人，确实是出人意料的。不过，光子的记忆只停留在啄木的青少年时期。作为一名僧人的儿子，他可以向当地村民炫耀他身份的优越性。实际上，光子对他的傲慢很不满。她后来去一家传教士开办的学校，成了一名基督徒，似乎是想尽可能与他哥哥不同。啄木晚期的一首作品呼吁人们关注那些他们抵触的宗教：

> 我说基督是人，
> 妹妹的眼睛里带着悲哀的样子，
> 在可怜我了。[26]

光子对哥哥的愤恨偶尔也会让位于亲情，但她写的东西大多充斥着苦涩。或许她并没有夸大她的悲伤，因为啄

木也意识到父母对光子的不公:

> 我记得当我的母亲,
> 没有打过我的屁股。
> 却会敲打和惩罚
> 我的妹妹,
> 尽管她什么都没做。[27]

光子承认啄木有时会对她的教育表示关注:"我哥哥经常说,他想把我培养成一个小说家,并敦促我无论读什么都要搞通弄懂。正是那个时候,我第一次听到了上田敏*和夏目漱石†的名字"[28]

啄木偶尔也会认为,尽管他周围的人对光子很严厉,但他们对自己却又过分放任了:

> 我这个
> 独生的男孩长成这个样子,
> 父母也觉得很悲哀吧。[29]

---

* 日本近代著名的文学评论家、翻译家及诗人,曾任京都帝国大学文科教授。永井荷风曾承认自己是通过上田敏的译介才开始对欧美文学感兴趣。
† 本名夏目金之助,最负盛名的日本近代作家之一,享有"国民作家"的称号,也是被印在一千元日元纸币上的人物。

啄木的第一所学校是在涩民的普通小学。在这所学校读了四年,而这也是村里大多数孩子所能接受的全部教育。1895年4月毕业后,啄木去了盛冈的高等小学,那是附近最大的城市。1898年,他从盛冈的学校毕业,在日常功课、品行、考试三方面都获得了最高分。他申请入读盛冈中学,在一百二十八名申请者排名第十位,那一年他十二岁。他中学第一年成绩不错,但不算突出。啄木在中学时代就开始创作短歌,并能运用古典日语。他在学习那些古典词藻和语法时似乎没有什么困难,进而醉心于这些晦涩难懂的文字。啄木的成绩在初中二年级后开始下滑,之后更是年年下滑。虽然他在日记中并未提及成绩变差的原因,但传记作者们一般将其归咎于他对自己未来人生的意识觉醒:在决心成为一名作家后,他对课堂学习就没了兴趣。不过,他的成绩变差可能还有一个更直接的原因。1899年,十三岁的啄木遇到了一位同龄女孩堀合节子。从照片上来看,她不算漂亮。尽管并不像是"白百合",但啄木还是用这样的爱称叫她。她很聪明,还可能有一种性方面的吸引力。不久后,热情的啄木就爱上了节子,而节子也同样被他吸引,成了啄木家的常客,通常还是以来见光子为借口。[30]

1901年3月,盛冈中学爆发了一场学生罢课运动。罢课始于两批英语教师之间的敌对。其中一批是当地的老教师，他们的英语完全是从书本上学来的，常会把"the girl"发音为"za gururu"。而他们的对手则是由一批来自东京的青年教师组成，从英语母语者那里学到了正确的英语发音。老教师们担心自己会被取代，因此处处为难新来的教师。性格软弱的校长既无法化解两派人的敌意，也无法制止学生们对糟糕英语教育的抱怨。学校的校友们为了寻求解决之道，找来富田小一郎（1859—1945）做文科长。他是一位杰出的教育家，被称为"岩手的裴斯泰洛齐"*，但他过于严厉的要求激怒了学生，很快就离开了学校。随后罢课又持续了三周，直到县知事亲自出面干预才结束。

一向叛逆的啄木，很享受罢课的刺激。当罢课结束时，他甚至感到很遗憾：

> 想起罢课的事情来，
> 现今已不那么兴奋了，
> 悄悄觉得寂寞。[31]

起初，啄木并不喜欢富田，但随着自己对他了解的加深，对他的敌意逐渐转为钦佩，并在1909年出版的报纸连载中对富田更是倍加推崇。[32]

---

* 约翰·亨里希·裴斯泰洛齐（1746—1827），瑞士著名的教育家，欧洲平民教育的先驱和奠基者。

在知事结束罢课后，啄木再次对学校感到厌烦。于是他通过大量阅读来转移自己的注意力，回忆说："我有生以来第一次阅读文学作品，从那时起就被完全吸引住了。我在课堂上出现的次数变得比以前更少，到今天依旧如此。"[33] 阅读文学作品不仅有趣，而且也使他坚定了自己必须成为一名作家的信念。课堂上的内容似乎与他未来的事业越来越不相关。

而罢课的结果是学校的教师队伍产生了动荡，没有人继续留下来教英语。1901年，在啄木的建议下，一些学生组成了一个团体，称之为"联合协会"。而这个名字来自成员们使用的英文教科书。他们每周聚会，不仅讨论文学，还会议论政治和宗教。这种知识分子式讨论的初体验可算是啄木从罢课运动中获得的最重要好处。正如他在日记中所写那样："如果有人问我在生活中有什么聊以自慰的话，那我会立即回答：在我的右边是一朵白百合，在我的左边则是联合协会的朋友。"[34] 如前所述，"白百合"就是节子。

尽管从十七岁时，他们两人就渴望成婚，但双方家庭都反对。节子的殷实家族并不希望把女儿嫁给一个乡下僧人的儿子。而啄木的母亲则认为节子不像一个端庄的日本女孩，或许是因为她自己对啄木的感情过于强烈。虽然对双方父母的反对而感到沮丧，但这对恋人依旧打得火热。

而啄木自己却几乎毁了他与节子结婚的可能性。1902

年7月15日，他在一次数学期末考试中作弊被抓。当时，他与邻排的一个朋友约定，把问题的答案传给他。这一年3月，啄木已经被抓到过作弊。当时，他被从宽处理，只受到训诫。第二次被抓后，他被停课了。考试作弊在日本学校中很常见，通常是被视为一种轻微的违规行为，但在罢课事件后，新上任的校长接到知事的命令：要重建学生们的道德品质。因此他要求教师们重罚啄木。

9月2日，啄木被告知，他的学习档案被仔细检视过。档案显示，在规定的两百零七个学时中，他只上了一百零四个。在一些课程中并没有获得学分，还有一些课程也没能及格。在一片责骂声中，啄木却收到了好消息。数一数二的诗歌杂志《明星》传来消息，该杂志正计划刊行他的一首诗作。这个消息让啄木有了安定感。他并没有遭受被学校开除的耻辱，而是在10月27日以"家庭问题"为理由请求退学，这个请求立即就被批准了。

啄木就像巴尔扎克小说中的主人公那样，决定前往首都大展身手。他离开涩民，次日一早在盛冈与节子含泪作别。1903年10月30日下午五点，在节子和"联合协会"成员的目送下，啄木踏上了前往东京的火车。他没有钱，也不知道在首都到底能做什么，只有一个去认识当时大诗人的模糊希望和巨大的自信心。

第二章

在东京

1902 年 11 月 1 日上午,啄木抵达东京的上野车站。他乘人力车去了一个朋友家,与他度过了在这座大都市的第一天。次日,在这位朋友的协助下,他找到了一间舒适的住处,添置了一张桌子和一个书架。这是他所需的所有家具。在东京的第三天,他参观了上野公园的日本艺术展。他在日记中记录了他对展览的观感:

> 日本画家背负的诅咒就是他们总是选择那些陈旧的主题并毫无生气地去创作。在所有展出的作品中,只有两三幅运用西方技艺来创作的日本画还值得多看一看……
>
> 除了绘画作品外,还有数以千计的其他艺术作品展出。唯一值得一看的是药师寺行云的裸女石膏像和一座骑射大将的银像(我忘了艺术家的名字)。[1]

对展览作出如此明确的评判,说明啄木在涩民或盛冈时已对美术涉猎颇深。但在他的日记中，没有一处提到美术作品或有关绘画的书籍。他对自己的品味已经有了绝对的信心，而且似乎还延伸到了各个领域。

他第一次到东京时的反应，与其他外地年轻人通常表现出的敬畏感觉相去甚远。事实上，在啄木的叙述中，他对东京的最初印象中最鲜明的就是他缺乏惊喜感。除了那一年早些时候曾短暂造访过北海道的小樽外，他就没有离开过日本的东北地区。那次造访是希望从二姐夫那儿借钱去东京，但没有成功。无论如何，在他到了东京后，似乎就下定决心不对任何事物大惊小怪，不允许任何人会小看他是一个乡下来的孩子。

在某种程度上，他的信心可能来自与著名诗人与谢野铁干*（1873—1935）的通信，因为他知道自己的诗将刊登在《明星》（与谢野铁干出版的杂志）上。这证明了他的才华，使啄木有了在诗歌世界立足的信心，他有资格去见铁干这样知名诗人。11月4日，他收到了铁干的来信。铁干在信中提到在自己夫人刚刚分娩。在回信和日记中，啄木并没有对铁干的好消息流露出喜悦，也没有对刚出生的孩子表示祝贺。[2] 或许此时的他认为自己应从老套的传统礼仪中解脱出来。

---

* 本名与谢野宽，日本近代著名诗人、文学活动家，长期在庆应大学任教，夫人是著名女诗人与谢野晶子。

尽管啄木很高兴能来东京，但除了大概觉得要认识其他诗人之外，他并没有多想应该如何度过在这儿的时光。11月4日，他遇到了野村胡堂*（1882—1963），比他大一届的盛冈中学学长，现在是一高†的学生。野村敦促他继续完成自己的学业，还陪他去过几所学校，但都没有多余的五年级学位。最后啄木去参观了一个英语学校并注册为学生，但从未去上过课。[3] 他每天大部分的时间都在自己的房间里创作短歌和写信。主要乐趣是看照片，可能是节子的照片。没过多久，他就开始怀念年涩民的"清风"，转而对将尘埃吹到每个角落的东京"臭风"感到厌恶。风中夹带的白色粉末让他将东京的建筑想象成白色的骨架。

啄木担心如此在东京生活将会如何影响像他这样的年轻人：

> 世人说去东京会让任何一个男人颓废。事实就是如此。如果一个天真的年轻人突然发现自己站在东京尘土飞扬的街道上，他首先会注意到繁华的道路、电灯、招牌、马车以及穿着光鲜的女人。任何人身处其

---

* 本名长一，日本近代著名小说家，代表作为《钱形平次捕物控》系列小说。

† "一高"即旧制第一高等学校，是日本最早设立的公立高级中学，前身为官立东京英语学校，其毕业生绝大多数都会升入东京帝国大学，亦被视为传统上的精英学校。

中，都难逃被震撼到的命运，而在他内心深处会被微微触动吗？东京是一个玩乐的好地方。它也是一个学习的好地方。[4]

初到东京的第一周，啄木并没有花多少时间在学习上。他参观了美术馆，并在日记中吐槽。他会花几个小时思念自己心爱的"白百合"，但大部分时间感到孤独和无聊。其间，他创作了不少短歌并寄给了铁干，但却没有回音。直到11月9日，铁干邀请啄木参加在他家举行的诗人聚会。啄木欣喜地发现，尽管他很年轻，但在与资深诗人的交流中，依旧能阐述自己的观点。今天，这些诗人中大部分都已被遗忘，或者只能委身"无名诗人"的行列。不过，这些人中有一位日后成了重要的小说家——岩野泡鸣*（1873—1920），那时他还是一位诗人，可能对啄木的短歌产生了影响，主要体现在每行诗句长度不一的创作风格上。

啄木对聚会上的大部分诗人都曾讽刺过几句，但对主人铁干则几乎没有，或许是因为他比自己预想的要更友善。[5]聚会结束后，啄木提醒自己：没有什么比这类聚会更神圣的了。在聚会上，诗人们可以忘记繁琐的日常，尽情交流各自对诗歌本质的想法。

第二天，啄木再次拜访了"诗堂"，这是与谢野住所

---

* "新自然主义"的代表作家，代表作有《放浪》五部曲。

的诗意别称。他似乎毫不犹豫地在未受邀请的情况下就出现了。也许他觉得他参加聚会的行为已经使他有资格成为铁干圈子里的一员。正如他在日记中所写的那样:

> 在我坐下来,在高雅的晶子夫人*的面前等了几分钟后,铁干进来了,脸上带着微笑。这间八平方米的房间充满了秋日的明媚,而花园中优雅花坛里的红白菊花正盛开着。谈话以回忆前一天的聚会开始,但随着新话题的出现,变得更加有趣和令人难忘。当我们继续在这样交际时,我想到自己绝对没有理由不被他(铁干)的世界所接受。[6]

作为一名资深诗人,铁干给了啄木不少忠告,例如告诫他,一个文人指望靠卖文为生是不妥的。诗歌源自理想的世界,而不应是谋生的手段,"接着他跟我说,短歌无疑是最正统的诗歌形式,但未来的诗人也不能拒绝探寻当代诗歌的新形式。他还认为只有一个人身处巨大冲突、经历无数危机仍能勇敢面对,无论成败,方能被称为是诗人"。最后铁干提醒啄木:"你的诗太有野心了。日本的诗人们都如此渴望坐拥名声,哪怕之前为他们赢得名声的所

---

* 旧姓凤,日本近代最著名的女作家,在诗歌、小说等领域均有建树,此外也是女性主义运动的积极推动者。

谓成功有多空洞。因为害怕失去名声，甚至不敢再继续创作。我的每一位朋友皆是如此。"[7]

啄木显然对这种说教感到厌烦，他评论道："这是我第二次与他面对面交谈，还没有资格来判断他的性格。不过，我相信，别人对他最中肯的评价是思维活跃、精力充沛。至于他的缺点，我现在没什么可多说的，因为我可能会对他有误解。"

尽管啄木此后多受益于铁干的好意，但他似乎从未真正喜欢或尊敬过他。多年后（1910），他在《罗马字日记》中写道："无须多言，我不认为与谢野是一个如兄如父的存在，他只是一个帮助过我的人……尽管我们都是作家，但我莫名觉得我们是在不同的道路上旅行。"[8] 他又补充道："有时我会把晶子当作姐姐，他们两个人是完全不同的。"

啄木对晶子的崇拜始于中学时代。他读了她的诗集《乱发》，立刻就被深深吸引。[9] 在更多记录他拜访时对话的文字中，他写道："任何对她指指点点的人都不是我的朋友。一个精致的灵魂从她身上华丽地呈现出来，以至于任何凡夫俗子都不敢靠近。她脸色苍白，无疑是因为她刚分娩不足十日，但这只会为她更添一份庄重的尊严感。"[10]

11月11日，他在小樽的二姐夫山本千三郎寄来一张汇款单。啄木立刻就用这笔钱买了旧书，包括查尔斯·兰姆和玛丽·兰姆姐弟（Charles and Mary Lamb）的《莎士比亚故事集》(*Tales from Shakespeare*)、拜伦勋爵的《恰尔德·哈罗尔德游记》[*]和罗伯特·英格利斯（Robert Inglis）的《英格兰诗选》(*Gleanings from the English Poets*)。这当然非常奢侈，是啄木用钱时"大手大脚"的典型作风。不过，这些书的大部分，他都好歹读过了。第二天，他花了一天时间读了兰姆姐弟转述的《罗密欧与朱丽叶》。他之所以会对莎士比亚戏剧中的这个故事感兴趣或许是因为这个故事与他自己的经历类似，即描述由于家庭反对而无法结婚的恋人。三天后，他开始读拜伦，并引用了《恰尔德·哈罗尔德游记》中的一些段落。

11月17日，他去了丸善书店，东京最大的外文书店。在那儿，他买了《哈姆雷特》和亨利·沃兹沃思·朗费罗（Henry Wadsworth Longfellow）的诗选。尽管他没有留下对这些书的感想，但在读完森鸥外翻译的《即兴诗人》[†]（*The Improvisatore*）后，他评价道："它牢牢抓住了我的心。多么了不起的作家啊！"[11] 对他来说，日语书无疑比外文书更容易欣赏。仅仅三天后，他卖掉了几乎所有书，仅留下那些英文的原版书。

11月21日，啄木买了亨利·易卜生（Henrik Ibsen）

---

[*] 拜伦的长篇叙事诗，亦为其代表作，于1812—1818年间出版。
[†] 原作者汉斯·安徒生（Hans Andersen）发表于1835年。森鸥外以"拟古文"（即中古日语）翻译了本作，发表于1902年，该译本获得极高的评价。

的《约翰·加布里埃尔·博克曼》(*John Gabriel Borkman*)的英译本。尽管早在1893年易卜生一些脍炙人口的作品就被传到了日本，但这部色调灰暗的晚年作品直到此时才被完整地介绍到日本。啄木对易卜生所言的"散文中的戏剧诗"印象深刻，于是他开始自己动手翻译《约翰·加布里埃尔·博克曼》。

在日记中，啄木多次提到曾花了很多时间在这部作品的翻译上，但他显然没有完成翻译。他1903年的日记要么遗失了，要么就是没有写。没有日记和信札资料，我们对啄木很多早期创作的情况也就无从知晓了。[12]

啄木还读了俄国和德国小说的日语译本，但他读外国原著能使用的外语只有英语。他的日记中常会摘录一些让他感动的英文诗句或句子。例如，1902年11月，他摘抄了《恰尔德·哈罗尔德游记》中的诗句："非但不爱人，反而更爱自然"。[13] 虽然他对这句话的诠释并不算错，但在他的日记中并没有我们所预期的那样表达出对自然的热爱，却反而阐述了他对爱情和婚姻的思考。啄木认为，婚姻不仅仅是男女生活在一起，而是一种源于他们心灵契合基础上的肉体结合。之后他还用了一个奇怪的比喻："真正的婚姻宛如人类生活中的联合舰队*"。[14]

---

* 日本海军在甲午战争期间由多支舰队编成的主力部队，日俄战争时再次临时编成。1923年后改为常设。

第二章　在东京

当他摘抄最喜欢的作品《恰尔德·哈罗尔德游记》中的语句时，会给引用的段落取一个抬头，称之为"孤独"。这无疑是因为他对节子的渴望，相较于自然之爱，对她的爱恋充斥了他的头脑。这一切都刺激了他对爱情、婚姻内容的书写，甚至在笔记本上把拜伦的这句话抄了五六十遍。[15]

英语文学对啄木的重要性在研究者森一三百余页的研究论著《啄木的思想和英语文学》中有过论述。根据森一的研究，在啄木的中学里，最重要是的科目就是英语，甚至比数学、儒家思想和日语还要重要。[16] 尽管在中学最后几年里，啄木的成绩每况愈下，但他还是花心思好好学了英语。他说服"联合协会"的伙伴们和他一起阅读那些比课堂所教课文难上很多的英语文章。这种学习无疑有助于啄木精通英语。虽然他的英语成绩只是勉强及格，但这多半是因为他没有上那些照本宣科来教英语语法的课。

由于没有1903年的日记[17]，所以后人只能通过啄木的信件来了解他当时在东京的生活情况。而这些信件所能提供的信息则是令人失望的。从元旦到2月26日，他几乎没有写过一封信，当时他离开东京回到涩民村的家中。他没有在日记中叙述他离开东京的原因，但根据曾探望他的朋友的描述，他当时非常沮丧。住在一个狭窄、肮脏的房间里，而最糟糕的是他所期待的编辑工作落空了。他觉得自己在东京的漂泊是失败的，而这种抑郁情绪导致了疾病。事实上，当时他的精神和身体都很差，以至于他打破了一贯的沉默态度，给父母写信说自己病了。

在啄木的诗中，他的父亲经常被描述为疏远而冷酷的人，与他温柔的母亲截然不同。

> 对没有家的孩子，
> 秋天像父亲一样严肃，
> 秋天像母亲一样可亲。

然而，这回一祯为了表达他对儿子的爱，前往东京并把他带回了涩民。一祯没钱支付旅费，结果未等信众同意就砍伐了寺院园子的栗子树卖钱。此举日后也成了他被免去住持职务的理由，尽管他曾指望通过种一百颗树苗来弥补。[18] 2月27日，一祯和啄木离开东京返家。

3月19日，啄木在一封信中向一位邀请他参加诗歌聚会的朋友透露了他的病情并解释了他无法参加的原因：

> 感谢你邀请我参加聚会。我乃百无一用之人，唯一的才能就是对别人的作品妄加议论。我很乐意参加，聆听大家读他们的诗并用我的毒舌来吐槽。然而，我现在的日子除了吞下苦药后龇牙咧嘴地咬块糖

外，什么事也做不了。希望您明白我现在的感受。[19]

信中还继续聊了他们的共同朋友和涩民生活的八卦，然后突然转回到他的病上："生病和沮丧，让我难以忍受，我的思绪如在一条漆黑的道路上旅行。毫无疑问，自己的病尚不至致命。我感受到了父母之爱，他们都竭尽全力希望我尽快痊愈。我乖乖地吞下药。非常苦，苦得我流出眼泪。"

这封信之后的内容又转到了另一个完全不同的话题上，谈到了诗人如何将主题转化为艺术作品的能力。他以威廉·华兹华斯*对莱德尔山的描写为例。尽管只是一片树木，但诗人通过自己的描述将其变得如此宏伟。他认为这种"上天所赐的天赋"（此处他写的是英语）值得一读。可见英文诗歌从未远离过啄木。

啄木的下一封信写于三个月后。这封信主要叙述了黄昏时分在涩民村穿行、在初夏花丛中散步时的诗情画意，当然也有一些别的新内容：啄木提到曾听过风琴声。涩民村学校的风琴是一台泵式风琴或者口吹风琴，这种简单的小乐器跟管风琴完全是两回事，但对儿童音乐教育来说则是绰绰有余了。啄木则被这种音乐的声音迷住了。他对西

---

* 与拜伦、雪莱齐名的英国浪漫主义诗人，亦为"桂冠诗人"。

洋音乐的兴趣始于 1903 年，当时他在东京听到了瓦格纳的音乐（包括《唐豪瑟》中的《进行曲》和《朝圣者合唱》），很可能是在一座教堂里。在养病期间，他读到了姉崎正治*（1873—1949）在 1902 年发表的关于瓦格纳的一系列文章并被激起更大的兴趣。而姉崎也是他本人所欣赏的一位哲学家。事实上，或许正是这些文章使啄木的兴趣从《唐豪瑟》作曲者瓦格纳转移到了作为哲学天才的瓦格纳身上。在 1903 年 7 月 27 日的一封信中，啄木列举了四本他想买的瓦格纳英文传记，但他似乎只有钱买一本，即查尔斯·阿尔伯特·李吉（Charles A. Lidgey）的《瓦格纳》。[20] 尽管他刚开始读这本书，他就已经在 1903 年 5 月 31 日的当地的主流报纸《岩手日报》上发表了《瓦格纳的思想》，这是一篇分七次连载的文章。[21]

这篇文章以描述瓦格纳之墓开始。指出他在二十多年前就已去世，如今只剩白骨，但他的作品仍是欧洲音乐的中心。瓦格纳不仅是一位艺术家，更是一位伟人，受众人效仿的空前人物，也是一位预言家。他描绘了人类的最终状态，并留下箴言供众人研习。啄木承诺以后将会花更多时间来研究瓦格纳所设想的"音乐的戏剧"是否是最伟大艺术的问题，但他可以断言瓦格纳本人作为一名艺术家无

---

* 号潮风，日本近代著名的宗教学者、文艺评论家，曾任东京帝国大学教授、图书馆馆长。

疑是崇高的。

啄木在他的文章中提出了八个希望讨论的要点，包括瓦格纳和十九世纪、文化的理想、哲学与个人主义的起源以及因爱而结合的世界等广泛的主题，却唯独没有提及瓦格纳的音乐。啄木对瓦格纳的敬仰，与其说是来自音乐家的身份，还不如说是来自他信仰坚定的立场，即便在流亡时也绝不动摇。

除了阅读《唐豪瑟》和《罗恩格林》的英译本外，啄木对瓦格纳的论著知之甚少。不过他把瓦格纳作为一个诗人来敬重，并一再决心学习德语，主要是为了阅读瓦格纳的诗歌原文。或许是因为啄木很少有机会亲耳听到瓦格纳的音乐，以至于他开始认为在研究瓦格纳的过程中讨论音乐是没有必要的。尽管日本音乐评论之父野村胡堂坚持认为若不熟悉瓦格纳的音乐，那就不可能理解瓦格纳，但啄木对此的回应则是："是的，瓦格纳是一位音乐家。但在德国，他也被称为最伟大的戏剧诗人。我是将瓦格纳视为一位文学家来敬仰的。"他坚持这个观点，并对野村胡堂对瓦格纳音乐的挖掘视而不见。[22] 尽管如此，啄木对音乐也有其偏好，他自学了长笛、小提琴和口琴。虽然很少在日记中透露自己喜欢的作品，但他经常提到音乐演奏，通常只是自娱。他还学会了阅读西洋乐谱，也会从朋友借乐谱，甚至还发明了自己的音符。

啄木写到，尽管他被《唐豪瑟》中的"朝圣者合唱团"的片段深深打动，但瓦格纳的崇高理想才是他崇敬的本质所在。虽然不清楚他对瓦格纳的政治理想究竟有多少了解，但他肯定不会赞同李吉的保守化的总结："那么他的立场是什么呢？不是人们期望在一个普通的革命者身上找到的东西，不是典型的社会主义者或无政府主义者所乐于见到的那种空谈，而是坚定地宣称君主制是政府的理想原则，相信上帝发明了正确的法律。这些就是革命者瓦格纳的信条！"[23]

有社会主义倾向的啄木并没有将这段话收入他对李吉的翻译中。尽管他对《罗恩格林》和《唐豪瑟》情节的总结相当准确，但他从李吉处获得东西很少，甚至还不如不买这本书。

有人认为啄木对革命政治产生兴趣，正是因为他想模仿瓦格纳，后者参加过1849年在德累斯顿的革命。不过，李吉也认为瓦格纳在当时革命运动所起的作用"似乎并不大"。[24] 等到后来政治成了啄木生活中的关键时，他已经不提瓦格纳了；他找到了别的崇拜对象。

啄木对瓦格纳崇拜的高潮是他在1903年发表的《瓦格纳的思想》。对这篇文章有深入研究的学者近藤典彦认为这是啄木最重要的作品之一，认为这是一副远远领先于他所处时代的杰出人物思想的全景画。[25] 对于一个十七岁的男孩来说，这实在是一项非凡的成就。如今人们对《瓦格纳的思想》一文的兴趣并不来自于啄木对瓦格纳的崇拜，而是出于这篇文章是啄木第一篇有生命力的评论文章的重要性。在二十世纪初，一个在日本农村受教育的男孩居然有如此信心并写出了瓦格纳在思想史上的地位。

此外，啄木是用现代日语写了《瓦格纳的思想》一文，而不是用他早期大部分散文中所使用的古典日语。或许他希望这能让读者更容易理解，毕竟他不清楚有多少《岩手日报》的读者能看懂文章的复杂表达。尽管发表了七期连载，但啄木却从未写完。据他说是因为生病的原因，导致他无法继续写下去。[26]

在最后一篇连载发表后约六个月，啄木重新开始写关于瓦格纳的文章，这次不是在报纸上，而是在他的日记中。他在1904年7月23日的日记中，首先描述了一个疯狂的饮酒之夜和他晚归的情况。然而，他的醉酒状态并没有妨碍他继续研究瓦格纳的工作。啄木对瓦格纳的歌剧所依据的德国民间故事和神话非常着迷，但他的结论却是爱情才是使瓦格纳的作品具有宏伟意义的主导力量。瓦格纳不仅吸收了尼采和托尔斯泰的思想，还加入了爱情的重要元素，使他成为与他们同等重要的哲学家。[27]

当啄木写下他对瓦格纳的最后一篇颂词时，他已经成功征得节子双亲同意他们婚事。不过他们成婚的日子并无法确定，因为这取决于你对婚礼的定义。1905年5月12日，啄木的父亲将节子登记为石川家族的一员并交换了礼物。这通常被解释为事实上成婚了，尽管没有宗教祝福，没有喝清酒，没有客人聚会，或日本婚礼本应具备的任何其他特征。"联合协会"的成员们则在5月29日举行了一场精心准备的庆祝，婚礼仪式本身则定于5月30日举行。然而，啄木本人并没有参加这些活动，直到6月2日才与他的新娘会合。

当时啄木的一系列行为自然是令人费解的。在没有征询未婚妻和家人的情况下，他擅自决定婚礼应该在东京举行，甚至还在驹达租了一间房子。尽管众人敦促啄木赶紧回来，但他还是给充当中间人的朋友写了一封回信："事实是，如果我和节子结婚，我将不得不杀死某个女人。我爱那个女人。"[28] 这可能只是一句玩笑话，但足以让他朋友深感困惑。实际上，啄木之所以不愿意回到盛冈，并不是因为得去杀人，而是没有火车票。在朋友们为他凑齐买车票所需的十日元前，他确实没有表现出要离开东京的迹象。然而最终啄木还是买了车票，但在返回盛冈的路上，却在仙台下了车。他告诉朋友，他想去拜访当地的诗人土井晚翠（1871—1952）。*

---

* 日本近代的著名诗人，既精通汉学、善做汉诗，也是英语文学的学者。

第二章　在东京

啄木确实是土井晚翠诗歌的崇拜者，但此时肯定不是一个合适的拜访时机。尽管如此，他还是设法搞到了一封介绍信，恰好土井也读过一些啄木的诗作。他告诉自己的妻子八枝，石川啄木是一个天才，二十岁就发表过自己的诗作。[29]他的妻子深受感动，为他准备了一顿晚饭，并出于礼貌问他是否还会来仙台。啄木回答说，他在仙台等自己的出版商寄来他应得的稿费，还说自己在旅馆的账单已经相当可观了。土井夫人为此深表同情。

　　当土井晚翠不在家时，啄木又去造访了一次土井家。他给土井夫人看了一张铅笔写的粗纸片，说是他妹妹的信，告诉他母亲快要死了。啄木说他没钱回去看母亲，无法在她最后一刻给她安慰。他请求土井夫人借他十五日元，这正是出版商欠他稿费的数目。土井夫人出于怜悯而落泪，给他了钱。实际上，出版商并没有义务付钱给啄木，这封信也不是他妹妹写的，而他的母亲也并非快要死了。

　　土井夫人原以为他会出门立刻赶去母亲的病榻前，还担心他匆忙间会把自己的东西忘在旅馆的房间，就去了一趟旅馆。结果，她惊讶地发现啄木还在旅馆里跟朋友喝酒。而旅馆账单都记在土井晚翠身上。宽容的土井夫人回忆说：这房间并没有花掉她丈夫多少钱，因为这儿连电都没有，甚至都没有手电筒。[30]

第二天，在两位朋友的陪同下，啄木离开仙台前往盛冈，结果他又一次设法溜下火车，回到仙台。次日，他的"护卫队"坚持要继续把他送到盛冈，但他又一次躲过了他们。当火车到达盛冈时，啄木的新娘和妹妹在站台上等着他，但他自己却不见踪影。

5月30日，婚礼仪式按计划举行。结婚礼物、嫁衣、被褥和节子的其他嫁妆都已送达，宴席也已准备好，但仍然没见到啄木。经过漫长的等待后，仪式在没有他的情况下举行了。节子虽然没有新郎，却出奇地平静，但她的家人则心烦意乱，此后也从未原谅过他。

啄木于5月29日离开仙台，本来可以及时赶到盛冈参加婚礼仪式，但他没在盛冈下车而是坐到下一站。在那儿，他给朋友寄了一张明信片，说他还活着，过几天就会去盛冈。婚礼上许多人都劝节子取消婚约，但她拒绝了，因为她坚信啄木是爱她的。

6月4日，啄木才到了盛冈，这是几周来第一次见到节子。这对新婚夫妇租了一间小房子，他们将和他的父母、妹妹以及房子的主人（在另一个房间）一起过日子。

啄木从未解释过为什么他会缺席自己的婚礼。他不喜欢被别人安排，这可能导致他故意逃避婚礼仪式。又或者他就是喜欢做一些出人意料的事。还可能他突然怀疑自己是否真的想结婚，担心婚姻会遏制他在生活中最重要的需

第二章　在东京

求即当一个自由的人。五年后,他在《罗马字日记》中写道:"我的麻烦完全来自错误的婚姻制度。婚姻!多么愚蠢的制度!"[31]

或许让啄木自己感到意外的是,他一度很享受和节子在盛冈这间小房间的生活。

1905年,啄木的主要文学成就是在5月3日出版了他的第一本诗集《憧憬》。这部作品虽然有著名诗人和评论家上田敏(1871—1916)写的序言,最初也很受欢迎,但后来却被大多数研究石川啄木的学者所忽视,因为他们认为这是一部模仿与谢野晶子的作品。此外,当时这本诗集之所以被称赞,往往并不是因为其内容本身,而只是因为它是出自一个年仅十九岁的年轻人之手。这本诗集以古典日文和不常见的词藻为特色,多少让人觉得这些诗作像是这位自学成才的年轻人故意掉书袋,希望借此赢得少年天才的名声。

多年后,啄木本人也并不认可《憧憬》。明治、大正时代重要的诗歌评论家日夏耿之介(1890—1971)最终一锤定音,将这本诗集贬为:"不过是一个早熟的年轻人的模仿之作。"[32] 他的这个评价被后人普遍接受,虽然也有一些评论家会赞赏啄木语言的丰富和形象。[33]《憧憬》中的作品都是"诗",是啄木最初学习的诗歌文体。在《憧憬》出版后,他就不再写这类诗了,直到他诗人生涯的晚期。

1905年初，曹洞宗高层接受了那些涩民村当地对一祯的指控，认为他滥用了上级寺院发下来用于救济穷人的钱财，免去了他住持的职务。这个决定无疑是一场灾难，这个家庭将无家可归，并丧失了唯一的收入来源。1905年3月，他们一家离开了寺庙。起初，他们住在涩民的其他地方，但在5月啄木结婚后，他的父母、光子与新婚夫妇一起住在盛冈的房子里。

　　对这一家五口来说，两间房太过拥挤，所以一家人只得分开居住。父亲不愿成为啄木的累赘，去青森县的野边地暂避，那儿有他老师葛原对月的寺庙，他心里还想着或许仍有重返宝德寺的机会，哪怕要等很长时间。啄木的母亲在涩民一个熟人家里租了一个小房间。光子则被送去了一所传教士学校，最后辗转去了小樽并住在自己姐姐那儿。

　　啄木和节子则继续待在盛冈的房子里。啄木没有在闷闷不乐中度日，而是在1905年9月成为一本新杂志《小天地》的编辑[34]，相信这本杂志会给他带来他所渴望的成功。

第三章

身为教师

石川啄木把他1906年的日记称为"涩民日记",因为它主要是以他的故乡涩民为背景。这部日记从这一年的3月4日开始记起,并解释了为什么他在前一年没有写日记:他忙于找工作。

> 昨天我结束了在盛冈九个月的生活,今天在我的故乡涩民开始了新的生活……回到这里是命运的安排。我的护照申请被拒绝了,因此我别无选择,只能放弃出国旅行的计划。而我还想在乡下参加军队的体检。此外,我无法再忍受看到我的家人生活在肮脏的环境中,情况已经恶劣到这个难以忍受的地步了。我想躲在一个安静的地方,可以不受干扰地写作。这些虽是不同的原因,性质也完全不同,都交织在我的心中。但是,如果我想离开盛冈,为什么要选择这个处处落后的小镇?我可以用一个词来解释:涩民是我的故乡。[1]

在找到工作前，啄木曾认真考虑过移民美国。早在1904年2月，他就给当时居住在加州奥克兰的盛冈中学的同学川村哲郎写过信并收到回信。[2]但这些信件似乎没有被保存下来，所以我们只能猜测其中的内容。也许啄木曾就移居美国一事征求过川村的意见，而川村可能也鼓励过他。毫无疑问，啄木曾梦想过在加利福尼亚这个传说中的富饶之地，能找到解决他和他的家人在他父亲被从宝德寺赶出来后陷入贫困的办法。

除了希望拯救家族之外，啄木还可能因为另一个原因而萌生了去美国的念头。1894年1月21日，他曾给野口米次郎*（1875—1947）写过信，这位日本人的诗歌在美国已颇受欢迎。啄木在信中对《自东海来》一书表示钦佩，曾在一家报纸上读过该书的日文译本。虽然野口似乎没有回信，但在1906年4月，啄木在日记中提到，野口的"菖蒲会"——由日本、美国和英国诗人组成的协会，已经出版了第一期文学期刊。啄木想到，如果他能去加利福尼亚，也许能加入野口的这个社团。但当他的护照申请被拒后，他只好放弃了出国游历的念头。

啄木别无选择，只能在日本继续自己的事业。好在他并没有因未能获得护照而感到绝望。他在日记中写道，作

---

* 日本近代的著名诗人、作家，长期在英美留学生活并用英文创作，为日本文化的海外译介贡献良多。其子野口勇为著名的日裔美籍雕塑家。

为一名日本诗人,他几乎没有竞争者。"除了上田敏和薄田泣堇*(1877—1945),没有一个日本诗人的作品值得一读。"[3]"至于像岩野泡鸣这样的现代诗人,他们应该为出版他们所写的这些玩意而感到羞耻。"

在评价主流小说家时,啄木同样犀利。"我读过最近出版的大部分小说。夏目漱石(1867—1916)和岛崎藤村†(1872—1943)是有杰出成就的作家,但也就他们还有影响力。其余的都没有什么希望。夏目漱石有非同寻常的文学天赋,但我不会称之伟大。岛崎藤村的《破戒》是一本杰作,但藤村并不是天才。"[4]

随后,啄木决定将他在文学上的努力投入到小说创作中,而非诗歌,或许是因为小说可以带来更多稿费。相较而言,诗歌只能得到微薄的稿酬。此外,他也认为小说比诗歌更容易写,"在小说中一切都可以使用"。1906年7月,啄木开始写他日后最著名的短篇小说《云是天才》,讲述了一个充满激情的年轻人的革命理想主义被所在的学校里围绕他的愚蠢或邪恶的人所摧毁。啄木确信一旦完成,这部作品在主题和结构上都将被认为是前所未有的。这个故

---

* 日本近代著名的象征主义诗人,曾任《大阪每日新闻》学艺部长,被视为芥川龙之介的伯乐。
† 明治浪漫主义的先驱和代表人物,中后期则转向现实主义,在诗歌和小说领域均有极高成就。1935年成为日本笔会的初代会长。

事中不快乐的主人公就是啄木本人，所描述的内容正是基于他作为代课教师的经历。他相信，与当时流行的现实主义小说不同，他的作品将因其思想而引人注目，并能展现他熟读叔本华和其他哲学家的体悟。

如他在回顾1905年时所提到的那样，他决定返回涩民的第二个理由是打算在农村而不是在城市参加军队体检。他没有解释他的理由（就像半个世纪后的三岛由纪夫一样），但也许他盘算着如果在农村与当地农民们一起接受体检，那么他体质的虚弱会比在城市居民接受体检时更显眼，可能会使他因体质不佳而免于征兵。

啄木希望躲避征兵，倒不是因为反对即将到来的日本与俄国的战争。事实上，当1904年1月日本与俄国之间的紧张局势加剧时，他在日记中写道："战争无法避免。既然它无法避免，那么我希望一个伟大的民族能尽快站起来。"[5] 在得知日本舰队进攻旅顺、俄国军舰被击沉以及俄国指挥官阵亡的消息后，他也欣喜若狂。[6] 之后他对战争的热情则逐渐减退，他热切地渴望能逃避征兵，主要是因为他的重病还没有完全康复，觉得自己不够强壮，确实不适合服兵役。

在他1911年写的《日俄战争论》一文中，他描述了他在1904年8月读到的托尔斯泰的反战文章《悔改吧！》时是多么的兴奋。但是，尽管啄木被托尔斯泰对战争的憎恶所打动，但这并没有动摇他对日俄战争必要性的信念。[7]

不过，阅读俄罗斯文学作品，逐渐改变了啄木的政治信仰。虽然他此前很清楚日本的贫困状况，但正是阅读高尔基的作品真正唤醒了他对被压迫的大众的关切。尽管否认自己是一个社会主义者，但他对社会主义表现出越来越大的兴趣："我太重视个人的权利了，所以不能成为社会主义者。但我也非常同情别人，流了太多的眼泪，不可能成为一个利己主义者。我称自己为个人主义者，是基于我自己对这个词的理解"。[8] 他受到托尔斯泰的启发，期待着未来的社会，在这个社会里，人们放弃了贪婪的野心，不再诉诸暴力；他们将在平等的天空下团结起来。[9]

石川啄木的征兵体检是在 1906 年 4 月 21 日进行的。虽然此时日俄战争已经结束，但军队仍在吸纳新兵，体质虚弱者也可能被征召。通常情况下，军队坚持传统的军事惯例，即"赶快、等待"，所以为了及时到达体检地点，啄木必须在凌晨三点半起床。他在六点上了火车，七点半到达进行考试的寺庙。直到下午一点钟才轮到他接受检查。官方对他健康状况的报告很简短："身高五尺二寸二分。筋骨薄弱。丙种。免于征兵。"他在日记中写道："我已经预料到了这一点，但这毕竟是一种解脱。那些像我一样被宣布不适合服役的人情绪高涨，但那些被裁定适合服役的人却出奇地阴沉。这是一个社会新变化的信号。"[10] 啄木从人们不愿意入伍的态度中发现了日俄战争胜利后的幻灭感。

1905年，啄木的主要文学活动是在一位作家的资助下创办文学杂志《小天地》，而那位作家唯一的特长就是有钱。创办杂志的工作量远比缺乏经验的啄木所预料的要多。他必须寻找堪用的稿件，找到后还要进行编辑。这项工作让他筋疲力尽，而且他一直未痊愈的病痛也导致出版工作一再推迟。但无论如何，杂志第一期面世后，因其收录风格多样的作品而受到好评。啄木对此感到非常高兴，以至于对未来的杂志销量充满信心。他在写给金田一京助的信中预言：终究有一天，会有一艘船往返于旧金山与横滨之间，载着三十万份《小天地》。尽管啄木花了很多时间计划出版第二期[11]，但赞助者的退出导致其从未面世。

啄木随即从兴奋变成了绝望。他现在要重新负责为家里五口人提供食物和住所，他不确定自己瘦弱的臂膀能否胜任这个重担。正如他在给一位朋友的信中所写的："与我体内的病魔作斗争，作为一种生活方式并不令人愉快。"[12]那些与他一起为杂志工作的人对啄木能否维系下去深感怀疑，于是也离开了盛冈。他意识到自己现在正被必须独自完成的工作量压得喘不过气来，以至于不得不暂停了出版工作。尽管如此，他还是相信："只有命还在，《小天地》就能生存下去"，但第一期还是成了唯一的一期。

1906年，啄木和他的家人终于从意想不到的地方获得了帮助。他的岳父堀合忠操大概是对自己女儿心怀同情。实际上，若不是因为嫁给啄木，他会利用自己的政治资源将女儿送到美国去。通过自己的人脉关系，堀合忠操为啄木找了一个在他自己所毕业的小学当代课老师的机会，为期一年。虽然月薪仅有八日元，不足以维持五口人的生计，但啄木还是写到，他真的很高兴能在文化界工作，这是一种理想的生活，而薪水则是次要的。连他日记中的文字都变得轻松愉快起来，[13]他还提到了拉小提琴和吹口琴，在他对他人写作的尖刻批评中，显露出一种新的自信心。最要紧的是，他很高兴能教孩子，他写道：

> 我现在发现了一个新的地方，使我能完全摆脱所有的不满、抑郁和不快乐。这就是神圣的教师讲坛。无须多言，我非常高兴。唯一让我担心的是，我是否会像联系人说的那样在一年后就得被迫离开。我含着眼泪喊出了我的幸福。
>
> 这是个伟大的发现。到目前为止，人们都说我只有破坏性。现在我不得不承认这个名声其来有自。我现在已经知道，自己还可以做一件富有创造性的事情。这难道不是一个伟大的发现吗？[14]

在课堂上，他感到一种新的责任感："当我站在学生面前时，心中充满了一种无法自抑的情绪，我就像神一样，从此完全享受着这五十多名天真无邪的男孩女孩发自内心的敬畏。我感到一种虔诚的情感在我全身的血管中荡漾，仿佛我站在神圣的东西面前。"[15] 对这项沉重工作责任的敬畏感与他对成为一名教师的感激之情交织在一起。即使腿伤严重，甚至无法站立，他还是坚持每天去上课："因为学生们是如此可爱。啊！这种快乐是我欠神灵的一笔财富。我抬头看天，向他们表示感谢。"

啄木特别喜欢教英语，并声称他可以在两天内给小学生讲授他的中学老师需要两周时间才能讲授的内容。他能感觉到自己的话语能够触及学生的内心，并怀疑一个智力不如自己的老师能否体会到这种快乐。按照他自己的标准，他是一个理想的老师。他宣称："我是日本最好的代课教师。"

尽管他没有放弃诗歌，但写的确实比较少。他相信只有诗人才能真正成为一名教师，而诗歌也成为他教学的一部分。于是，他自豪地宣布："孩子们对我言听计从"。他试验了自己设计的三门基本课程的教学方法：仪态、算数和口才。他的教学让那些曾经有问题的坏孩子都能有所进步。[16]

这阶段，他的日记中出现了八十天的空白。啄木后来

第三章　身为教师

叙述了期间所发生的一系列不起眼事件，其中特别强调他作为教师的快乐，尽管他很贫穷。涩民的春天是可爱的，但他承认也出现了一些麻烦。他多次感受到一些村民的敌意[17]，他将这种敌意归咎于妒忌，这种妒忌源于他当年被誉为神童并表现得像神童一样。尽管已经过去了十多年，但当他们听说他要回到涩民村时，还是试图阻止他进村。在他开始教书后，这些人对他的反对变得更疯狂了。当然啄木也有支持者。两派之间的激烈争吵，让啄木想起了十九世纪初法国保王派和革命派之间的冲突。[18]尽管他曾考虑和家人一起搬到东京，但他认为那儿的生活不适合他。在这座都市的一个好处是可以很容易地买到各种书籍，但一种像从坟墓爬出来的死亡气息总是萦绕着东京。不，目前最好还是留在农村，为伟大的革命做准备。这也许是啄木第一次宣布他的革命意识，尽管他计划革命的对象并不是政府，而是那些充满报复心、不饶人的涩民村村民。

9月，啄木收到了盛冈一位检察官的传票，命令他出庭接受讯问。他自然怀疑这是敌对者的阴谋，但还是保持了冷静，认为自己没做错任何事，还表示："我想，如果有法律可以惩罚无辜的人，我很乐意去坐牢。"[19]虽然他很快就洗脱了嫌疑，但他的敌对者认为啄木有参与抢劫的嫌疑，这让他很气愤，感叹道："我的故乡啊！山川、河流、风景将永远是我亲密的朋友、我的爱人、我的老师。但是，为什么我的故乡的人们要继续拒绝接受我呢？我不得不长叹。"[20]他开始把他受到的不友好待遇归咎于他的贫穷，并补充说："普通人和穷人总是受到不好的对待。尽管有了宪法，我们还是处在封建时代。"[21]

尽管有这些麻烦，他对故乡的爱使他没有选择离开。他享受涩民的许多小乐趣。夏天盂兰盆节的时候，他会在阳光与火把的映照下，跟着鼓点连续五晚跳舞到天亮。[22]在农村，盂兰盆节尽管是对死者的纪念，却是一年中最快乐的时刻。

同样的，他的乡村教师生活也变的活跃起来。1907年3月在他盛冈中学的杂志上发表了一篇文章，其中这样写道：

> 在不远的将来，我可能会离开光荣的代课教师职位，回到自己原来圈子的朋友们身边。一旦这样做了，我将描述自己脑海中旋转的一百个乃至一千个混乱的想法，并把它们变成散文、小说、戏剧或诗歌。而我真的很想，在自己的一生中，有一次在某地的中学里成为一名西方历史教师，并写出多卷本的西方历史，或者根据情况，成为一名演员……但最终，我期望回到家乡，在森林里做一名代课教师。我希望在我死后，人们会知道我是日本最好的代课教师。[23]

从 10 月起，啄木开始给他的学生们读诗。每天晚上放学后，约有二十名男孩和女孩聚集在他家。在一整天的教学之后还要给这些学生讲诗，自然是一种负担。他有时也很疲惫，因为他每天早上比学生们起得早，以便有时间备课，而且每天晚上都睡得很晚。即便如此，在一个没有什么文化的小地方，大声朗读诗歌对孩子们总是有好处的。[24]

起初，他只被分配教二年级的学生，但因为他的教师工作做得很成功，他又被要求再去教高年级的历史、地理和写作。啄木并没有抱怨新增的工作量，而是满意地写道："作为一名代课教师，我越来越成功了"。[25]

12 月底，他得到了一个惊喜：他很快就会成为一名父亲了。他高兴地表示："我必须表现得更像一个父亲。"另一个令人高兴的惊喜是，他在 12 月的《明星》杂志上看到了自己的短篇小说《葬列》，篇幅有二十页。这是他第一部印刷出版的小说作品。第二天，金田一京助寄来明信片，盛赞这部小说，说自己读了五遍，赞美之情无以言表："对于小说的后半部分，我可以毫不犹豫地给予赞美，比泉镜花*（1873—1939）或夏目漱石的都要棒。尽管你或许讨厌与他们相提并论。"[26] 12 月无疑是啄木的幸运月。

---

* 明治末年至昭和初年的小说家，本名泉镜太郎，作品风格唯美，且多为幻想题材。

即使在文学上取得了成功，啄木仍然认为自己的主要角色是一名教师。他确信自己是一个伟大的教师，并感谢上天给他机会成为一名教育者。正如他所写的："我相信，由我教导的孩子是全日本最幸福的孩子。此外，在教这些孩子的时候，我从他们那里获得了一种比我所教的更多的收获；我确信我一定是世界上最幸运的人。"[27]

有时，啄木的教诲一定会让他的学生们感到惊讶。他会自言自语问自己："当我教导学生说战争失败的俄国比战争胜利的日本更伟大时，我会把学生变成什么样的人？[28]这种言论对一名涉民村的代课教师来说是非常危险的。"[29]他没有接着说明他认为俄国比日本好的理由到底是什么。

啄木对节子的爱仍是不变的、热情的："节子，我在整个世界上唯一的节子，我在想你和我们一起的时光。今晚，独自一人，在一个落雪的夜晚，在一盏灯下，我一直在哭泣，直到我的眼睛受伤。节子，我真的爱你！！！[30]……有人说婚姻是爱情的坟墓。随他们怎么说，但我们以前是恋人，现在仍然是恋人。我们的爱将持续到死亡。"[31]

他们的第一个孩子，一个名叫京子的女孩[32]，于1906年12月29日出生。

第四章

放逐北海道

1907年1月1日清晨,啄木醒来,精神抖擞。凌晨的时候下过雪,但渐渐地小了,天也变暖和了。像其他日本人一样,他在元旦那天又长了一岁,所以他认为自己今天已经二十二岁了,尽管按西方人的算法他只有二十一岁。他列出了家庭成员的年龄:他的父亲现在五十八岁、他的母亲六十一岁、他的妻子节子二十二岁、他的妹妹光子二十岁、他的女儿京子四天大。

啄木特别高兴的是,早起使他能够成为涩民第一个迎接日本神武天皇建国后第2567年的人。他和家人一起享用早餐,尽管早餐极其简单(萝卜汤和一片干鳟鱼),他们负担不起更精致的新年菜肴。吃饭时的谈话主要内容都是关于孩子的,啄木还没有见到她。他写道:"正如年迈的母亲跟我说的那样,现在你是个父亲了,你不能再这么任性了。"[1]

一群学生跑来求啄木陪他们去学校。他们按传统在松树枝下并行走过,朝四个方向祈祷:

我和我的学生共同唱起了《君之代》。一想到在全日本的学校里，数以百万计的父亲，就像我一样，今天早上一定都在唱国歌，自己的声音里就有一种庄严的感觉。我的胸口突然膨胀起来，几乎要哭了。天皇陛下的德行之伟大，超越了普通人的好坏。我这样评论是无礼的，但神圣的睦仁陛下确实是有史以来最伟大的天皇。仅仅听到这位至高无上的陛下的名字，就足以让我敬畏地直起身子。我一生中最大的幸运就是在陛下统治时期出生，成为他的臣子之一。我从心底里祈祷，我祈祷的诚意在我的眼泪中清晰可见，直到小石变巨岩，直到岩上长青苔。

然而，如果像某些人假设的那样，他的广大臣民也拥有像他那样辉煌的神圣美德，明治文化的每一部分都值得赞扬和骄傲，这就像假设鱼是鸟的一个品种一样，是一个莫大的错误。一个人作为人类只有一种活着的方式，那就是享受思想自由。[3]

当啄木从学校回到家时，他发现那里有一个以前的同学，她来和家里人一起庆祝新年。十多年前，当她和他在涩民学校上学时，他们班上有二十多个孩子，但在四年的义务教育之后，只有他们两个人继续接受教育。他们以前的大多数同学现在都已为人父或人母。有些人在与俄国的战争中被征召入伍,并将自己的尸骨留在了中国东北。还有一些人在村里的办公室做着枯燥的工作,还有一些人,那些犯了法的人,在监狱里待了一段时间。大多数人已经成了农民。但是,无论他们的生活有多大差异,他们都在走向同一个归宿——坟墓。[4]

这是一个消极的论调,用来结束他对这一天的反思,而这一天是以对新年的喜悦和对明治天皇的崇拜开始的。但是,第二天的报纸,没有啄木的忧郁,而是充满了乐观和自我祝贺的内容。编辑们回顾了过去的四十年,赞扬了天皇的神圣统治,在这么短的时间内取得了这么多的成就。一位记者宣称,如果日本人能够保持新年的精神,就不需要军备,罢工就不会发生,社会主义将不复存在,其他一切不理想的东西都将消失;这将是一个理想的世界。啄木对这篇文章的评论是写下了"有趣"一词。[5]

新年假期过后,1月8日开学。啄木从未忘记,当他的合同结束时,他将在几个月后失去工作,但他对教学的热情没有减弱。他写道:"我用自己眼泪感谢上天。发自内心的喜悦使我在不知不觉中流下了眼泪。成为一名教师确实是上天的礼物。"[6]

他对上天为他提供了给他带来如此快乐的工作的感激之情,在他的日记中突然转到了一个完全不同的话题上:

今天第三节历史课，我站在光线昏暗的教室里，站在六十个高年级男孩和女孩面前，说明我打算根除最近在他们中间蔓延的、越来越坏的倾向。我说："如果我愿意，我现在就可以指出你们每个人的所作所为，并给你们适当的教诲，但我要给你们几个小时的时间来思考。如果你们能够打心底里悔改你们所做的事，那就今天到我这里来，承认一切"。[7]

这听起来不像是啄木的话，当然也不像是那个如此爱护学生的慈祥的老师。他没有为当老师的幸福而感谢上天，而是突然严厉地指责他的天使般学生们的行为。也许他已经怀疑了一段时间，有些学生有不正当的行为，但却视而不见。他在日记中写道：

昨天，我把几个高年级的学生叫来，责问他们。今天早上，他们看着我，好像我是一片布满闪电的天空，害怕随时被我击中。当我询问他们时，他们一言不发，但我听到了抽泣的声音。我心中升起一股对他们的爱意。"我不是在指责你们的错，但我要告诫你们下不为例。"[8] 尽管如此，我还是下定决心要根除这种坏习惯，即使这意味着让几个心爱的学生成为受害者。这不是一个学校的声誉问题；处理这类问题的成败将深刻而永久地影响整个社会的发展方向。[9]

他继续说道:"美丽可爱的孩子们一个接一个地来找我忏悔,他们的眼睛里充满了泪水,声音颤抖。他们恳切地承认了他们所记得的每一件坏事,几乎都是滑稽的细节。他们抬起虔诚而湿润的眼睛,认真地乞求我原谅他们。啊,是什么让我认为这些比雪还纯洁的孩子犯了错呢?"[10]

啄木列举了一个例子:一个十二岁的男孩,学习和表现都很出色,还是班上的班长,但他意外地和一个异性朋友发生了关系。当被问及时,他几乎一言不发,仿佛无法直视老师的脸。那天晚上,当啄木从学校回家时,这个男孩追着他跑。当他追上啄木时,他的悔意在泪水中爆发了出来。他坦白地说:"老师,我是个坏人。"[11]

啄木对他能从学生那里获得真相的努力表示满意。那天晚上,在床上,他大哭起来,喜悦和感激之情溢于言表。他在最后入睡前还默默祈祷。[12]

第二天,一个前一天没能见到啄木的女孩来了,她庄严地发誓不会再犯了。啄木评论说:"听到这个孩子忏悔她的错误,实际上比她从未犯过错更令人鼓舞。我羞愧地哭了,想起了基督教的精神。我哭了,认为世界上没有比真理更重要的财富。"[13]

他向那些已经认错的人保证,他们会比以前更纯净了。没有人会责怪他们，他们也不会受到惩罚。"亲爱的弟兄们，永远不要再明知故犯了。"[14]当他讲完后，他再次发现自己的学生们是如此可爱。最后写道，他希望在合同期满后，还能在同一所学校继续教书。[15]

这段情节带有清教徒的狂热，这出现在啄木身上是出人意料的。即便没有改信基督教，但啄木在日记中还是引用了《圣经》。而他对基督教精神的看法，以及会在睡觉前的祈祷，都表明他受了基督教的影响。不过，妹妹光子在她对啄木的回忆中坚持认为，他不仅是一个彻底的唯物主义者，还对基督徒有很深的偏见。[16]对《圣经》的引用可能反映了啄木对当时流行的文学运动——混杂着自然主义的自我主义的不满。他认为自然主义作家只关心他们自己和他们的不快乐，但啄木不能忘记人类的痛苦。虽然他的妹妹称他为唯物主义者，但他还是会阅读《圣经》，也许还有其他基督教书籍，因为它们传达了精神上的爱，他却不好意思向妹妹提及此事。相反，他嘲笑她的基督教信仰，只在日记里记下自己对基督教作品的阅读经验。尽管他生命晚期对社会主义的信仰可能源于类似的根源，但他却并没有将其当成一个秘密。

人们可能会问，为什么他在禅宗寺院中长大，却没有在佛教中找到解决他的精神问题的办法。啄木没有解释为什么他在日记中从未提到过佛教。他可能认为佛教是过去无聊的遗物；相比之下，基督教似乎很新鲜，甚至是革命性的。

1月10日，也就是他责问学生的第二天，他表现出仍然渴望改善学生的受教育水平。他在繁重的教学任务之外又增加了一门新的英语会话课；但从那时起一直到3月，他的日记中几乎没有关于学生的内容，且空白甚多。也许他生病了，或者只是不想写，但他对学生似乎失去了兴趣——直到这时他的日常生活的乐趣——表明有什么东西转移了他的注意力。事实上，他与学校的校长有了矛盾，尽管日记中没有描述这些矛盾。后来的事件表明，他们对当老师的意义持有相反的看法。啄木对教学充满热情，开设了新的课程，但校长非但没有感谢他的贡献，反而让啄木承担额外的教学任务，似乎是为了惩罚他。

啄木的日记现在把他在涩民教书的时间描述为"在一个孤独的村庄里的孤独的一年"[17]。在涩民，他的生活被自己对自然的热爱和周围敌对的人际关系之间的斗争所填满。尽管他没有指明谁是那个要与自己较量的敌人，但最明显的是校长。在一个被教师们鄙视为不称职的酒鬼的人手下工作，可能会影响到啄木作为一名教师的快乐。当教师们发起对校长的罢工时，啄木是先锋。

同时，啄木也被一个更严重的问题所困扰：不确定他的父亲是否能重回宝德寺当住持。将一祯赶出寺庙的曹洞宗高层此时认为惩罚确实过重了。他们现在愿意让他重新担任宝德寺的主持，前提是这个决定能得到村民们的认可。对啄木来说，他父亲能回庙里是极其重要的。一年多来，啄木一直靠着少得可怜的工资过活。很快，按照合同规定，这一年的教学就要结束，他将失去工作。而他发表诗歌的稿费收入微不足道，而且他借的钱已经超过了他的还款能力。只有他父亲回到宝德寺的希望给了啄木些许力量，使他能够忍受生命中的困难。

一祯似乎很有机会重回宝德寺，但如果村民们集体反对，那啄木和他的家人仍将无处可去，也没了未来的指望。涩民的大多数居民可能都赞成一祯的回归。他在重建寺庙方面的成功给他们留下了深刻的印象，他刚当主持时，寺庙不过是一片烧毁的废墟。起初，他们不喜欢他，因为他痴迷于建造新的寺庙，对村民的其他需求缺乏兴趣。一祯看似冷淡的态度和对学问的热情也使他在信众眼中更显冷漠，但在寺庙重建后，村民们认识到他努力的价值。但啄木知道，父亲在村里有敌人，他们会尽最大努力阻止他回来。他们对啄木的厌恶也依然存在。有一次，他被村里的恶霸袭击了，他们仍然对啄木在年轻时表现出的优越感而愤恨。他们特别讨厌他的长发和花哨的衣服，他们决心教训啄木，因为他的穿着和他们不一样，这使他们成了比校长更可怕的敌人。

第四章　放逐北海道

寺庙的命运和即将失去的工作让啄木倍感沉重，但他在回忆自己曾经是一个多么好的老师时仍找到了安慰。正如他所写的："无论是在学校还是在家里，我都是学生们真正严肃的兄长。我是他们的朋友。我日复一日地监督着他们，确保他们永远不会重犯以前的坏习惯。在内心深处，我感到非常高兴。"[18]

他的朋友们对《葬列》给予了高度评价，但就在他的代课教师任期即将结束时，他收到了一封来自与谢野铁干的批评信，这让他感到自己作为一名小说家是失败的。铁干告诉他，评论家们在《葬列》中发现了许多缺点，然后又说："我建议你把他们的批评放在心上，承认自己的缺点，这对你有好处"。[19] 来自经验丰富的编辑铁干的批评，似乎成了失败的证明。但铁干还在信中写道："无论你今年春天写过什么诗，都请寄给我。"[20] 他显然认为啄木是个浪费时间写小说的诗人，而他在这方面并无天赋。啄木被忧虑所困扰，那个春天他没有写一首诗。

1908 年 3 月 5 日，他的焦虑达到了最低点。他写道：

> 今天是我家历史上最令人难忘的一天。一大早，我就被母亲呼唤我的声音惊醒。她说父亲已经失踪了。我几乎不知道自己在做什么，就发出了一声嚎叫，泪流满面。这不仅仅是父亲失踪这么简单。毫

无疑问,是一些贫穷的恶灵把他从这所房子里扔了出去。过了一会儿,我才觉得自己有足够的力量下床。

父亲带走了他的僧袍,他的佛教书籍以及一些私人物品。母亲说,当她今天早上第一声鸡叫醒来时,他还在床上睡觉。他可能在凌晨很早的时候就离开了家。没有任何线索表明他去了哪里。我决定首先写一封信寄去野边地,问他们是否知道他出了什么事,但整个上午我都觉得无法说话或写字。

经过近一年的斗争,父亲终于遭受到了致命的打击。尽管他想重新夺回宝德寺,但村子里的人投票反对他回来。希望之线已经断了。至于我,虽然我殚精竭虑地教书,但村里给我的回报只是每月可怜的八日元。整个家庭都被推到了名为贫穷的邪恶魔鬼的爪下。父亲下定决心,不再依靠我们提供食物,尽管他吃得很少。这是他决定要做的事。一想到这里,我就一遍遍地流泪。

今天下午四点,节子和京子,还有母亲,从盛冈回来了。我已经一百多天没有见到我的妻子了,京子出生也有六十多天了。现在,我第一次把我的孩子抱在怀里。我想知道她的感受。三月五日是我这个二十二岁的男人让他的父亲离家出走的日子。我一生中第一次理解了他。[21]

一祯以前也曾离家出走过一次，所以他的家人并不十分担心，他们接受了他的失踪，认为这是他隐秘的、自我中心的性格使然。但这一次很明显，他是在牺牲自己，让家人不用为他的生活付出代价。他已经失去了希望。

从3月5日到3月20日，啄木的日记中没有任何内容，直到以他对学校毕业日的叙述才重新开始。虽然他与学校的合同已经结束，但啄木还是参与了毕业仪式并拉了小提琴。又过了十天，啄木没有写日记，但在4月1日，他写到，村里的官员劝他继续留在学校里。他们向他保证，他的所有同事都希望他留下来，并恳求他撤回他寄给校长的辞职信。但是啄木回答说，他给校长写信时并不是在开玩笑[22]，也没有解释他为什么拒绝接受这个本应让他高兴的工作。

日记中的下一页写着"罢工记"。有五行内容是他对罢工的描述，以电报式的简洁写下来的。[23]这些事件也是根据参与者的记忆重建的。[24]啄木显然告诉校长远藤正，自己对学校的管理方式感到不满，并敦促他辞职。当校长拒绝时，啄木宣布他将不再继续在学校教书。一场村民会议被召集起来讨论这一争端。啄木可能不太关心村民们的决定，因为他已经下定决心要离开学校。他已经下定决心投身于他真正的职业：写诗。他花了太多的时间来教育年轻人，这是一个次要的工作。因此，他领导罢工并不是因为他希望获得胜利，而是因为他怀念在盛冈中学罢课时的激动心情。

尽管罢工者成功地赶走了不受欢迎的校长，但啄木也被解雇了。这次罢工成了他与涩民的诀别。他再也没有回到他的故乡，尽管在他的诗歌中会反复出现对故乡美景的怀念。他预言，未来的历史学家会认为他最大的功绩是在涩民教书的一年零两个月[25]，尽管他在这儿的生涯是以被拒绝和被欺负的遭遇结束：

> 像用石头追击着似的，
> 走出故乡的悲哀，
> 永远不会消失。[26]

由于失去了寺庙和他的工作，啄木意识到，没有足够的钱让他们一家人生活在一起。他们将不得不分开。仰仗各地亲友的善意，他决定了每个家庭成员的去处，并在他被解雇后的几个星期里为他们的离开做准备。他卖掉了自己的被褥和其他可以典当的东西，只保留了几本书和未完成的手稿。他从典当商那里得到的钱支付了光子去小樽的旅费，将与她的姐姐和姐夫住在一起。她和啄木将一起旅行到函馆，然后她将继续前往小樽。而他自己将暂时留在函馆。他们之所以会一起旅行，可能是因为啄木需要一个女人来照顾他。（如果没有女性的帮助，明治时期的男人没有能力吃饭或打扫屋子。）光子被选中，而不是节子，尽管她与啄木的关系一直不好，但节子在分娩后身体仍然很虚弱。节子和孩子将和她的娘家人一起住在盛冈。啄木的母亲将留在涩民，和一个朋友在一起。最后，啄木猜想，他的父亲会以某种方式前往位于野边地的定光寺，那是他过去曾避难的地方。如此一来，石川一家就会被分散到各地。"我以为这只会发生在小说里"，啄木在他的日记中这样写道。[27]

虽然啄木的日记中没有提到，但他在送光子去小樽后决定待在函馆，其实是因为那儿有一群诗人邀请他去。这群人在函馆创办了一份新的诗歌杂志，名为《红苜蓿》[28]，啄木偶然读到了这本杂志，便给编辑寄去了一张明信片，做了自我介绍并说明了自己的资质。他说，自己曾是《小天地》的出版人，但最近在家乡养病。啄木没有提到他的教学生涯，但附上了一首长诗作为自己的作品样本。这首诗给《红苜蓿》的编辑们留下了深刻的印象，他们很高兴自己的小杂志吸引到了一位公认诗人的关注，他们为他可能来到函馆而感到兴奋。他将是一笔巨大的财富：他们自己没有出版杂志的经验，而啄木不仅在《明星》上发表过诗作，而且还是一位经验丰富的编辑。他们邀请他去函馆，啄木立即接受了。他将这份邀请当作秘密，甚至日记中也没提。[29]

5月4日，他和光子离开了他们在涩民的家。一想到要离开他的故乡，啄木的情绪就很低落。虽然天气很暖和，但他感到骨子里有一股深深的寒意。在他们登上开往青森的火车后，他郁闷的心情依旧，但他不禁感叹从火车窗口看到的可爱的风景。尽管他的思想很混乱，但他对这次旅行的描述包含了啄木最美丽的一些散文。当晚他们到达青森港，立即登上了"陆奥丸"轮船。

第二天早上，当啄木在他的三等铺上醒来时，这艘船已驶离青森，正驶向津轻海峡的入口。船一进入海峡，就因大浪而摇晃，大多数乘客很快就晕船了。光子脸色苍白，吐了好几次。啄木可能是一生中第一次向他的妹妹表现出兄长般的温柔。他安慰她，照顾着这个在第一次长途旅行中晕船并忧虑的女孩。

啄木没有想到他来到函馆后会引起这么大的轰动。邀请他的杂志《红苜蓿》[30]创立于1906年10月，当时函馆的一群业余短歌诗人对北海道缺乏文化气息而感到不满，决定通过出版文学杂志来提升当地的文化水准。第一期杂志虽然只不过是一本小册子，但很快就卖完了。啄木也拿到了一本，这才有了之后函馆的邀请。[31]在他到达的那天，函馆的诗人们齐聚码头。因为除了一张模糊的照片外，他们都不知道啄木的长相，所以他们仔细审视着每一位下船的乘客，但没有一个人看起来像个诗人。欢迎者们失

第四章　放逐北海道

望地回到家中，却收到了啄木的纸条，说他在火车站的餐厅等他们。他们发现他在那里，正忙着写一首关于函馆的长诗。[32]

啄木抵达的消息很快传遍函馆，《红苜蓿》办公室也摆满了鲜花。对啄木的热情和重视让他感到不知所措，尤其是在他经历过在涩民遭遇之后。不过，我们对他在函馆的最初几天的情况并不清楚，因为他的日记直到5月11日才开始。在那一天，他被告知《红苜蓿》诗人们为他在函馆商会找到了一份临时工作。尽管这对啄木来说可能是一个不怎么让人愉快的惊喜。因为他很快就知道，尽管他们很热情，但《红苜蓿》的诗人们却无法付给他薪水。

函馆对啄木来说无疑是一个新的世界，他没花多长时间就认定自己的这些伙伴们都是一群脑袋空空的笨蛋。他对他所遇到的人的叙述都很幽默，这是他的以前日记中少见的风格。

商会的工作很乏味，主要是查税单。不过，在第一个晚上，《红苜蓿》的诗人们请他参加一个诗歌讨论会。他推脱说自己已经两年没有写诗了，但最后他还是屈服了，一直创作到凌晨两点。[33]这给他带来了巨大的快乐，以至于第二天商会办公室工作都显得很愉快，尤其是他在那儿还能闻到一整套《大英百科全书》的气味。尽管他自己还没有意识到，但他已经开始重返书籍和诗歌的世界了。

第五章
函馆与札幌

在 1907 年 5 月 5 日至 9 月 6 日间，石川啄木没有写日记，但后来他在一篇名为"函馆之夏"的记述中叙述了这几个月未被记录的事件。它以讲述"苜蓿社"[1]成员对他的欢迎开始。他们不仅邀请他来函馆，还为他提供了一个住处。一首短歌使他所居住的青柳町变得远近闻名：

> 函馆的青柳町煞是可悲哀，
> 友人的恋歌，
> 鬼灯擎的花。[2]

啄木可能感到了一种从未有过的体验，他身处友人之中，且都是和他一样热爱诗歌的人，甚至会请他去读他们写的情书。他简要介绍了这些诗人中的几位，首先是松冈蕗堂（1882—1947），他是第一个与啄木取得联系并邀请他来函馆的人。松冈住在青柳町的同一栋楼里，甚至还会给啄木做饭。他白天在法院工作，但在业余时间，他是一个热情而多产的诗人[3]，热切地渴望将文化带到北海道。尽管啄木对松冈的诗歌才能有所怀疑，但还是很乐意助他一臂之力。

在啄木的新同道中，觉得与岩崎白鲸（1886—1914）最亲近，这是一名与他同龄的邮局办事员。岩崎不拘小节的性格吸引了啄木，也许是因为他的个性与他自己的性格如此不同。在他的日记中几乎没有提到另一位苜蓿社成员宫崎郁雨（1885—1962），但他很快就会成为啄木的最重要朋友。日后宫崎对啄木印象深刻，把他称为"鸡群中的孔雀"。

对啄木来说，苜蓿社中最突出的成员是大岛流人（1877—1941），他是这个团体中最年长和最有智慧的人。大岛是《红苜蓿》的首任编辑[4]，他和啄木一样都是瓦格纳的忠实崇拜者；他对《飞翔的荷兰人》剧情的总结梳理曾发表在1906年的《明星》上。虽然他们对瓦格纳的共同兴趣使他们走到了一起，但啄木对大岛的性格最感兴趣之处，正如这首诗中所揭示的那样：

> 请你把我看作一个不足取的男子吧，
> 仿佛这样说着如山去了，
> 像神似的友人。[5]

啄木抵达函馆后立即开始为《红苜蓿》写文章。他给成员们留下了深刻的印象,当大岛流人辞去编辑职务时,他被选为大岛的继任者。[6]尽管啄木在杂志的美工装帧上做了改进以吸引新的读者,但苜蓿社仍然没有足够的钱来支付让啄木能维系生活的工资。之后,在商会工作了二十天后,为他找到了一份更合适的工作——在据说是函馆最好的弥生小学当代课教师。工资是十二日元,比他在涩民赚的八日元要好一些,但对于一个有家庭的人来说,仍然是不够的。然而,啄木非常渴望与他的妻女团聚,所以他暂时没有考虑工资是否足以养家。节子和京子于7月11日也到了函馆。

啄木很受弥生小学其他老师的欢迎,这些老师很高兴在他们中间能有一位发表作品的诗人,但啄木本人似乎没试图与他的学生发展出热络的关系,与涩民时完全不一样。他在函馆学生中没有一个人后来还记得他。他的第一堂课是在1907年6月12日。不久之后,他认识了橘智惠子(1889—1922),她是该校的女教师之一。啄木会用"她胖得像头猪,眼睛像只熊"这样的话语来形容大多数女同事,但他却把智惠子这个十八岁的女孩描述为"一朵挺立的鹿子百合花"。[7]实际上,他被她的年轻纯真所吸引,于是他写道:"智惠子!多么可爱的名字。多么可爱的名字啊!她走路的样子——那么优雅,那么端庄,那么少女！她的声音是那么清脆！她是那么美丽。她的声音是那么清脆！ 我们两个人只在一起聊过两次。第一次是在大竹校长的家里，当时我带着辞职信去了那里。另一次是在她位于八里坪的住处，当时我给她捎去我的《憧憬》。"[8]

他似乎已经爱上了她，但她的纯真不可侵犯，以至于他从未表露过自己的爱意。有一次，当他们在大森海岸上一起散步时，他有机会向她表白，但不知为何却并未开口。由于想不出什么合适的话，他们谈话只限于非私人的话题。一首诗描写了他的失败：

> 作为两颊冰冷的
> 流离的旅人，
> 我只说了那么几句问路般的话。[9]

他后来对自己的隐忍而感到后悔：

> 在那时候来不及说的
> 重要的话至今还
> 留在我的胸中。[10]

他对智惠子无言的爱可以在另一首诗中找到：

冰冷清洁的大理石上边，
静静地照着春天的太阳，
有这样的感觉。[11]

智惠子一直被奉为他不可触碰的缪斯。啄木与她的关系只持续了他等待节子到函馆团聚前的那几个星期，但他的朋友们都知道智惠子对他很特别。正如宫崎郁雨所写道："每当我和啄木谈起函馆，他总是会提到他想念橘智惠子。[12] 啄木经常对另一位朋友说："在学校教书时，我第一次知道什么才是快乐的人"。[13]

啄木其实很少见到智惠子，因为《红苜蓿》编辑工作占用了他大量的时间。事实上，这项工作变得如此繁重，以至于在7月他停止了代课。[14] 由于他的想象力和出版经验，该杂志成了北海道最好的杂志。岩崎白鲸回忆说，在啄木成为编辑之前，他们一直在为创建一本艺术杂志而努力，但"他刺激我们超越自己。我们开始征集各种类型的稿件，并尽我们所能来增加发行量。我们写的主题包括'函馆最肮脏的街道'、'与乞丐的对话'。"[15]

8月2日，啄木从函馆乘船前往野边地。他的日记指出他坐的是头等舱，但不知道他是如何支付这种奢侈的费用的，很可能是他向富裕的宫崎郁雨"借"的钱。啄木去野边地是因为他得知他的母亲去那里看他的父亲，他决定

第五章 函馆与札幌

带她一起回函馆。[16]

啄木的母亲起初住在他位于青柳町的公寓里，但他们一家很快就搬到了一处更大的地方。不过，即使有了更大的房间，但还是很拥挤，好在孩子的到来使这个家的气氛显得很欢快。在他们在新住所安顿下来的几天后，光子突然从小樽到了函馆。她说自己得了脚气病，需要换换空气，但很可能是她与几乎不认识的姐姐住在一起感到无聊了。这间公寓现在很拥挤，四个成年人和一个孩子挤在两个小房间里。正如啄木所说的那样，"房子自然变得很热闹，我什么都做不了。两个房间都很拥挤。天才喜欢孤独。我也一样，没有自己的房间就无法写作"[17]。

虽然他的第一本函馆日记到此为止，但他在一个未指明的日期，加上了对7月发生的事件的总结。啄木直到8月18日才恢复写日记，这一天他受雇为《函馆日日新闻》每周撰写诗歌专栏。他还将担任巡回记者。他的第一个专栏是在他加入该报的当天发表的。之后，他的日记中又有一段空白，直到8月25日他写了第二个专栏，是关于易卜生的。那天晚上，他感到有些疲惫，就早早地上床了，大约九点。

10点30分，函馆东山区发生了一场火灾。大火被从山上吹下来的强风煽起，在天亮前的六个小时内烧毁了全市三分之二的地区。啄木工作的杂志社和报社的办公室都在这场大火中被烧毁。虽然他所在青柳町的房子躲过了大火,但人们担心火势仍会蔓延。

8月27日,啄木写了一篇关于火灾的长文,这是他最生动的文章之一。不过,他在看到燃烧的房屋时表达的快乐和对生命损失的漠不关心,显得如此冷漠:

> 这座城市现在一副陷入极端灾难的场面。在一条又一条的街道上,我看到火仍在燃烧,处处皆是。黄色的烟雾笼罩着整个城市的天空,如此密集,甚至无法看到太阳。人的尸体,狗的尸体,猫的尸体,都被烧得黑乎乎的,像烧焦的南瓜,一个接一个地堆在一起。一万多所房子肯定被烧成了灰烬。云疯了,风疯了,人疯了,警察疯了……而在疯狂的云层之上,一个疯狂的神,被他下面的世界的骚动和他自己的疯狂所吸引,可能表演了一场疯狂的舞蹈。夜间大火的景象在我脑海中是如此生动,我想不出有什么词来形容它。大火像巨大的洪水一样流过街道。火花以数百万和数十亿的红线落下,像晚间的阵雨。整个城市是一个巨大的火场。不,那是一种疯狂的噪音。从高处往下看,我拍了拍手,高兴地叫了起来。我看到的不是无情的火焰在焚烧数万人的房屋,而是一只黑黝黝的手在数里长的火墙上挥舞,那是一面巨大的英雄

革命的旗帜。

那晚我真的欣喜若狂。不，狂喜这个词并不恰当。我已经忘记了一切，在大火的壮丽面前低下了头。在自己的内心深处，我对我的家人的安全没有一丝担忧。当我看到耗资数百万日元建造的大宅和宏伟建筑的倒塌时，没有感到哪怕一丝的遗憾。我从心底里用我能发出的最响亮的声音喊出我的喜悦。即使在回家的路上，我帮助一些受伤的人，用手引导他们到安全的地方，我的心态依然如此。我回到家时已是凌晨三点。家里只有妇女，她们看到所有的邻居都在准备逃跑，感到非常惊慌。于是我为他们跳了一支盂兰盆舞。我跳了一支涩民的盂兰盆舞。一旦我以这种方式让大家笑起来，我就决定我们应该在公园后面的松树林里找一个安全的地方。我们带着几乎所有剩余的家具。然而，没有必要为了安全而这样匆忙。第二天早上天微微亮的时候，很明显火势不会烧到青柳町的房子……

对函馆而言，大火是一场本质上的精神革命。函馆与过去的无数罪恶一起被烧成灰烬。现在，一个需要新建筑的新时代已经开始了。我想我应该举杯为它干杯。[18]

石川啄木

啄木的态度可能让人想起1923年关东大地震时谷崎润一郎*（1886—1965）的态度。他乘坐的巴士离城市有一段距离，在摇晃的地面上危险地打转。起初，他担心他在横滨的家人，但"几乎在同一时刻，我内心涌现出喜悦的想法：'多么了不起啊！东京现在将成为一个体面的地方。'"与啄木不同，谷崎并不希望地震会带来一场革命；相反，他所渴望的是过时的城市能变得更现代化，并有更多的声色场所。在对预期变化的欢呼声中，谷崎没有考虑到地震造成的痛苦或失去的生命；他只梦想着"一座拥有巴黎或纽约所有欢乐场的伟大城市而兴奋，一座夜生活永不结束的城市"[19]。东京最终在地震后被重建，或多或少是按照谷崎所期望的路线进行的，但此时他的品味已经改变，他选择的不是生活在现代城市的闪亮灯光下，而是待在关西，这场地震对旧文化破坏最小的地区。随着时间的推移，他将转而颂扬传统建筑，尽管这些建筑的破坏起初曾让他感到高兴。

至于石川啄木，作为一个叛逆到底的人，从未对函馆的建筑损毁感到遗憾。他的房子可能躲过了大火，但他却遭受了几乎同样痛苦的损失。他在日记中写道："我的第一部小说《面影》的手稿被留在了函馆大火之中，它和我

---

* 著名的唯美派小说家，曾获得过诺贝尔文学奖提名。

为《红苜蓿》第八期写的手稿一起，都变成了灰烬。这本杂志与函馆一起死亡。今后几年内，该杂志不可能在这里复兴。"[20]

火灾结束了啄木在函馆紧张而愉快的生活。虽然他很怀念这座城市，但他别无选择，只能去其他地方工作。他在8月27日的日记中写道："向井[21]今天从札幌来。他告诉我一些作家已经下定决心搬到札幌去。他们希望能在那里重新开始。"[22]向井带着啄木的简历重回札幌，希望能为他找到一份工作。起初，啄木对是否加入札幌的难民作家队伍犹豫不决。他听说弥生小学虽然遭到了破坏，但并没有被完全摧毁，他想到自己从未正式辞去教师职务，也许还能回去教书。工资虽然微薄，但总比什么都没有要好。于是他去拜访校长，被告知他仍然是学校的老师。校长让啄木帮助整理在火灾中被损坏或放错地方的档案记录。然而，这将是他在学校工作的全部，啄木再也没有教过书。

9月7日，啄木在他的日记中写道，他遇到了一些苜蓿社的朋友，并与他们通宵创作诗歌。起初，他抱怨说他已经两年没有创作短歌了，但他被说服加入了其他人的行列，这标志着啄木开始恢复诗歌创作。[23]虽然他当晚借酒浇愁所写的诗被认为不值得保存，但啄木很享受他重新回到自己的领域。两天后，他决心成为一名诗人，而不是一名教师，他写道："再过几天，我将离开函馆。我将在这里生活超过120天。在一个地方生活的时间并不长，但在这期间发生了许多有趣的事情。当我到达这里时，我一个人都不认识，但我却能交到很多朋友。当我离开函馆时，我已经有许多朋友。"[24]

在日记中，他对函馆的告别绝不是感性的。它不仅包括对他所建立的友谊的回忆，还包括对他在函馆遇到的第一个人——对松冈的痛斥。他回忆了与朋友们关于这位前同道的议论：

> 那天晚上，我们交换了对松冈的真实感受，我们一直隐藏在自己内心的每一件事，如今则坦坦荡荡。我们用我们的一切言辞来诅咒他。我们如同时赤裸裸的婴儿，根本不是这种撒谎的怪物的对手。他出生时很不走运。这让我们为他感到遗憾，但最终他被证明是一个没有任何可救之处的烂虱子。这就是我们那晚的结论。[25]

松冈做了什么，才会导致了这样的蔑视？尽管在离开函馆之前，啄木似乎一直在克制自己的厌恶情绪，但他也许从一开始就不喜欢松冈，甚至在借住他的公寓和吃他做的饭时也是如此。但是，这种憎恶也可能是从啄木发现松冈的虚伪开始的。他平时的言行总是如此清高，甚至会否认爱情的重要性，却又与一个艺妓有染。[26] 松冈曾恳求啄木保守这个秘密，啄木照做了。但从那时起，他对这个伪君子就只有蔑视。不过，他对松冈的谴责多少有些过分。尽管啄木自己的行为往往不受约束，但他在涩民学校对待不良学生的方式中已经透露出一股清教徒的气质。事实上，这可能正是他对一个假装绝对纯洁的人感到厌恶的原因。

9月8日，啄木写信给向井："我决定去札幌。我打算把自己的妻子留在小樽，暂时待在我姐姐那里。如果你能给我发一封电报，就说'一切都安排妥当了'，我将非常感激。电报内容是：工资三十日元。马上就会来。向松冈致意。"[27]

9月10日，大家为啄木举办了一个欢送会，喝了很多酒。人在札幌的松冈寄来了一封信，说他应该会回到函馆，并敦促啄木不要搬到札幌。参加聚会的客人们为松冈还不知道自己已经与前《红苜蓿》成员们分道扬镳而露出苦笑。

9月11日，啄木正式向弥生小学的校长提交了辞呈，并感受到了重获自由的幸福。他的妻子、他的妹妹光子和几位苜蓿社的前成员在火车站为他送行。当他无法再看到函馆的灯光时，他不由自主地流下了眼泪。他认为，他再也看不到函馆了。

9月15日，啄木抵达札幌。他对这个城市感到很满意，并写道：

> 札幌既是一个杂草丛生的村庄，也是一座树木繁茂的城市，一座秋风吹拂的城市。它有一种曾经有过许多安逸爱情的城市的气息。街道宽阔，人少，在众多树木的荫凉下，每个人都走得很慢。林荫道上的橡树投下了耐人寻味的影子；吹来的风中有一种寒意，吹动了杨树叶。洗涤牵牛花的水冷冷地咬着手上的肉；如果有人喝一口，却没有甜味。札幌的秋天越来越深。[28]

札幌有着宽阔笔直的街道和充满异国情调的树木——金合欢和杨树，像一个外国城市，却有着乡村的魅力和静谧。它是一个诗人可以居住的地方。不幸的是，啄木很少有机会赞美札幌。他在那里时几乎每天都在下雨，而在报社的工作也令人失望和不愉快。他在札幌最糟糕的一天是9月20日。那天晚上，他躺在床上，心中充满了对函馆的思念。他强忍泪水，但眼泪还是流了下来。他意识到，他没有对札幌的工作进行充分的了解。在之前电报中，他宣称自己的工资是三十日元，但实际上只有微薄的十五日元。他工作的报纸只有六个版面，每天的发行量只有六千份。他每天下午从两点到八点都在报社工作，与一个被他称为世界上最丑陋的人分担校对工作。这个人总是穿着同样肮脏的软褂、和服，当他用虚弱的声音谈论他找来的妓女时，啄木发现他既滑稽又可怜，难以用语言来描述。[29]

一天晚上，也许是为了躲避与另一位校对员共处一室，啄木参加了一个基督教教会的礼拜。讲道的主题是"浪子"，啄木写道，他被这堂讲道引发了兴趣。因为他早上有时间，他决定学习德语。当然，德语是他心爱的瓦格纳的语言，但最重要的是它是文化的语言，而在他的生活中，最缺少的就是文化。

在闲暇之余，啄木写了一篇关于秋风的文章，并于9月17日交给了编辑部。[30]第二天，他的文章被刊登在头版上，啄木被告知，已经设立了一个诗歌专栏；他将每天为这个专栏写作。不过，这个好消息似乎并没有让他感到高兴，也许是因为没有提到加工资。他突然意识到自己现在的工作是个错误。他的终身工作应该是文学。为什么要偏离了它呢？为什么他如此担心自己寻不到一个靠写作谋生的工作机会呢？只要他能赚到足够的钱来维持生计，他就应该感到满足，并让自己完全投入到文学中去。没有什么能给他的生活带来意义，也没有其他什么值得作为目标的东西："过去我太担心谋生，以至于忽略了我的命运。这是个错误。我必须把我的一切努力投入到写作中。即使我是一个悲惨的校对员也没有关系。即使我不能吃米饭也没有关系——土豆就可以了。我将写下这个新的誓言,并立即寄给我在小樽的妻子。"[31]

这时,弥生小学仁慈的校长来了一封信,他仍然相信啄木在电报中所说的三十日元的工资。他将啄木称为"一个幸运的孩子",并给他寄来了一张汇票,金额为四日元二十七分,是他在学校未结的薪水。啄木自嘲地想:"他认为我很幸运,但我没有足够的钱去公共浴室或支付信件的邮费。我已经被他的寄来的大额汇票所拯救了。我只希望我不会失去我的自尊。"[32]

9月20日是啄木到札幌后的第一个晴天。第二天,他见到了老熟人小国露堂[33],他们进行了长时间的交谈。双方聊了很久:"露堂谈到了社会主义。我一直对他们所谓的社会主义嗤之以鼻,但露堂所说的内容既智慧又自由。从某种意义上说,我不由自主地同意他的观点。我们在谈话结束时认定社会主义是一种具有根本重要性的理念,它产生于不可避免的要求。露堂是一个站在我这边的人。今晚非常愉快。"[34]

9月23日,在到达札幌的十天后,他遇到了一位来自小樽的报社人员,他从小国露堂那里听说了啄木的卓越资质。他向啄木提供了一份在《小樽日报》报社的工作,工资为二十日元。他将作为一名巡回记者工作。啄木当场决定离开札幌。小樽是北海道最大、最富有的城市,而《小樽日报》是由北海道商业的奇才山县勇三郎(1860—1924)创办的。创刊号将于10月15日出版。

9月24日,啄木给小樽的节子发了一封电报,告诉她不要按照之前计划的那样去札幌。第二天,他给他的密友——宫崎郁雨和与谢野铁干,发了消息说他要换工作了,已经接受《小樽日报》的职位。

9月27日,他登上了前往小樽的火车,在欢送会上喝得酩酊大醉。当天晚些时候,他到达小樽,并直接去了他的姐姐家,在那里他找到了他的母亲、节子和光子。啄木最大的乐趣是再次见到京子,他在日记中写道,她的脸足以让他忘记了函馆和札幌。

第六章

在小樽

1907年10月1日,啄木参加了《小樽日报》的第一次编辑会议,并在日记中写到,他在会上的发言比其他人都多。[1]一个年仅二十一岁的年轻人,在与会人员中级别是最低的,却敢如此直言不讳,以至于让人称奇。也许是在函馆和札幌的报纸上短暂工作的经历让他与其他人不同,有了职业记者的自信。他没有透露自己言论的具体内容,但提到了在这个场合遇到的各种要人的名字,包括金融家山县勇三郎和白石义郎(1861—1915),他是公司总裁,也是一位资深的政治家,同时还是北海道议会的议员。而被尊称为国际金融天才的山县,专程从函馆赶来庆祝报社的成立,让啄木印象深刻。

会议结束后的第二天,啄木预支了一笔工资,把自己的东西从火车站搬到新家。他还买了一盏灯和一个火炉。有了这些东西,他就有了两间六平方米的房间所需的所有家具,他、他的母亲、他的妻子和尚在襁褓中的京子都将住在里面(光子又被留在了她姐姐那里)。啄木认为这间公寓比预想的要好，但光秃秃的房间即使对他来说也很难显得有吸引力，哪怕他有很多在陋室居住的经验。啄木还发现，在一扇推拉门的另一侧住着一个算命先生。他了解到，这位算命先生是专门占卜姓名的。[2] 啄木别无选择，只能挥别他对函馆和札幌的记忆，享受小樽的生活。[3]

啄木对小樽的最初印象是它的繁华，与函馆或札幌的惬意不同："札幌可以说是一座首府，而对小樽最好的描述则是一座大市场。"[4] 小樽是一个人们可以用大嗓门讨价还价的城市，与他的故乡一点也不像，这也是啄木不喜欢它的另一个原因。尽管他几乎是被赶出了涩民，但那里仍然是他的家，因此他的余生都会有关于家乡的诗歌灵感。[5]

小樽商人刺耳的吆喝声可能与文学创作不匹配，但偶尔还是激发了啄木写上那么几首诗，例如：

> 可悲的是小樽的市镇啊，
> 没有唱过歌的人们，
> 声音多么粗糙啊。[6]

起初，啄木无法看清小樽的很多地方，因为连绵不断的雨使街道变得泥泞不堪。他抱怨说："世界上最糟糕的街道可能就是小樽的街道"。尽管如此，他还是设法在雨中和泥泞中来到了报社，在那里他见到了工作人员，包括主笔岩泉江东，他立刻对其生出了厌恶感。他后来解释说，他反感的主要原因是岩泉的眉毛，它看起来像毛毛虫，一种他厌恶的昆虫。虽然这可能是个玩笑，但这个人的某些方面从一开始确实就令他感到厌恶。[7]

啄木对另一位编辑野口雨情（1882—1945）的印象完全不同，他很快发现，野口对岩泉的厌恶甚至比他更强烈。这种共同的反应巩固了啄木找到志同道合者的第一感觉，甚至让他觉得野口雨情已经是多年的故友。后来，雨情作为流行的民歌和儿童歌曲集的作词家而成名，但此时他或多或少还只是一个流浪者，在北海道的各个地方漂泊，在任何愿意雇用他的报纸上工作。啄木和雨情都被分配到新面世《小樽日报》的"人文关怀"栏目。他们相处得非常好，以至于他们曾计划一起出版一本杂志。[8]

10月5日晚，他们的友谊有了令人难忘的发展。啄木与雨情一起吃饭。在他们吃饭的时候，啄木从雨情那里得知了报社内流传的（虚假的）八卦，大意是说岩泉曾经坐过三次牢。这个消息和其他关于岩泉的不愉快的故事，使啄木宣布不可能忍受这样一个人来发号施令。他声称："我们迟早会把他赶走，以共和方式重建公司"。[9]

野口还向啄木透露了自己的各种不光彩的往事。在日俄战争期间，他曾向政府交了五十万日元（在当时是一笔巨款），试图为自己买一个男爵头衔，但没有成功。自从这次挫折后,他就只知道失败了。尽管他外表温顺,愿意在无名小卒面前低头,但他承认,自己其实天生是个爱惹麻烦的人。正如野口解释的那样,"我没有能力做任何好事,但当涉及坏事时,无论我怎么努力,我都会成功。"对此,啄木评论说:"他是一个危险的人,是时代的产物,但我们都有反抗社会的爱好,这就是为什么我认为他是我身边的战士。"[10] 在啄木看来,野口雨情是第一个决心与他一起颠覆世界的朋友。

10月6日,啄木拜访了他的邻居,那位算命先生,请他为当地的重要人物的名字占卜。这将是《小樽日报》第一期中的一个亮点。尽管在算命先生那儿感到不自在,但啄木还是在10月17日再次拜访,这次是为了给他自己算命。啄木被告知他将在五十五岁时死去,令他很沮丧。[11]

10月7日还在下雨,啄木依旧没有看到小樽的全貌,但他写的一篇文章《我对小樽的第一瞥》给他的上司留下了深刻印象。雨情传来消息,说报社的社长也对他表示赞赏。[12] 社长白石义郎之所以来经营报纸,是希望借此来助力自己的政治生涯,但之后的历史证明相较于政治他还是更善于写文章。之后,出于对写作的偏好,他曾多次向啄木展现了善意。雨情还说,岩泉曾答应给啄木升职,作为对他出色文章的奖励。啄木欣喜地写道,"我在这家公司有很好的前途"[13],似乎已经忘记了他推动革命的决心。既然啄木对自己的工作感到满意,那么也意味着推翻岩泉的"阴谋"就这么结束了。

此时,啄木已经变得更加自信,认为他写的任何东西都会得到赞扬,以至于他敢于做一些可能毁掉自己声誉的行为。他甚至把从其他记者写的文章中抄来的内容,拼凑成自己的作品来发表。啄木过了挺久之后才意识到自己是在抄袭,因为他认为这和考试作弊一样是稀松平常的。因此,他的第一反应是:"做报社记者是一种罪恶的职业!"[14]

10月15日,一个阳光明媚的日子,似乎预示着《小樽日报》第一期出版的好兆头。一个铜管乐队在街上游行,随后报纸在全市范围内发行,有整整十八个版面。[15]然而,两天前啄木的日记显示,他和雨情之间已经出现了裂痕:"我对野口妻子不体面的行为和他无原则的行为感到震惊。"[16]日记中没有说明野口妻子"不体面的行为"究竟是什么,也没有说明野口的行为为什么让啄木感到震惊。他的妻子是否勾引了啄木?无论如何,啄木与雨情的关系似乎已经到了崩溃的边缘。10月16日,也就是写完这篇日记的三天后,啄木对雨情公开表达了敌意:

> 今天我意识到一件令人震惊的事情。到今天为止,我们都不喜欢主编岩泉,我们暗地里想发动一场

运动,把他从报纸上赶出去,但这个计划完全是野口所有。他,一位所谓的"诗人",用花言巧语赢得了我们的支持,成功地使我们与主笔疏远。他两面三刀,继续欺骗我们,直到我们发现他是打算从两方面都获得最大利益……"有谁能逃脱被他的弓箭和他的蜜语所欺骗的命运?"现在我知道自己被他骗了,我的怒发直冲天空。他,用他的坏诗,讨好他的前辈,在他们的帮助下,能够获得一些声望——他成了文学界的活宝。而现在,他正在背叛我们,希望能满足他自己的贪婪。称他是诗人,都是言过其实的。[17]

10月17日,啄木和他的两个朋友与野口雨情以及他的三个朋友彼此对峙。啄木事后评论说:"野口越来越可恨了。"第二天,雨情向啄木表达了他的歉意。他看起来非常痛苦,以至于啄木决定原谅他。[18]

10月31日,野口雨情因构陷岩泉而被解雇。第二天,啄木被任命为雨情的继任者,担任"人文关怀"栏目的负责人,他的工资被提高到二十五日元。[19]报社对啄木的文章印象深刻,以至于他参与雨情阴谋的事很快被遗忘,非但没有受到谴责,反而得到了晋升。

然而,11月16日,岩泉突然被解除职务。啄木从他的朋友泽田信太郎(1882—1954)的电报中得知了这一可喜的进展，泽田信太郎作为岩泉的继任者被授予总编辑的职位[20]。啄木为这位他不喜欢的人失势而感到高兴，想到某天早上岩泉像往常一样去他的办公室，却发现他被调到一个偏远的办事处，他就感到由衷的喜悦。

在岩泉离开后，啄木的工资有所提高，使他和他的家人的生活稍稍好转。他甚至偿还了一些先前从报社借的钱。但他仍然极度缺钱，而且很明显，他永远无法摆脱所有的债务，但至少啄木在工作中是快乐的。每天报纸都会刊登他写的一篇文章。[21]虽然他的大部分文章都是朴实无华的散文，但他也写了一些新书的评论，当某事件让他有所触动时，他也会写社论。10月12日宫崎郁雨的来访是一个令他惊喜的事情。啄木写道："言语无法表达我再次见到他的喜悦。我们喝着啤酒，一起睡着了。我习惯于叫他'兄弟'。"[22]宫崎成为啄木最慷慨的支持者，一次又一次地为啄木和他的家人提供所需的金钱。他们的友谊几乎一直持续到啄木的生命结束。

啄木在1907年10月至12月期间的日记让人读起来很困难。许多条目可能是在啄木生命末期对事实的记忆变得混乱之后补写的。此外，这些日记的印刷文本也非常模糊，空白处还有一些意义不明的涂鸦。[23]此外，啄木这本日记中对事件的随机选择与其他日记的文学技巧形成鲜明的对比，但他没有解释是什么让他改变了风格。

12月11日,笼罩在啄木生活上的迷雾随着他对札幌之行的描述而消散,他在那里遇到了老熟人小国露堂。他们很高兴地发现,他们有很多共同的想法。小国露堂认为《小樽日报》的低迷发行量是由于它未能满足读者的需求。他认为北海道应该有一份更好的报纸,并希望啄木能和他一起创办一份报纸。[24]然而,啄木一想到能和泽田这位新主编一起工作,就非常兴奋,决定继续留在《小樽日报》。他决心要把它办成一份一流的报纸。[25]

之后,啄木从札幌匆匆赶回小樽。但他刚进报社时,就与《小樽日报》的业务员小林寅吉(后改姓中野)(1879—1952)发生了争执,甚至还动手打了起来。争吵的具体原因并不清楚,但泽田在其关于啄木的回忆中猜测,可能是小林对啄木多次离开办公室和频繁访问札幌而感到恼火。此外,小樽日报社的工作人员也怀疑他正在与札幌的一家报纸接洽,想找一份更好的工作。

泽田在两个人打斗结束后立即见了啄木。小林是个莽夫,对虚弱的啄木拳打脚踢,打伤了他的胳膊,还在他额头上敲出一个肿包。啄木气得浑身发抖,在喘息的间隙不停地喊着他要离开报社。泽田把他带到一家诊所紧急治疗。

第二天,泽田拜访了社长白石,并描述了小林对啄木的暴力攻击。白石却没有要干预的样子,似乎员工之间的争吵只是常见的小事,没有什么大不了的。几天时间过去了,他并没有去找过啄木。被这种明显的冷漠所激怒,啄木冲去了社长办公室,把自己的辞职声明扔到了白石面前,然后带着胜利者的气势离开了房间。[26]

啄木的研究者认为,当时小林属于站在岩泉一边的派别,他们对岩泉的突然被解雇感到愤怒,并将此归咎于啄木。尽管啄木在他的日记中记录了这场冲突,但他也没有说明原因。当然,他没有把自己描绘成一个被大块头对手殴打的瘦弱小伙;他的自尊心不允许他表现出自怜。他在日记中所写的是他决定离开他的这份工作。[27]

冲突之后,啄木的怒气并没有很快消退。报社的同事们劝他重新考虑辞职的决定,但无法动摇他的决心。白石的冷漠态度让他感到不满。而白石本人则对啄木的强烈怨恨感到惊讶。他并不愿意失去一个优秀的记者,几个星期都没有接受啄木的辞呈。

啄木却已决心不再与《小樽日报》有任何瓜葛,这当然是一种自杀式的骄傲行为。他对白石的冷漠感到愤怒,因为他曾认为白石会是他一生的友人,却没有考虑到失去这份他可能拥有过的最好工作,会有怎么样的可怕后果。他在整个报社都受到尊重,社长对他的态度也异常亲切,他早晚会得到晋升。他和他的家人,虽然没有什么钱,但在分散了几个月之后,能生活在一起,这都曾让他

第六章 在小樽

很高兴。

啄木的高傲姿态,可能是为了证明他对白石的优越性。或许白石是一个无法欣赏他的天才的人,但啄木本人却只会给自己和家人带来痛苦。随着时间的推移,甚至他也埋怨起自己的任性。

12月22日,泽田发表了一则公告,称啄木已不再是《小樽日报》的雇员。他以遗憾和深情的口吻写了这则公告,回顾了自己与啄木的友谊,这可以追溯到他们在函馆的苜蓿社同道时代。他追随啄木的创作脚步,写着同一类文章。他曾期望他们的友谊能持续一生,但不到一个月,啄木就要离开小樽了,他们将分道扬镳。泽田宣称,他最钦佩啄木的地方是他拒绝容忍平庸。他写道:"这个世界上确实有不幸的天才!"然后,他劝啄木不要无所顾忌,应该将越来越多的精力地投入到他的写作中去,"这是我想对我的兄弟啄木说的肺腑之言"。[28]

此时的啄木无处可去,暂时留在了小樽,既没有工作,也没有钱。朋友们会到他家,讨论一些严肃的文学话题,例如没有民族主义的文学是否有存在的可能性。这些讨论自然没有得出任何结论,也没有给啄木带来任何实际好处,但它们或许能让他免于沉浸在对自己所犯的错误无休止的焦虑之中。

12月24日,啄木打算好好利用一下他现在的处境。

他写到，从乏味的办公室工作中解放出来后，他有责任在世界发展的第一个阶段已经结束的前提下，写一部关于世界各方面的批判性历史。这项研究没有取得成果，但他偶尔会想起它。

他写了一些诗，但都无法令他满意，而且他过于沮丧，也没有动力去改进修改。他在等待奇迹的出现，能将他从他的噩梦的不愉快中解救出来。他此时几乎身无分文。12月3日，他还在等着《小樽日报》的员工，将带着他辞职前工作几天的工资来找他。但并没有人出现，啄木别无选择，只好在冲突后第一次去了报社，尽管这有违常理。在减去他欠报社的钱后，他拿到了二十天的工作报酬。他拿到的八日元就是他和他的家人可用来庆祝新年的所有钱。[29] 在29日的日记中写了单独的一句话："我不忍心看老母亲的脸。"[30] 他可能感觉到，他的母亲正在回忆以前过年的样子，这与他们现在的苦难形成对比。第二天，啄木的妻子当掉了她最后一条腰带。啄木拿了3日元给收账的人，用他母亲和他自己的衣服作为担保。他写道："这一年的最后一天——如果它没有来，那会更好，但它还是来了。"[31]

1908年1月1日，他开始了新的日记。按日本人的算法，他现在是22岁。在继续写了大约一个星期后，日记突然中断了，后面是三页短歌。这是他几个月来第一次创作，虽然不是他的代表作，但预示着他将再次成为一名诗人。接下来是1908年的另一本日记，也是从1月1日开始的。

元旦那天，啄木起得很早。他的房子没有任何传统的过年装饰——门口的松树枝或屋内悬挂的纸条，但一家人的早餐吃的是"杂煮"。

1月3日，啄木参加了一个社会主义者的集会。尽管最初的演讲让他感到厌烦，但他被西川光二郎*（1876—1940）的演讲深深地打动了，他那身磨损的西服使他看起来像一个普通的工人，他用响亮的、通俗的话语演讲。啄木写道："他说的话让我印象很好。甚至连在场的警察也似乎在认真聆听。"[32] 在回家的路上，他告诉朋友们，社会主义是他思想的一部分，这可能是他第一次公开谈论这种日后成为他思想核心的政治信仰。[33]

1908年的第二本日记比第一本写得好。啄木或许认为第一本缺乏文学性，因为他觉得如果写得更有文学性，就有出版的可能性。在过去，他曾试图将日记的部分内容改成短篇小说，但都没有成功。[34]

1908年的第二本日记有一段关于元旦的描述，是典型的啄木式幽默和苦闷的表现：

---

* 日本著名社会主义运动家，日本社会民主党、日本平民党（日本社会党前身）的创立者之一。

新的一年已经到来了。从昨天起，无论是在天上还是在地上，或者是在目之所及的雪地上，都没有丝毫的变化。就这一点而言，拉雪犁的马也没有变化，猫也好，鸟也罢，同样没有变化，每家每户悬挂的冰柱也没有变化。只有人类发生了巨大的变化。昨天，他们匆匆忙忙，仿佛有无数的差事，眼神中充满了不安，走起路来就像去参加葬礼一样。但今天，同样的人，穿着七子丝的斗篷和仙台平的裤子，面色平静，表明他们没有世俗的不安。他们左手攥着几十张贺年卡，从一户人家绕到另一户人家，在每一扇门前低头行礼。如果他们今天能对遇到的每一个人都这么客气，那么为什么昨天他们连一个微笑都做不到呢？他们是自己创造的日历的奴隶。如果日历上写着12月31日，他们就会表现得好像他们担心自己无法坚持到第二天，他们表现得就好像如果他们做出微笑这样不体面的事情，就会受到神佛的惩罚。但第二天早上是元旦。太阳照常从东方升起，穷人仍然寒冷和饥饿，但今天，即使是木炭商的妻子也会在脸上涂粉，尽管新年的饮料可能会使其变红。不需要太多的学识就能意识到，这就是世界荒诞愚蠢的集中体现。它已经超出了愚蠢的范畴，以至荒诞。[35]

1月上旬，在找工作的过程中，啄木开始对现代文学表现出新的兴趣。他阅读小说作品，并在日记中描述了他所听到的一些关于与谢野晶子的八卦消息。[36] 虽然他在涩民和北海道写的日记中都没有提到过晶子，但这种对八卦的兴趣表明他又开始转向文学界了。他开始向往东京，忘记了在帝都最后几天的病痛和绝望，但现在已经没有可能回去了。

他接下来考虑去钏路，这是北海道一个偏远而不发达的地区，他听说那里有一位议员正计划创办一份新闻报纸。钏路的人口不到一万人，从各方面来看，都是一个完全没有文化气息的城市。如果报社的事有可能，那也不过是一份地方性的报纸[37]，但啄木对从头开始办报的可能性感到兴奋。他在日记中写道：

> 钏路地区很难用繁荣来形容，但正是因为这个原因，如果我利用我的每一点能量，可能就会找到合适的职位并开始工作。我想知道是否有我适合的任何一种实际工作。（从我的性格或可以说是我的天性来看，很难找到任何工作。）然而，我确信，最终我会找到"自由"的希望，无论它在哪里，在什么条件下，都不会被证明是虚幻的。[38]

至少在钏路的无聊生活或许能为他提供写作的动力。

1908年1月10日，期待已久的解脱痛苦的一刻终于来了。一封通知书到了，不是来自那个曾说过要在钏路创办报纸的议员，而是来自白石，给啄木提供了一份在《钏路新闻》的工作。白石现在是这家报纸（以及《小樽日报》）的社长，他还寄来10日元，作为啄木第一篇文章的预付款。啄木喜出望外，"突然间，整个世界变得明亮起来。一切冰冷和可憎的东西似乎都被温暖了，就像年轻的男人和女人被他们的心所温暖一样。"[39]

1月13日，啄木去见了白石，"这是自去年12月我一意孤行，从《小樽日报》辞职以来，我第一次见到社长"。白石以喜悦的态度迎接他，说道："我不希望你的职业生涯仅仅因为一次自我任性的事件而结束。"他很想让啄木重新回到新闻界。事实上，他很早就曾考虑邀请他去钏路，但犹豫不决，因为钏路非常寒冷，而啄木有一个老母亲和一个小孩，可能无法忍受这种气候。

最后他们商定，啄木和白石将在1月16日一起离开小樽前往钏路。他们还决定，鉴于在钏路生活的艰辛，啄木将把他的家人留在小樽。的确，钏路的人口只有一万，而且《钏路新闻》也只有六个版面，但白石解释他有计划将其扩大。啄木觉得他有责任助一臂之力。

他们在1月19日离开了小樽。啄木写道：

今天早上我起床的时候，人力车夫已经在那里拉着他的雪橇等着了。大口吃完早餐后，我让车夫把我们送到车站。我妻子背着京子为我送行，但由于白石先生迟到，我们错过了九点的火车。我让妻子先回家了，她没有必要再等了。不知为何，我不想离开小樽。不，不是我不想离开小樽，而是我不想和家人分开。[40]

啄木和白石乘坐十一点半的火车离开小樽，这时开始下雪了。

第七章

钏路的冬天

就在离开小樽前往钏路之前，啄木阅读了文学杂志《小杜鹃》的最新一期。他对内容只字不提，无论是在这里还是在日记的其他地方，他也没提到诗歌，甚至没有提到杂志的主导者——正冈子规的名字。这一点令人惊讶。正冈子规是将俳句和短歌作为一种有生命力的诗歌形式带入现代社会的诗人。啄木理应对他感兴趣才对。或许是他认为正冈子规的改革是已经完成的胜利，所以不需要进一步思考；同样，阅读《小杜鹃》可能也会激起了啄木的创作热情。1月17日，他开始写短篇小说《奶瓶》，这是他两年来的第一部小说作品。

1908年1月19日，啄木去了钏路。在他离开的前夕，他给他的老朋友大岛流人（苜蓿社的前负责人）写了一封信，在信中他毫无隐瞒地描述了使他在小樽丢掉工作以及经济自毁的任性行为，但也描述了自己是如何被白石这位他敬重的绅士所救。起初，他曾犹豫是否接受白石提出的在北海道另一端的钏路工作的建议，但他没有其他就业前景，无法拒绝这一善意。他决定陪同白石去钏路。[1]

途中，白石在札幌短暂停留，啄木则继续前往岩见泽，在那里他看望了他的姐姐，并在她家吃饭。他在日记中提到，他们喝了在炉子上融化的冷冻啤酒，这是北海道这个寒冷地区的典型饮料。在岩见泽呆了一晚后，他继续前往旭川。在他姐姐家短暂停留期间，他写下了《雪中旅行》一文的第一部分。[2]

啄木称赞旭川是"小札幌"。他尤其对由数百排灯火照亮的笔直街道印象深刻。他在旭川写下了《雪中旅行》的第二部分。第二天早上六点半，他和白石（已经赶上了他）乘坐火车前往钏路，直到晚上九点半才到达。啄木第一次看到钏路街区时的诗句并没有什么热情：

> 在最末的一站下来，
> 趁着雪光，
> 步入冷静的市镇。[3]

尽管啄木对钏路没什么期待，但他的日记显示，当他看到港口里众多的外国船只，穿过钏路河上的长桥时，他被这座城市的活力所震撼，感到很高兴。白石把他介绍给当地有声望的市民，他们热情的欢迎让他觉得自己进入了一个与小樽不同的世界。自从他犯了致命的错误后笼罩在他身上的阴霾，消散了。

当他看到《钏路新闻》的砖房时，也留下了深刻的印象。这栋砖房最近刚刚建成，在小城以木质建筑为主的建筑中鹤立鸡群。他还特别高兴地发现，白石打算信守他在小樽作出的承诺：尽管啄木在名义上不是该报人事部门的负责人，但他将成为事实上的总编辑。他可以自由地以他认为合适的方式决定报纸的构成，而且他将负责所有编辑事务。白石给啄木的唯一命令是把报纸办得越来越好。[4] 啄木对这个慷慨的待遇心存感激，全身心地投入到他的工作中。

在钏路生活的最大缺点是刺骨的寒冷。当啄木在第一晚后醒来时，他发现他的呼吸已经使被褥的顶部发白。当时的温度是华氏零下20度*。他在钏路新村工作的第一天是在一个非常寒冷的早晨开始的，他的肥皂盘粘在了他的手上，他费了很大劲才把它弄下来。[5]

在啄木的钏路日记中，提到了无数次的寒冷。室内几乎和街上一样冷。他的房间相当大，比他在小樽的住处要好得多，但他只有一个火炉，他环抱胳膊围着火炉取暖。天气太冷了，除非他在书桌下烧火，否则墨水就会结冰。当他把毛笔从墨池中抬到纸上时，笔尖会冻得非常僵硬，

---

* 约等于摄氏零下28.89度。

第七章　钏路的冬天

没办法写字。[6] 1月24日，一个难以形容的寒冷的日子，白石邀请啄木和报社的三位编辑到钏路市最好的餐馆喜望屋参加为啄木举办的聚会。这三位编辑向啄木介绍了该报的目标，以及该报很快将从四版增加到六版的可能性。他们向他保证，钏路的竞争对手《北东新报》并不是一个严重的威胁：它的记者很差劲，而且出版人总是缺钱。

在晚宴上，啄木第一次遇到了钏路的两个艺妓。艺妓，无论是舞者、歌者还是妓女，都将在他在钏路的生活中扮演重要角色；他几乎每天都会遇到一个或多个艺妓，并与其中一些上床。[7] 他的日记中没有流露一丝尴尬，虽然他是一个已婚男人，但有这样的关系在钏路是稀松平常的。艺妓使男人们在一个寒冷、沉闷的城市中的生活变得能够忍受。

1月26日，啄木遇到了一个完全不同的钏路妇女团体。白石邀请他参加爱国妇女协会钏路分会的新年联欢会。[8] 前一天，白石送了啄木一块银表和五日元，作为对最近报纸质量提高的奖励。毫无疑问，他希望能让啄木心生感激之情并继续留在钏路。[9]

白石没有透露他为什么要请啄木去参加一个上流社会女士的聚会。也许他认为才华横溢的啄木能让这些受过教育的妇女明白，《钏路新闻》不只是一份八卦小报，而是一份值得她们关注的文化刊物。它将有一个诗歌专栏，由啄木来负责，这在一座没有文学活动的城市里是很罕见的。

啄木给女士们留下了很好的印象，她们又请他来做了一次讲座。他做了一场题为"新时代的女性"的演讲，约有四十名妇女聆听了演讲。[10] 啄木对于现代女性与传统女性差异的看法，可能让她们感到惊讶，因为他对两性平等有强烈的信念。讲座以哈姆雷特的一段话开场。"脆弱，你的名字是女人！"啄木就这句话说，在莎士比亚时代的英国，女性不加怀疑地甘于脆弱是所谓良家妇女的理想品质，但这已不再是事实。协会的女士们很可能已经听说过来自伦敦的消息，知道那里争取女性选举权的人们包围了首相住所并试图闯进去。她们被警察阻拦后，有人因激烈反抗而被捕。[11] 她们的大胆行为表明，尽管莎士比亚宣称她们很脆弱，但英国的妇女已经变得多么决绝而有力。当然，暴力是不可取的，但这样的事件表明，伴随着时代的变化发生了多么惊人的变化。它证明了妇女尽管在过去被认为是脆弱的，但最终会奋起要求改善她们的地位。

啄木继续讲述了这种世界性的变化是如何影响日本妇女的：

> 没有必要从外国寻找变革的例子。过往，我国的妇女都只生活在闺房深处。日复一日，她们被那些限

第七章　钏路的冬天

制女性言行的教条束缚住了手脚，没有机会参与社区生活。今天，日本的妇女又如何呢？妇女在社区生活中发挥的积极作用已经超过了男人。这一变化的持久结果是什么？这并不容易预测，但在我们这个时代，我们已经看到了许多社会的改善，这些改善都来自妇女的双手。

啄木赞扬了爱国妇女协会在四年前与俄国人的可怕战争中做出的贡献，当时一些妇女在前线冒着生命危险，支持和鼓励士兵。她们与早先的日本妇女相比，有多么大的区别啊！

"家"[12]是一个可爱的词，但从某种意义上说，对过去的女士来说，它意味着一个软禁的场所。今天的女士们肯定很高兴被冠以"家庭女皇"这类称号。她们已经离开了笼子，可以飞向田野。在那里，她们不仅可以与其他人接触，在日常的职业中展示技能，而且还是坚持自由的个体，可以选择与谁结婚。[13]我们决不能认为这种新现象只是一种暂时的、过渡性的或其他可悲的文化趋势。这种趋势是时代所要求的，而且发端自深处。它的来源不是别的，而是妇女的自我觉醒和对一个明显的事实的认识，即妇女和男人都是一样的人。

无论如何,从现在开始,妇女将不会像过去那样满足于在社会中作为一种弱者的地位。这一趋势将在多大程度上发展是一个最重要和最有趣的问题。戏剧《玩偶之家》提供了一个提示。易卜生,北欧的巨人,让人们第一次看到了现代女性的道德观是什么样子的。[14]

尽管啄木是在对特权阶层的妇女讲话,而非面对平民女性,但他的讲话第二天就在《钏路新报》上发表了,影响并鼓励了其他妇女。虽然男女平等不是啄木的著作中经常出现的主题,但他对落伍传统的拒绝是他作为一个叛逆者的典型表现。

白石越来越意识到啄木对报纸的巨大价值,在1月28日恳求他尽可能长时间地留在钏路。他答应在春天派人去接啄木的家人,并为他们找一栋房子。啄木在钏路的短暂时间里,已经开始享受这个城市的生活,他决定留下来。在2月8日给宫崎郁雨的一封信中,他解释了钏路吸引他的原因:

> 这里不是札幌或小樽那样的地方,像我这样的穷人,即使一直拼命工作,直到累死,也不会有什么收

获。在钏路,虽然有点冷,但我所在的报纸将在5月前扩大到六个版面,而我作为总编辑,将有一定的影响力。一旦我获得市内和报社的信任,我应该能够在十二年内拥有一栋房子。如果可以的话,我将攒下钱,在二三十年后搬到东京。然后我就可以自费出版我的作品了。即使只是小规模的,这也是确保我能够写出自己喜欢作品的最好办法。[15]

然而,在前一天的日记中,啄木写到,他很怀念能与之交谈的人。他写道:"自从成为钏路市的市民后,我就不知不觉地感到人与人的世界有很大的隔阂。"[16] 在他的日记中,乐观和悲观的情绪彼此交织着。

他在报社和市内都很忙。2月2日,报社庆祝报社新楼落成,在喜望屋举行了一场宴会,十四名艺妓招待了七十位客人。啄木负责安排座位,他利用这个机会熟悉了这些贵客。2月7日,他又去了喜望屋。尽管外面天寒地冻,餐厅却很温暖,艺妓小静对客人的笑话发出迷人的笑声,弹着三味线,唱着歌。啄木喝醉了,直半夜十二点半才回到他的公寓。席间演奏的《喇叭节》的旋律始终在他脑海中回荡,以致无法入睡。[17]

他愉快的心情只持续了两天。2月4日,他收到了父亲从野边地寄来的信,说在小樽的家人抱怨说已经四十天没有收到钱了。父亲很生气,因为他在 1 月份刚给她们寄了十五日元,就在前一天又寄了十几日元,加上卖家具的钱,他们一个月的花费肯定超过四十日元。他打算给他们写一封措辞严厉的信。[18]

对乱花钱的指责针对啄木或许才更合适。虽然他从来没有说过他花了多少钱去找艺妓,但这肯定超出了他的能力。2 月 7 日,他当掉了白石给他的银表,也许是为了博喜望屋小静的一笑。[19] 2 月 9 日,他去看了一场戏。看了三幕后,就带着小静去了一家餐馆,半夜时分又带回了家。小静可能是啄木在钏路的艺妓中的第一个情人。

2 月 11 日是传说中神武天皇统一日本的日子,被作为全国性节日来庆祝。啄木写道:

> 这是一个名为大和族的极端好战部落的首领,自称天皇的神武天皇的周年纪念日。他的部落袭击了虾夷族部落,把自己部落领土从九州向东延伸至大和。大和族取得了胜利,并成功地占领了日本的本州。今天是大和部落的首领宣布他将被称为神武天皇的周年纪念日。[20]

如果警察看了啄木的日记,这种对日本帝国建立的不敬叙述可能会导致牢狱之灾。但无论多危险,他喜欢取笑那些把古老传说作为日本优越性证据的爱国者。在啄木对日本古代历史的叙述之后,他还列举了最近让他恼火的事情。他提到的一件令人高兴的事情是在喜望屋遇到了美丽的艺妓市子,她因其魅力而闻名。这个十六岁的女孩,经常被比喻为一朵含苞待放的花朵,穿着普通的和服,而不是艺妓的长袍。这可能是啄木没有接近她的原因;只要看到她,他就会高兴得发抖。[21] 在以后的日子里,他经常见到她,但他们似乎没有亲密关系。

啄木这天的晚餐是炖鸡。吃完饭后,他意识到现在去看戏还太早。因此,他写道:

> 我在喜望屋待了一段时间。[22] 我常去的五号房有一块火红的窗帘,暖气很足。小静在其他地方有事,所以我叫来助六,但她没有给我带来丝毫乐趣。女仆名叫荣,是个气质高雅的美女,在这种环境下相当罕见……我向女仆示好:"我们去看一场戏怎么样?"但她很忙,因为今晚有钏路恳谈会的活动。[23]

他与另一位记者上杉小南共进了晚餐。

第二天,啄木再次见到上杉。尽管他在前一天晚上宿醉,但在晚餐时,啄木精神焕发。两人在晚餐时讨论了佛教和人类生活的话题。他们越是思考这些问题,人类就越是愚蠢，"所以我们的结论是，与其担心这些事情，不如去寻找人类生活的乐趣——喝酒和唱歌。于是，我们两个人向喜望屋进发"。[24]

一夜又一夜，啄木都去了喜望屋，经常和上杉一起去。他们给五号房起了个绰号，叫"报纸室"。啄木在这个时候写的日记告诉了我们更多关于他的夜生活的事，而不是他的记者工作。2月15日的记录很有代表性："我一般每晚都睡得很晚，直到十点以后才起床，但今天早上，我感到感冒了，直到十一点才起床。"他没有提到阅读或作诗，但偶尔会去看戏，甚至参与表演了钏路两家报纸的记者演出的戏剧。[25]

啄木显然很受女士们的欢迎；有些人率先与他建立了关系，其中一个人坚持不懈，以至于她成了一个招人厌的角色。2月29日，他用这些话总结了他在钏路的日子：

> 我在钏路已经待了四十天了。我为报纸做了很多工作，但我从未拿起过一本书。来这儿了之后，我甚至没有碰过这个月的杂志。在我的生命中，我第一次学会了享受喝酒。在短短四十天里，我已经从能喝两杯清酒到能喝一整瓶。钏路也是我出生以来第一次接近艺妓的地方。当我想到这一点时，我感到心中有一种孤独的阴影。但这也是一种不可抗拒的力量。

总之，在这么短的时间内，钏路市没有一个人不认识我。我作为钏路的一名报社记者，在没有任何障碍的情况下稳步获得成功。是的，石川被钏路的人们视为一个值得尊敬的报社记者，他在旗亭里唱歌，受到艺妓的招待，每晚三点睡觉，早上十点才起床。[26]

啄木认为他的放荡生活是不可避免的，因为记者的工作要求他与许多人交往。此外，除了酒馆和妓院之外，钏路市几乎没有什么娱乐活动，而啄木在这两处都成了引人注目的人物。然而，最后一句话表明，他对目前的生活方式已经感到厌倦。一天前，他收到节子从小樽寄来的信，节子在信中说啄木另有所爱。然后他在日记中写道："没有什么特别的原因，我感到悲伤。我想尽快回到心爱的、忠诚的妻子身边去。我想过请她来这里。我想看看京子的脸。我去了我的办公室，让一个男孩给小樽寄了一张十五日元的汇票。今天是那种没有理由的日子，我莫名其妙地感到沮丧。我对编辑工作意兴阑珊。思绪被阴霾笼罩。"[27]

即使真的对钏路的享乐感到厌倦并希望回到妻子身边，啄木也还是继续大肆饮酒作乐。他开始与小奴（1890—1965）交往，小奴是他日记中提到最多次的艺妓。他在3月10日晚上就曾写道，小奴这晚喝得有多么醉。第二天，他收到了她的一封长信，对他们在前一天晚上没有任何进展就分开表示遗憾。她写道:"我所能感受到的是我心中奇怪的悸动。"她还说:"我只见过你三四次,但不知为何仍然想念你。"

3月11日,暴风雪肆虐了一整天,切断了除电报之外的所有通信。整个北海道的火车都停运了,无法通过雪地。当天下午,啄木甚至难以从办公室回到家里。他给小奴写了一封长信,最后告诫她不要爱上自己。他可能是喜欢她的,但他决定放弃她,以挽救自己的婚姻。尽管已婚男子与艺妓一起玩乐在当时是常态,但与艺妓相爱则会威胁到这个男人的婚姻,并可能导致他的家庭破裂。啄木已经开始担心小奴想和他建立一种比他想要的更严肃的关系。[28]

3月17日,啄木收到一份最新的《明星》和一封来自与谢野铁干的信,邀请他担任一个短歌比赛的评委。啄木没有记下他对这个重返诗歌世界机会的反应,但不久之后,铁干寄来了二十多首诗。他显然同意了铁干的请求,为这些诗写了评语。3月24日,他完成了对优秀诗作的挑选,并寄给了铁干,同时还附有一封信,描述了他在钏路的醉酒生活和他与小奴的关系。[29]

即使在决定与小奴分手后,他仍然经常渴望着她,尽管他的日记也描述过与其他艺妓共度的夜晚。3月23日,一个特别阴沉的日子,他写道:"一种铅质的、不明确的、冰冷的、令人不快的感觉压在我整个精神上。每隔十天,一种类似的黑暗就开始在我的胸口悸动。我想，如果口吐三升鲜血，然后就这么死去，那是多么的轻松。看着小奴的照片，我的痛苦方有了安慰。"[30]

那天晚上，经营喜望屋的老板娘急于让小奴与啄木的关系有个了断，于是找了另两位艺妓，尽可能地把啄木灌醉。小奴是老板娘最有价值的艺妓之一，她想让另一个能为小奴花大价钱的客人来取代啄木。这对她自己和小奴来说都是好事。她还要那两位艺妓发誓保密，她们听从命令，让啄木喝了很多酒，而且可能还不是像喜望屋这样的好餐馆通常供应的精制清酒，而是一种未精制的、特别容易让人醉的酒。

当啄木离开时，醉意已经蔓延到他的全身，头也在发晕。这让他痛不欲生，每一秒钟都是如此，但他还是跟跟跄跄地走回家，嘴里不停地念叨着："休想让我出丑！"一回到自己的房间，他就躺下了，按着疼痛的头，在枕头上流下一串串的泪水。[31]

第二天，他遭遇了难以忍受的宿醉。小奴传来消息说，她那天不能见他。尽管他没有意识到这一点，但这或多或少标志着他们之间的关系已经结束。他在床上躺了好几天，不能或不愿意回去工作。3月25日，他仍然躺在毯子里，试图在日记中以第三人称的视角来解释自己没回去工作的原因：

石川啄木的性格与钏路不合拍，尤其是与钏路新闻社。一个优秀的人嫉妒一个年轻的人，这算什么？不提了，不提了。昨天新的印刷机搭云海丸号到港。两周后，该报将进行扩版。谁来负责总编辑工作？那种老派的总编辑可办不了这事。但他也不能让自己做这件事。他做什么都无所谓。总之，他和钏路的关系并不融洽。啄木在钏路算是一个非常老练的报纸记者。他是个有男子气概的人，笔锋犀利，尽管年纪轻轻。他的男子气概正是他的第一个缺点，这与钏路不符的特点。[32]

啄木对《钏路新闻》不满的理由并不令人信服，在他的愤怒中，他似乎忘记了白石给予他那么多恩惠。他甚至对自己都隐瞒了不满的真正原因——对钏路生活的厌恶和回归诗歌的渴望。他在日记中没有提到这一点，但他已经开始写诗，这些诗将出现在杂志上，为他带来最初的名声。事实上，1908年将是他诗作产量最高的一年，也是他写出许多最出色作品的时期。[33]

尽管他与小奴的恋情基本上宣告结束，但他在回到东京后写了十三首诗来纪念她。这些诗包括[34]：

叫作小奴的那女人的

柔软的耳朵什么的
也难以忘怀。

突然地女人的笑声
直沁到身子里去,
厨房里的酒也冻了的半夜里。

紧挨在一起,
站在深夜的雪里,
那女人的右手的温暖啊。[35]

有痛心于我的醉酒
不肯唱歌的女人,
如今怎么样了?

很巧,我们知道小奴和啄木分开后发生了什么。[36]

1909年,野口雨情与啄木的生活又有了交集。当时,他被派去作为记者报道皇太子(未来的大正天皇)对北海道的访问。在欢迎皇太子的招待会上,小奴碰巧给雨情端上了清酒。当他们简短地交谈时,提到了啄木。她说,自从他离开钏路后,她就没有他的消息,但听说他在东京。之后,她中断了谈话,因为得去另一位客人的桌边弹奏三味线。

当天晚上，雨情在他的旅馆里发现了小奴的纸条，请他去见她。在她简陋的房子里，他注意到的第一件事是墙上贴着一首啄木的诗。虽然他不记得确切的措辞，但大意是说，他没有如小奴那样会一直想念的女人。[37]

她向雨情描述了她与啄木关系的难处。喜望屋的老板娘坚持要啄木为他与艺妓相处的时间支付规定的费用，但他没有那么多的钱。起初他会想方设法，但不久之后，小奴就开始为自己的服务垫钱。事实上，她和他在一起的时间太长了，就连其他顾客都会嘲弄她，当她进入他们的房间时，会对她叫"石川、石川"。

她听说啄木在小樽有母亲、妻子和孩子，他们都很拮据，而且知道他与白石先生的争吵。她说自己会继续做艺妓，以偿还债务并抚养自己的女儿，她的女儿是一位过去客人的孩子。尽管与啄木分开对他们两个人来说可能是最好的，但她还是很想念他。

啄木不仅失去了小奴，还失去了他在钏路的所有其他朋友。他最严重的损失是得罪了白石本人，他对啄木没有返回工作岗位感到愤怒。另一个旧友，《钏路新闻》的主编日景安太郎，发表了一篇描述啄木与小奴关系的文章，激怒了啄木。如果连一个同事都能背叛他，那自己越早离开钏路就越好。他感觉到离开的日子越来越近了。[38]

第七章　钏路的冬天

啄木毅然决然地着手切断与这座小城的联系。他的日记中充满了对报社中那些期望他返回工作岗位的人的怨恨，因为他患有"不平病"。这是一种他自己发明的疾病（隐含抱怨之意）。3月28日，白石发来一封电报，简单地问道："你的病还没有好吗？"[39] 啄木对这封电报的反应是采取了三个步骤，来平息对方的怒火。然后他下定决心，他绝对要离开钏路。他派人去找一个叫横山的[40]，他是竞争对手《北东新报》的记者，提议他们一起去别处。除了住在同一间宿舍外，两个人没有什么共同点，但啄木想不出还有谁愿意和他一起离开钏路。

就在他们讨论这个计划时，小奴突然出现了。她得知啄木要离开钏路，试图劝阻他。她说："就你而言，离开可能是好事，但对我来说不是。我只能留在这里。"她请求他留下，哪怕再留一个月也好，说她最近可以有休假，打算作为纪念品的自己的近照还没拍好。啄木不为所动。最后她变得很难过，说她相信他们会再次见面。她恳求他无论去哪里都要给她写信。尽管她很绝望，但她的恳求只是成功地让啄木疲惫不堪。他答应第二天下午去她家看她。当天晚上他们就这样告别了。[41]

第二天早上，啄木有访客，早早就开始喝酒。几杯清酒之后，醉意颇浓，他写道：

> 啄木乃林中鸟。随风而至树梢上。我是一个世界性的人，想随风去世界的另一端。我是一片白云，不知道要去哪里。是的。当我进入钏路时，天气很冷，雪很薄。当我离开钏路时，春天的温暖已经至极点，街道上的雪很深。我再次被深深感动。这是我的告别演说。[42]

3月29日，啄木感到身体不适，比他平时的"不平病"更严重，他想知道这是否是因为他这么长时间卧床造成的。他从来没有感觉到这样惨，但还是如约去见了小奴。她向啄木讲述了她的个人过往并展示了许多照片，其中一些是她成为艺妓之前拍摄的，还有一些是她的家庭成员。啄木感到很沮丧，一句话都说不出来。他一直和小奴在一起，直到晚上，从头到尾都很沮丧。那天晚上，他失眠了，觉得死也不失为解决自己问题的办法。

第二天，同事日景来访。他说："你的脸色很差。"[43]在给啄木介绍了一位医生后，他接着说道："如果你对我有什么不满，现在就说出来吧。"可能他知道啄木对那篇关于小奴的文章感到厌恶。

啄木回答说："我对你没有抱怨，但我对这份电报有很多不满。我可以容忍的侮辱就这么多。"他把白石给他发来的电报拿给日景看。[44]

不久之后，一位医生来了。他说自己对持续的感冒发烧也束手无策,但在用听诊器为啄木检查后,认为他是神经衰弱。他问啄木是否能想到是什么原因造成的。啄木把这个诊断当作一个玩笑,哪怕它可能是正确的。医生给了他一些安眠药,啄木因为以前吃过这类药,所以认出来了。那天晚上,他心情不好,诅咒所有的医生,宣称医生越多,病症就越多。他给出了自己的证据:在历史作品中,没有任何资料显示神武天皇曾经患过感冒,也没有任何资料显示天皇患过痢疾。尽管他知道自己发烧了,应该早点睡觉,但他还是继续与横山谈话,直到午夜。啄木告诉他,他想去俄罗斯,并讲述了托尔斯泰《哥萨克人》中玛丽安娜的故事。[45] 他的谈话从一个话题跳跃到一个话题,最后感叹道:"人们似乎没有意识到我的离开就近在眼前!"

1908年4月2日,啄木注意到报纸上的一则广告,即"坂田川丸"当晚将驶往函馆和新泻。他立即下定决心,要去函馆。[46] 他从航运公司那里打听到船票的情况。前一天,他给钏路医院的负责人写了一封信,想要借钱。医生好心地借给他十五日元,约定在4月7日或8日之前偿还。但他真的指望啄木能把钱还给他吗?

啄木拿到路费后,就给小奴写信说他当天晚上要离开钏路。[47] 接下来,他通知在钏路的熟人,他因家庭原因要去函馆。小奴送来了一份五日元作为告别礼物。啄木用这钱归还自己所欠的房钱。最后，他给节子发了一封电报，通知她自己将在当天晚上离开钏路。

"坂田川丸"的出发时间被推迟到第二天早上，这给了啄木最后一个机会与他的朋友们再喝一晚上。他写道："我从未品尝过如此美味的清酒。"[48]毫无疑问，离开钏路的前景给清酒带来了一种特殊的味道。

第二天，4月3日，是神武天皇的忌日。天空万里无云，但海面却波涛汹涌。白色的浪花在港湾中升起。啄木登上了一艘摆渡船，经过两三次不成功的尝试，才得以越过高耸的海浪，登上了"坂田川丸"。

啄木对这艘帆船的第一印象是它的肮脏，因为它装载着煤炭。啄木的船舱里有榻榻米和一张半圆形的椅子，这就是所有的家具，但两边都有窗子。他在日记中写道："船的摇晃给我一种不舒服的感觉。我像往常一样吃早餐，但之后就躺下了。"[49]尽管遭遇了晕船，但他心中仍充满了对获得自由的喜悦和兴奋。

啄木可能忘记了他留给小奴的未付账单。她之后曾请白石帮忙支付，但白石对啄木的忘恩负义很生气，拒绝帮忙。就在他离开之前，啄木给小奴写了一张纸条，说他打算回到岩手，他的家乡，在那里他才可以发财。她怀疑他能否成功，但没有再听到他的消息。她对雨情说："我只能认为他已经忘记了钏路和我。"[50]

第八章

诗歌还是小说？

出乎石川啄木自己的意料，尽管身处肮脏的船舱和不断摇晃的海浪之中，他还是很享受煤船上的旅行。他不仅被大海迷住了，而且每过一个小时，他就会远离那些在钏路折磨他的人和问题。他终于意识到，酒、女人和当地的知名度无法填补没有文学的生活空虚。在钏路，从1908年1月开始，他在《钏路新闻》上发表过几首诗，但他确信身为一个作家，成功的唯一机会仍是写小说。他懒得在日记中记下这些自己随手就能创作的诗作，似乎认为这些诗不值得保存。虽然评论家们一般都忽略了现存的早期诗歌，或者认为它们不过是习作，但它们还是为他将来的诗歌名作奠定了基础。

在船上的时候，啄木可能写过诗，但他直到离开北海道后才开始创作更成熟的诗作，也就是那些让他备受赞誉的作品。4月7日，他抵达函馆，这是他在大火之后第一次看到这座城市。迎接他的是宫崎郁雨。在啄木一家等待啄木邀请他们去钏路期间，是宫崎让这家人免于饥饿。当然，在长期分离之后，他们渴望尽可能多地与啄木相处，但在他到达函馆的两天后，宫崎就敦促他继续前往东京，这是日本唯一一个作家可能找到工作的地方。宫崎似乎确信，啄木能够在东京的文学界找到一个属于他的角落。

对于抛下家人的建议，啄木没有提出异议。事实上，他最想做的就是回到东京。幸运的是，这个建议是宫崎提出，而不是他自己的，所以家人没有选择，只能同意他们的恩人。在家人团聚后不久，啄木就会发现很难启齿，告诉他们自己打算再次远离他们。

宫崎的动机可能并不仅仅是为了他朋友的事业发展。他似乎越来越喜欢节子，以至于娶了她的妹妹，作为她的替代品，但啄木并不担心宫崎对节子的兴趣。宫崎不仅是啄木最亲密的朋友，也是他最慷慨的施舍者。

他们定好了计划。啄木的家人将从小樽搬到函馆，因为宫崎住在那里，因此可以更方便地照顾他们。4月9日，其余的准备工作都已就绪：啄木将独自前往东京，并在那里生活两三个月，这足以让他获得作家身份。[1] 他的家人将在宫崎的照顾下留在函馆，但一旦他获得成功，就会去与啄木团聚。[2]

4月13日，宫崎给了啄木足够的钱来将他的家人送到函馆。啄木在小樽总共花了六天的时间来准备，但他的日记只是流水账式地记录了他是如何与家人一起度过的，甚至没有表现出传统意义上的与妻女团聚的天伦之乐。唯一令人感动的是他看到京子学步时的喜悦。4月19日，啄木和他的家人前往函馆。他们到达后发现，他们将要居住的房子里配备了家庭可能需要的一切东西，"从大米到大酱"。[3] 宫崎希望他们能尽可能住得舒服。

五天后，啄木告别家人，在宫崎的帮助下，买到了前往横滨的船票。他在日记中写道：

> 我把自己的老母亲、妻子和孩子都留在了函馆。任何语言都不足以表达对我朋友慷慨解囊的感激之情。我希望自己将开始一种新的、有创造力的生活。不，这是我未来获得体面的唯一机会！只要想到这点，就会泪流满面。啊，看来我，石川啄木，还是不知道如何在这个世界上闯荡。我睡在三等舱里，像狗一样蜷缩着身体。[4]

啄木于4月27日到达横滨。他立即给与谢野铁干[5]发了一封电报，通知他第二天会来拜访。经过漫长的北海道冬季，周围的树木和植物的绿色让啄木兴致盎然，以至于想跃起高呼。他写道："我的眼睛被我所能看到的绿色吸引住了，我的灵魂被绿色吸住了。很快，一场温柔的绿雨开始落下。"[6] 不过，他承认，在乡下工作多年后，身处大城市让他感到相当不安。

啄木按计划去了与谢野家。初看，他发现三年前经常去的书房现在看起来没有什么变化。书桌、书柜和坐垫都完全一样。然后他注意到，书柜里没有什么新书，这也许是铁干买不起书的迹象。接下来，他被一个更大的变化所震惊——这个变化就是铁干的外貌。在过去的三年里，他明显老了。他穿着一件和服，上面有一个极为粗糙的龟甲图案。他的内裤在和服的下摆下至少露出了两英寸。他那件同样不引人注目的外套看起来就像在二手衣服店里漂白了好几年一样。[7]

啄木写道：

> 电灯亮着，多少让我有些惊讶。与谢野解释说，它每月只需花费一日元，实际上很拮据。我想这根本不符合住在这个四叠半房间的人的品味。我想到，这种不协调最终会在他的诗歌中显现出来。这两种截然不同的生活风格不太可能融合，直到有一天从诗人的脑袋里冒出新鲜的嫩芽。我觉得和谐是不可能在短短几天内实现的。[8]

啄木在日记里继续写道：

与谢野先生负责他已故的老师落合先生[9]的遗作《言之泉》[10]的扩充和修订。即使在今晚,他也在忙着校对。他说:"两年前我就收到了这项工作的报酬。"当时我注意到刚从印刷厂出来的《明星》前十二页的校样,我问与谢野先生,他是否能按时赶在出版期限前完成。他回答说:"不行,会晚五六天。手稿还没有全部完成。上个月,还有这个月,只印了950份,但印刷成本已经上升了20%。纸张也涨价了。除此之外,最近还有一些手稿,我不得不赔钱。每个月都要损失三十多日元⋯如果是其他人,早就把杂志关了。"[11]

铁干随后转而讨论最近的小说。他的评论滔滔不绝,以至于啄木几乎没能说上一句话。铁干对夏目漱石大加赞扬,但他批评了岛崎藤村的小说《春》,当时正在《朝日新闻》上连载。他宣称,"没有什么比自然主义者更愚蠢的了"。他提到晶子正计划写几部小说。在看到岛崎小说失败的例子之后,他自己也在考虑明年写一部小说。[12] 由于《明星》的销售量下降,这对夫妻感到灰心,准备放弃诗歌,转写小说。

啄木评论说:"我没有勇气再继续听下去了。在这样的平庸中,隐藏着比流血更悲惨的悲剧⋯⋯即使年老使人失去勇气,我没想到会从写过《离开日本的诗》[13]的诗人那里听到如此缺乏自我主张的东西。"

啄木早已不再欣赏铁干的诗，但他仍是文坛的重要人物。啄木觉得自己有义务听他讲并假装感兴趣。同样，啄木也请铁干修改他的诗，尽管他认为铁干现在只能理解其中的一半。[14]请他修改只是啄木对曾经帮助过他的前辈的一种礼貌，尽管铁干已经无法帮助他了。他直言不讳地写道："我的诗在经过与谢野先生的修改后，都比以前更糟糕了。他把我的情感扭曲成了一个假象。考虑到我们的标准不同，想来这也是无可奈何的，但这给我带来了相当糟糕的感觉。"[15]

4月29日，啄木找到了更多的伙伴：他遇到了他中学时代的老朋友金田一京助。他们第一次用标准的东京话交谈，而不是之前一直使用的岩手方言，这表明他们已经成了东京人。金田一看起来过得很不错：他穿着一套新裁剪的西服，头发是西式发型。啄木像往常一样，穿着一件和服。虽然他们的外表很不一样，但这对他们的友谊没有影响。他们一直聊到凌晨两点。

尽管对铁干和与谢野家的孩子们有了不同过往的感受，但啄木还是继续待在与谢野家。5月2日，当铁干外出办事时，啄木有机会与晶子更自由地交谈。对于《明星》的命运，较之铁干，她同样忧心忡忡。她说，自己计划在今年10月出版第100期时停办杂志。尽管这是一个痛苦的决定，但金钱的损失越来越大。

自1900年成立以来，《明星》一直被认为是诗坛新作最重要的平台。诗作能被《明星》接受，鼓励了像啄木这样的年轻诗人，而铁干是一位勇敢的斗士，充当了保护诗人免受攻击的堡垒。然而，如今年轻诗人的喜好已经发生了变化，在新一代的诗人看来，《明星》已经过时了。如今能保障与谢野的新诗协会不至于倒闭的主要原因是晶子的稿费收入。《明星》完全在她的控制之下，而铁干现在就像一个受雇的编辑，因为他过去的成就才被交给一些要做的事情。[16]

当天晚上，啄木参加了在森鸥外家举行的诗歌聚会。现代人常忘记森鸥外也是一位诗人，很难想象这位日本军队的外科医生会和年轻人一起参加歌会，但他经常举行这样的聚会，邀请最好的年轻诗人参加。铁干把啄木介绍给了他。起初，啄木被森鸥外的黝黑肤色、浓密的胡须和健壮的体魄所吓倒。他写道："当得知他是日本军队的军医时，任何人看到他都会说'他看起来很像'。"[17] 尽管森鸥外外表威严，但他不仅赞助歌会，还自己喜欢创作诗歌。

当晚的来宾包括著名学者佐佐木信纲*（1872—1963），

---

* 日本国文学者，以《万叶集》的研究最为知名。

以及伊藤左千夫*（1864—1913）、吉井勇†（1886—1960）、北原白秋‡（1885—1942）、铁干和啄木等诗人，他们都很出名。今晚的比赛规则要求每位诗人创作五首包含以下词语的俳句：角、逃跑、取（とる）、壁和鸣。谁能将这些完全不相关的词融入到一首合乎韵律的诗中并能展现出最高超的技巧，谁就将获得高分。获得十五分的森鸥外被宣布为胜利者。啄木、铁干和吉井勇各得十三分，但子规派的杰出短歌诗人伊藤左千夫只得到了四分。啄木对古典诗词的教授和学者佐佐木信纲感到特别遗憾，他只得到了五分。森鸥外开玩笑说，他能得到最多的分数主要是因为他提供了晚餐。当客人们离开时，森鸥外评论说，他最喜欢石川的诗。[18]

5月4日，啄木离开了自他到达东京以来一直在那里借住的与谢野家。他搬到了金田一所住的同一栋楼里。当啄木打开他房间的窗户时，他可以看到，触手可及的绿竹和一棵茁壮的银杏树。这一幕让他感到被绿色包围的幸福。最重要的是，他对不在别人的房子里感到欣慰：他将在东京睡在自己的床上。

住在同栋楼里，啄木自然常看到金田一的身影，并且

---

* 明治时期活跃的诗人、小说家，正冈子规的追随者之一。
† 华族出身，唯美主义剧作家，曾与石川啄木共同传播文学杂志《昴》。
‡ 诗人、童谣作家。

很高兴能和他的老朋友在一起。他在日记中写道:"在整个世界上,只有一个人像金田一这样。一个具有最温柔的气质的人。一个有着最干净的感情的人。一个如此可爱的人,我无法想象世界上会有两个这样的人存在。我想,如果我是一个女人,我一定会爱上他。"[19] 与这位老朋友的亲近,似乎也让他恢复了为报纸写稿时很少使用的创造力量。他感觉到这种力量每个小时都在恢复。

但他应该选择什么样的写作道路?他已经很多年没有认真地写过诗了,但他的天赋仍然出类拔萃,正如森鸥外的评论所指出的那样,可啄木明白诗所能带来的报酬很少。诗人一般是没有任何报酬的,在著名的诗歌杂志上看到自己的诗作,这种荣誉通常就足以满足他们。当铁干不得不为在《明星》上发表的诗作付稿费时,他就抱怨过。

然而,荣誉对啄木来说是远远不够的。他迫切需要钱来养家糊口,所以他认为自己别无选择,只能写小说,这是唯一能带来丰厚收入的写作方式。但他应该写什么样的小说?现实主义还是浪漫主义?他赞同自然主义,这是当时的主流流派,但他坚持认为自己不是自然主义者。虽然他预言象征主义艺术最终会取得胜利[20],但他从未以象征主义的方式来写作。

事实上,当啄木在5月8日坐下来开始写他的第一个短篇小说《菊池君》时,他的脑海中几乎什么文学方面的构想都没有。作为一个散文作家，他的风格是即兴创作，让故事自行流淌出来，没有过多考虑结构、人物、结局或短篇小说的任何其他元素。他的主题往往是他自己，无论是在自传式的回忆中还是在对他所认识之人的印象中。

啄木叙述过他写《菊池君》时的困难。他说他有很多希望写的东西，但无法决定是否写短篇小说。他倾向于写长篇，但他想到，没等这部长篇写完，他可能就饿死了。他决定还是匆匆忙忙地写一些能支付房租的东西。他别无选择，只能写一个短篇小说，并描述了他是如何着手写他的第一个故事的：

> 好不容易，我从下午两点多一直写到晚上十二点。我勉强写完了短篇小说《菊池君》的前三页，但即使在我写的时候，各种不相干的东西也一直在分散我的注意力。我站起来，在不大的房间里走了几十圈。我把我写的东西划掉，重写再重写。最后，我重写了整篇作品。我的脑子里充斥着各种幻想，却无法描绘现实。[21]

他在写对话尤其是涉及女性的对话时遇到了特殊的困难。尽管强迫自己坚持写下去，但到了5月12日，他仍然只写了三页并决定停止当天的写作。当天晚上，当他读到自己写的《菊池君》时,发现它糟糕得令人难以忍受:"这就像把我的脸剥下来,在镜子里看着它。一个短语和下一个短语之间没有任何联系。完全没有兴趣。这些短语被任意地粘在一起,就像一根绳子绕着一个包袱。我想烧掉整篇文章。但仔细一想,问题应该出在疲惫上,于是就去睡觉了。"[22]

第二天,他重读了《菊池君》的手稿,这次他高兴地发现,手稿完全呈现出了自己想表达的内容。他纳闷为什么前一天晚上它看起来那么无可救药。他断定,他最大的问题是他倾向于不断阐述故事的侧重点:

> 起初我只想写菊池君,但在写的过程中,我觉得应该描述他与阿芳的关系。我现在计划,从今天起,作为他在钏路生活的背景,还要描述作者和菊池君之间的关系,换句话说,中心主题将是一个人和另一个人之间相互关系的发展。当我开始写这个故事时,我以为会有四十页左右,但按照这个速度,似乎会超过一百页。[23]

《菊池君》最初是想写一个不幸的记者菊池君的故事,啄木在钏路认识他。但随着他的写作,他对菊池君失去了兴趣,故事中反而加入了来自啄木日记的材料。

菊池君开头这样写道：

> 那是在1月底，一年中最冷的时候，我在钏路的一家报纸工作。每天早上，温度在华氏零下二十度到零下三十度之间升降。从火车站到我的房间不到一百米，但在寒冷的夜风中，裹在我下巴上的围巾会因为我的呼吸所散发的湿气而变成纯白色。[24]

除了微小的改动，这段话的每一个字几乎都直接取自他的日记。

菊池受雇的竞争对手报纸《钏路每日新闻》，只有在啄木回忆起菊池应该是主要主题时，才会得到一点关注，但每一页都有直接来自啄木在钏路生活的事件描述。有时他甚至都没有改他所认识的人的名字。最后，啄木还是认为《菊池君》需要彻底修改，没有写完就放弃了手稿，开始写四篇不相关的短篇小说，并提交给了杂志社。这些作品遭到了拒绝，在他有生之年从未出版。

为了在外国文学中找到一种摆脱自我局限性的方法，啄木阅读了屠格涅夫的小说《前夜》。在读完第一页后，他感叹道："'多好的人物啊！这本书的风格使人物栩栩如生，让人几乎可以看到他们！'我扔下书，抓了抓脑袋。我想，'在一个天才的笔下，有些东西是邪恶的'。"第二天，他仍然在读《前夜》，他写到，英沙罗夫和叶琳娜的火热激情使他发疯。这使他在自己的房间里绕圈狂奔。他写了一张纸条，扔进金田一的房间，骂那个屠格涅夫想把他逼疯。

忧心忡忡的金田一匆匆赶到了啄木的房间。啄木像疯了一样，大喊屠格涅夫是个混蛋。他宣布，今年他将不遗余力地写出可与《前夜》媲美的作品。后来，在他读完这部小说后，他宣布屠格涅夫是十九世纪最伟大的作家，并说他自己："我只是一个住在菊坂町一间房里的野心勃勃的笨蛋，嫉妒整个世界。"[25] 在承认自己的想法后，他从这样的想法中获得了勇气：虽然屠格涅夫已经死了，但他，啄木，仍然活着。他补充说："他的小说太过新颖了。如果屠格涅夫写的是小说应该有的样子，那我写的就根本不是小说。我在此宣布，我昨晚作出的成为他的对手的承诺无效。他太老了，不能成为我的对手，只是一个聪明过头的说书人。他的想法相当不合时宜。我必须写我自己的小说。"[26]

在发表了对屠格涅夫的这些观点之后，他用图表比较了传统小说和现代小说中的主人公的生活。两者之间的最大区别是，现代小说的主人公虽然有很多恋情，但最终在爱情上是不成功的；如果他结婚了，就会使事情变得更加复杂。这样的图表并没有帮助啄木写出一部成功的小说。

啄木在阅读伟大的欧洲作家的日译本时感到惊愕,许多日本作家也都有同感。他们为《源氏物语》作为世界上第一部小说而感到自豪[27],但他们不得不承认,明治时期的小说缺乏屠格涅夫(和其他欧洲作家)描述他们小说中的主人公的那种特征。尽管啄木决心挑战屠格涅夫,但他很快就意识到,他对人类的了解是不够的。他非常早熟,但太年轻,缺乏经验,无法挑战欧洲的小说家。

啄木通过将屠格涅夫视为过去的作家而寻求安慰。他,一个现代人,要写的是现在。不幸的是,他的世界太小,离中心太远,不具备伟大的欧洲小说所具有的复杂性。他与艺妓小奴的恋情,如果写成小说,可能会像是一出人偶净瑠璃*,而不是现代小说。

啄木的日记可能是他最好的散文,但在他生前却不为人所知。尽管他反复阅读自己的日记,但当他意识到自己在过去是多么的幸福时,这些日记通常会让他感到痛苦。读五行或十行的日记就会使他感到无法忍受的不悦:

> 我扔下日记本,闭上眼睛。还有什么能让人悲伤的吗?我一边读一边流泪。哭过之后,我又继续读。我想自己不能再这样下去了,于是站起身来,站在桌

---

* 一种以三味线伴奏的日本传统吟唱艺术,同时会使用人形木偶来配合唱词进行表演。

子上。我的脑海登时一片空白。我扔下笔,靠在一边,阅读日记。我花了一整天的时间,直到天黑,重复着这个过程。

我有身体和思想,但现在不知道该如何处理它们。这就是现在的我!我花了太多的时间来盘算死亡的想法。即使我决心不听死亡的低语,迟早也会听到它在我耳后的温柔声音。我没有为自杀做任何真正的准备,但只有当我听到死亡的低语时,我的心才会莫名地得到安慰。[28]

他引用了莎士比亚的一句话:"To be or not to be"[29],在一个特别糟糕的日子里,他曾考虑去卧轨自杀。[30]

啄木的抑郁症因他希望能用来谋生的小说创作的失败而引起。贫穷似乎是他的命运。有的时候,他非常缺钱,甚至连一根烟都买不起。还有一次,当他买不起烟的时候,他想方设法忍住了自己的渴望,直到他再也忍不住了。他向一个朋友乞讨。那位朋友也同样穷困潦倒。啄木在绝望中回到了自己的房间,但马上得到了救助:一个出版商给他寄来了十一张三日元的邮票,作为一首诗的额外版税。啄木立刻把邮票换成了香烟。看到烟雾慢慢卷起,给他带来了无限的乐趣。[31]三天后,他卖掉了他的最后一本书,一本英日词典,以支付电车的车费和买更多的香烟。[32]

5月下旬，他从函馆得到消息，京子生病了。一位医生诊断她发烧的原因是出现了一颗白齿。由于对诊断结果不满意，家人又找来了另一位医生。第二位医生诊断为脑部疾病。[33] 接到电报后，啄木急切地想赶到京子的身边，但他没有钱。对京子的过分担忧让他看到了一个幽灵。他写道："昨晚，在写完日记后，我睡着了，脑子里浮现出两首未完成的诗的片段。六点半的时候，我正在做梦，眼睛无缘无故地睁开。一个身穿白色和服的人影站在我的枕边。"[34] 然而，这个人影并不是鬼魂，而是一个熟人，一个清晨散步的女人，她以为自己会吵醒啄木。然而，他确信那个鬼魂唤醒了他，警告他京子有生命危险。[35] 下床后，他收到宫崎的一封急信，说京子现在发高烧，处于昏迷状态。

啄木感到他的脑袋变得冰凉。他把一封信拿到金田一的房间里，里面是他在梦中听到的一首诗的片段。这首诗讲述了一个父亲去看他死去的孩子的坟墓。啄木向金田一保证京子不会死，但他一直醒着，直到三点，写了八首诗。第一首是《小坟墓》，是根据他梦中的诗歌片段创作的，讲述了他对京子可能死亡的恐惧。这首散文诗这样写道：

> 他又回了家，回到了他的故乡，回到一棵老栗子树下。

第八章 诗歌还是小说？

在树下，一个孩子在睡觉。她已经二十年没看到她父亲供奉的鲜花了。[36]

虽然这首诗与京子没有直接关系，但当啄木写下这首诗时，他感到自己的胸口被钻了一个洞。他把当天创作的八首诗中的七首寄给了与谢野，但关于小坟墓的那首并没有寄出。[37]6月16日，他又给佐佐木信纲寄了七十首诗，并以自己原名工藤一署名。[38]他可能认为自己经历了一次新生。

京子的病好了，其间每个星期啄木都会参加诗歌聚会。尽管比赛的诗歌很少被印刷出来，甚至没有被记下来，但这并没有困扰啄木，因为他可以轻易地创作出任何数量的新诗。6月23日晚上，他一上床就开始写诗。灵感每分钟都在增加。他整夜都在作诗。第二天早上，当他数到这些诗时，他发现那晚他已经创作了一百二十多首诗。从6月23日开始的五天里，他又写了二百六十首诗[39]，其中有一百首寄给了与谢野。[40]尽管他的短篇小说被退稿，《明星》7月号还是刊登了他提交的二百六十首诗中的一百一十四首，包括他最著名的一些作品。[41]这一成功自然让啄木感到高兴，但它们所能带来的收入太少了，以至于他的房费和食物仍然依赖金田一的慷慨解囊。6月27日，他问自己："我应该自杀，回到乡下，还是继续我的战斗？那晚我只想到了这个。什么时候才能有一天，我可以在平和中度过哪怕一天？会不会有这样的一天？"[42]

7月16日，在与谢野家举行了一场歌会。尽管当时是盛夏，啄木却穿了一件冬季的加绒和服。他看起来很可怜，但他的诗却被评为最佳。[43]诗歌已经成为他活着的理由，尽管他仍然很穷困。

另一种安慰是他收到的两个女人的信，她们是他诗歌的崇拜者。第一封来自菅原芳子，一位素未谋面的九州女子。他们的联系是从菅原芳子的一张明信片开始的。啄木在他的日记中简单地写道，他收到了一张明信片。接着的是菅原芳子的来信。惆怅的啄木并没有因为这些信件而感到高兴。他那天的日记几乎没有提到这封信，而是专门对死亡进行了冥想。菅原芳子在7月6日的长信则令他感到了兴趣，她在信中描述了她对诗歌的终生热爱，并对自己是个独生女感到遗憾。如果她有兄弟姐妹可以照顾她的父母，她会赶到东京，成为啄木的弟子。那天晚上，他梦见了菅原芳子，别的什么都想不起来。[44]他写道："我没有心情写我的小说，当我试着读一本书时，我只读了五六行就陷入了白日梦中。最后，我拿起笔，给她写了一封信。我放下笔的时候已经是两点了。我主要写了关于诗歌的内容，包括八首诗"。[45]

啄木在7月7日的日记中只是说他给芳子写了一封信，

但这封信（现存）很长，很有激情。信的开头是对日本诗歌艺术衰退的严肃关切。他举例说，现在参加森鸥外家的诗歌聚会的诗人数量很少。他对女诗人的稀缺感到担忧。即使是与谢野晶子也已经过了她的高峰。他建议芳子加入他的团体。这个团体隶属于《明星》，可能对她的诗有帮助。他还修改了她寄来的诗。[46]

之后内容则明显地变得更加暧昧：

> 你，我心爱的人，为什么我们不能相见？一夜又一夜，我的头枕在枕头上，我总是问我自己：为什么我们不能见面，不能告诉对方我们心中的想法？为什么，当我如此爱你的时候，我不能握住你的手，你温暖的手感受这种喜悦？为什么我不能闻到你头发的香水味，不能亲吻你灼热的嘴唇？还有，当我的身体和灵魂像火一样燃烧时，为什么我不能陶醉于永远拥抱你身体柔软的、像宝石一样的皮肤，梦想着把头埋在你的乳房里？[47]

随信附上的诗歌也有类似的味道，如下：

> 我听你说过一件简单的事，你非常想念我。

就这样吧

我应该已经死了。[48]

啄木反复恳求芳子给他一张照片。当她终于寄来一张时，他在日记中简短地评论道："芳子的信和照片。[49]斜着眼睛，嘴巴相当大。绝对不是一个美人。"[50]

尽管啄木对芳子的热情瞬间消失了，但倒也没有不闻不问，因为他从来信和诗作中认识到，芳子是可以和他讨论诗歌的人。后来，在他成为《明星》的编辑后，他安排她的四首诗在该杂志上发表，这对一个无名的诗人来说是一种殊荣。而且，他还不时地给她寄去讨论诗歌创作的信。[51]

他的第二次"外遇"发生在这一年的晚些时候。它始于一位名叫平山良子的诗人的来信，她自称是菅原芳子的朋友。她当时二十四岁，单身。她给啄木寄来了她的一些诗作请他修改[52]，而啄木立即向她讨要照片。[53]12月1日，他给她写了一封信，主要是关于爱情的十三首诗，12月5日他写信说，她美丽的笑脸的照片装饰了他的桌子。他写道："我认为你是令人难以置信的美丽。我想在明亮的电灯下与你这样的人聊天。如果我们手拉手进城，路人都会回头看我们两个人。然后你，轻笑着，会转过身来看着我。这是我的幻想。"[54]

当菅原芳子告诉他平山良子其实是一个叫平山良太郎的人时，两人的这段韵事就彻底结束了。啄木写了一份回信：

> 谢谢你告诉我平山先生的情况。我从你的信中得知，有关于她的不愉快的传闻。我笑着否定了这件事。说实话，当她给我寄来那张又大又艳的照片时，恰好有几个朋友来看我，他们以年轻人的粗鲁方式进行了各种批评和猜测，问她是什么样的人。[55]

尽管他对这两个女人感到失望，但啄木的精神状态正在逐渐好转。毫无疑问，由于他的诗作在杂志和报纸上多次出现，他在文学界逐渐出名。《大阪新报》邀请他写一篇连载小说。10月22日，他写信给宫崎，报告了这一消息，但并没有对这一渴望已久、急需的委托表示高兴。[56]现在这个机会来了，啄木可能不确定他是否能写出一部长篇小说。然而，他的信中也提到了一些非常受欢迎的东西，即小说将带来的金钱，他希望在两三个月内，这将使他的家人能够在东京与他团聚。[57]

10月24日，啄木得知节子在一所小学当上了代课教师，工资为十二日元。虽然他对妻子不得不工作感到羞愧，但她的工资可以支付全家的食物，至少在他们来到东京之前。建议她不要事事依赖宫崎。[58]

最后一期《明星》于1908年11月6日出版。啄木在他的日记中写道:"唉,《明星》今天出版了它的最后一期。九年来,它一直是诗歌界的领头羊,而我本人作为战斗员之一,在与社会的斗争中与与谢野并肩作战。他在杂志最后一期的头条上的告别词浸润着泪水。"[59]

《明星》的失败,部分原因是几位杰出的诗人离开了这个团体,但主要原因是现实主义诗歌日益流行,与《明星》的典型浪漫主义相对立。那些忠于《明星》传统的诗人几乎立即着手筹办了新的杂志,名为《昴》(斯巴鲁)。[60]起初,杂志没有固定的编辑,由成员轮流管理。然而,从第二期开始,从一开始就被选为诗歌部分负责人的啄木,成了杂志的总编辑。

《昴》立即吸引了当时最好的作家。它不仅包括诗歌,还包括小说和戏剧作品。为新杂志做准备,使啄木忙得焦头烂额,而且他还得每天为报纸写一篇他的连载小说。12月,他给菅原芳子写信,为长期的沉默道歉:

> 每天我都必须写一篇我的报纸连载。更糟糕的是,印刷厂在12月份非常忙,前天晚上我没有睡觉。我必须及时编辑《昴》1月号的手稿,以便在昨天之前送到印刷厂。《昴》不会在书店出售,而是从出版

商那里直销。而我可能将正式成为编辑和出版人。[61]

12月5日,他给平山良子寄去了同样的消息。当时他还不知道平山是个男人,还送了一些浪漫的诗给他/她。[62]

啄木原本打算用一个未发表的故事作为他的报纸连载小说的核心内容,题目是《静子之恋》。[63]使用现成的手稿是为了使连载更容易,但在艰难地写了两个月的《静子之恋》后,他意识到这个故事不适合连载。他暂停了报纸连载小说的创作,直到10月才再次尝试写一部连载小说。他很快发现,他的新稿子既无聊又幼稚。他不得不改变情节的描写,转而用复杂的情节来加强,并对作品进行总体上的修改,以至于最后变得面目全非。这些变化使原来的书名变得不合适了,他花了好几个晚上的时间来确定一个更合适的书名。他最终选择了《鸟影》。《鸟影》[64]第二天,即10月13日,他就开始写作,一直写到12月底。连载从11月开始到12月底结束,但不是在最初要求连载的《大阪新报》[65]上发表,而是在东京《每日新闻》上发表,总共连载了五十九期,比预期多了九期。然而,即使增加了这些内容,小说也没有完成。

啄木对《鸟影》并不满意。早在第二部的时候,他就感到困惑并深陷绝望地写道:"我花了一整天的时间修改第二集的第三部分,但最后还是觉得不满意。我试图为整部作品制定一个详细的大纲，但它没有坚持下去"。[66]

此时，啄木已经放弃了写一本像欧洲伟大小说那样规模书的希望。相反，他选择写一些不那么雄心勃勃的东西，即他在涩民认识的金矢家族的故事。1908年6月11日，金矢光一不请自来，其间他和啄木用纯正的涩民方言进行了一次对话[67]，唤醒了他的记忆。到10月14日金矢再次造访时，啄木已经开始写《鸟影》。虽然这部小说是关于金矢家族的，但啄木写道："当然，我并没有完全按照他们的样子来描写这些人，有些事情是虚构的。"[68]

在写作准备阶段，啄木对涩民最近的变化进行了调查，特别是在语言方面。《鸟影》本来可以发展成一部关于山区小镇民众如何面对现代化的小说，但啄木的小说没有这样宏大的规模，尽管它包含一些有趣的乡村生活小插曲。他在写作过程中似乎也对《鸟影》失去了兴趣。这部作品在报纸上的连载没有获得成功，直到他去世后才以书的形式出版。

然而，啄木并没有因为《鸟影》的失败而感到沮丧，因为1908年是他确立自己为日本最杰出的短歌诗人的一年。尽管《鸟影》的差评让人失望，但啄木即将成为日本最重要的文学期刊的编辑和出版人。

第九章

加入《朝日新闻》

1909年的元旦,啄木没有安排什么庆祝活动。那天早上是啄木的二十四岁生日,但在他栖身的暗淡房间里,这一事件并没有被注意到。东京挤满了穿着最漂亮衣服的人,他们去朋友家拜访,或在街上打招呼,但啄木没有任何家人在东京能与他一起庆祝,他觉得自己是一个孤独的弃儿。唯一表明他意识到这个节日的是他写给他母亲的信。虽然这封信已经遗失,但其中可能包括他在那天的日记中所作的预言——未来一年将是他生命中最重要的一年,是他为自己的整个人生奠定基础的一年。他的这个预言是正确的。他在给母亲的信中附上了二日元作为新年礼物,这是他所能负担的全部。[1]

当天下午,啄木去与谢野家拜年。他喝了一杯香醇的清酒,吃了一些新年的点心,但气氛并不愉快。与谢野在为《明星》的结束而忧心忡忡,对这个月即将出现《昴》的未来感到悲观。客人们的谈话,即文学界的成员,主要是关于新杂志的八卦。啄木很早就离开了,去参加平出修*（1878—1914）家的聚会，平出修是一位律师兼诗人，不久后将成为啄木生活中的重要人物。在这里，谈话的主要内容也是即将出版的《昴》；它将在平出的家里问世。啄木大约八点离开，在元旦剩下的时间里和金田一打牌。在他的日记中，他描述了元旦期间的无聊情况："我今天没有做任何事情。也许是因为我没有足够的睡眠，整个一天都显得有些沉闷和压抑。"[2]

这不是一个好兆头，毕竟他自己曾预言，这一年将是他最重要的一年。第二天的情况也好不了多少。与谢野的朋友平野万里[†]（1885—1947）反对啄木的建议，即让一位编辑来负责《昴》一期杂志的全部内容。诗人吉井勇来访。他喝得酩酊大醉，对两件事说个没完——《昴》的创刊号和他的情妇怀孕了。啄木在日记中写道："我为他感到难过，但我无法回应他那愚蠢的、自以为是的唠叨。"[3]

在当天晚些时候与金田一的谈话中，啄木吐槽了他与平野的争论。他说："我一直对平野很苛刻。我曾多次说过他的坏话。但今晚我突然意识到，这种争论是幼稚的。他们很愚蠢。我不应该以这种方式为《昴》浪费我的大

---

* 《明星》圈中的小说家、诗人，以律师为职业，曾作为辩护人参与所谓"大逆事件"的审判。

† 毕业于东京工业大学应用化学系并先后在农商省、商工省任职，但自幼喜好文艺，常在《明星》上发表诗作，和与谢野夫妇是至交，后参与过《鸥外全集》的编辑工作。

第九章　加入《朝日新闻》

脑。这只是一本杂志。我是个作家！"[4]

他说得好像他不再为创建一个甚至比《明星》更好的新杂志的前景而兴奋。他因为自己的意见没有被采纳而大发脾气，他把平野的态度归咎于新杂志的工作人员对自己的普遍蔑视。他在日记中引用了他给吉井的一封信的部分内容："我不会让任何人看不起我。不！我就是我自己。我就是我自己，我打算看不起那些人。哈哈！"

他还在日记中写道："很长一段时间，非常长的一段时间，我由于某种原因而失去了信心，但最近我又恢复了信心。斯巴鲁对我来说不是一次无用的经历。感谢《昴》，我有机会与这些人进行人与人之间的比较，尽管之前我认为自己是一个注定要被冷落的人。"[5]

他用过去式来谈论自己与《昴》的关系，仿佛他已经与这个新生的杂志决裂了。第二天平野来拜访了他。啄木非常恼火，指责平野对文学和生活一无所知。他宣称他不会再被平野的大声指责所吓倒。[6]

在差点发展成拳脚相加的过程中，邮递员带着节子的新年信来了，解释说付完房租后，她只剩下五厘钱了。[7] 啄木从她的话中读出了苦涩：毫无疑问，她对他新年没有寄来钱感到失望。他在日记中写道："这让我心情很不好。是的，给她寄钱是我的责任。问题是我是否有能力寄钱啊。无论如何，今天的新年信应该很快就会到达函馆。我想，当我的爱妻和年迈的母亲发现所附的东西时，他们会有些欣慰的。"[8]

从他的日记来看，啄木很少为他在函馆的家人担心。他肯定偶尔会想到自己母亲和妻子生活如此拮据，但在这种时候，他可能会安慰自己，相信慷慨的宫崎不会让她们挨饿。

几天后，啄木的心情好了起来。《昴》的成员们，也许是为了说服心怀不满的啄木，他们表示会尊重他，授予他《昴》出版人的头衔。他们还决定采纳啄木的建议，让某期杂志的编辑完全负责其内容。平野放弃了他的想法，即在《昴》中用一个章节来教初学者如何提高他们的诗歌创作水平。啄木发出了胜利的呼声："我赢了！"[9] 平野被选为《昴》的第一任编辑，这让他多少感到欣慰。啄木排名第二。

尽管他还很年轻，接受过有限的正规教育，而作为小说家也很失败，但啄木在《昴》中的突出地位证明了他的诗歌已受到高度重视。在比试中，他的诗总是因其个性而脱颖而出，也能与一些诗人惺惺相惜。他赞扬过其中的几位，特别是北原白秋，并会跟吉井勇等人一起喝酒，尽管他起初并看不起这位伯爵的次子，称他是一个脑子里没有想法的人。[10] 啄木似乎终于走上了成功的道路，尽管他仍然无法写出杂志愿意刊载的故事。

第九章　加入《朝日新闻》

1909年1月9日，在森鸥外家举行的例行歌会中，啄木的诗获得了最高分。尽管这无疑让他很高兴，但第二天他却在日记中写道，他打算断绝与所有朋友的关系，特别是那些曾经的恩人。

为了说明这种新的态度，他开始写小说《束缚》，这是一个旨在证明交朋友不可取的故事。在潦草地写了几页之后，他翻开日记，在1月10日写道：

> 束缚！友谊的枷锁！为什么我一直无法写出关于他们的真相？
>
> 我已经做出了决定。我必须毁掉这些枷锁！目前，我认为我最亲近的三个人是宫崎、与谢野先生和夫人，以及金田一。[11] 很难对他们中的任何一个人进行客观的评论，但金田一因为跟我住在同一栋楼里，会是最难写的。我已经下定决心。我必须摆脱友谊的束缚，将全部身心完全用于写作。作为这个过程的第一步，作为我整个人生的小说的序言，我必须解析最难解析的人。为此，我将从与金田一的关系开始写《束缚》，我将毫不同情地、尽可能透彻地来写他。
>
> 那天晚上，我第一次知道真正作家的痛苦，承认真相是多么痛苦的一件事。这种痛苦是出乎意料的。是的，出乎意料的强烈。整天忙于接待访客的金田一

在十一点左右在我这儿短暂待了会儿，我告诉他我想写什么。我在他的脸上看到了他无法用语言表达的不快和不安。我想："除非我能够将这个决定付诸行动，否则我永远不会成为一个作家！"这就是我对此的觉悟。我感到一种痛苦，痛到让我的胸口发麻。试图严肃起来确实很痛苦，是值得同情的事情。我磨碎了自己的牙齿。我想把我的头发拽起来。啊，友谊的枷锁！我已经把自己交付给了一个残酷的决议的深层痛苦。到凌晨三点半，我设法写了大约两页半。我必须让这项工作圆满完成。[12]

《束缚》绝不是对其朋友的无情揭露。啄木以对金田一的赞美开始了他的描写，提到他是一个文科学士，二十八岁，在他的熟人中被称为一个从不在别人背后说坏话的人，一个以温和著称的人：

> 金田一本人对这个名声不是很满意，因为这听起来好像他缺乏阳刚之气，但他给人的印象是一个温柔、善良、不愿意与人争吵、凡事认真的人。他很受前辈们的欢迎，甚至他的声音也像女人一样柔和，正如住宿的女仆们所报告的那样，她们几乎没有见过他两三次。最近，他看到每十个朋友中就有八个长出了

胡子，于是他偷偷买了一种生发的专利药，早晚都要涂抹。他小心翼翼地去掉了标签，甚至当瓶子里的浅棕色液体被放在他的桌子上时，也没有人注意到它。[13]

这是一种批评，表明身在学术界的金田一暗地里希望自己看起来更时髦，但这并不足以砸碎束缚啄木和金田一的"枷锁"。他似乎只是在取笑他的朋友试图长出胡须。金田一缺乏啄木的幽默感，他把这个故事解释为泄露了不应该在朋友之间传递的秘密。他愤怒地写道：

> 《束缚》的原型显然是我自己。身为作者的啄木毫无保留地揭露了我的弱点、我的丑陋、我的不谦虚。他的批评是如此严厉，以至于让我觉得必须对自己进行反省。也许他的建议是正确的，但作为一个年轻人，有些私事让我难堪，除了啄木，我从来没有告诉过任何人，比如我每天在鼻子下涂抹生发的药膏。[14]

金田一对啄木宣布他打算结束他们长期的友谊感到惊愕。他认为自己并不是阻碍啄木成为作家的"绊脚石"。他们从童年时代起就是朋友，正是金田一对啄木的坚定感情，使他继续在经济上帮助啄木，尽管他自己也并不富裕。

但金田一如既往地温和，在读完《束缚》后没有斥责啄木。随着时间的推移，他似乎已经忘记了自己被贴上了"束缚"的标签。或者说，他把这个指控当作一个朋友的一时疯狂，因为他和其他天才一样，并不总是按照社会上可接受的方式来行事。无论如何，啄木很快就放弃了切断友谊纽带的决定，转而从事一项不那么痛苦的工作，即描述他来到东京后所经历的一切。[15]

啄木从没有为他所造成的困扰向金田一道歉。相反，他在日记中写道，他很后悔对金田一太过坦率地说出了他想摆脱"枷锁"的愿望。他在1月20日写道："如果一个人有朋友，绝对不应该告诉他们一切。当朋友们走得太近，以至于他们可以看穿对方，关系就会变得混乱不堪。永远不要向别人展示你隐藏得有多深。如果你已经给他们看了，就毫不迟疑地与这个朋友决裂——尽管这并不容易。"[16]

尽管出现了这种厌世情绪，但不久之后，啄木就与金田一重归于好，不再称他为"束缚"。尽管如此，他在《罗马字日记》中对金田一进行了不敬的描述："金田一是个嫉妒者。不可否认，他也是一个弱者。不言而喻，他的性格有两面性。我朋友的一张脸说话温和、心地善良、温柔、极其体贴，但同时他又极其嫉妒和软弱，是个娘娘腔的人，有某种类似虚荣心的东西。"[17]

金田一直到啄木死后才读到这些对自己的描述。但当啄木告诉他，他对阿伊努语的研究*——金田一最重要的学术成就，对任何人都没有用处时，他肯定也同样感到痛苦。[18] 尽管啄木没有成功地打破捆绑他和朋友的"枷锁"，但他相信，作为一个作家，他有义务说出关于他的朋友和他自己的真相，不管这有多令人不快。

1月20日，啄木在日记中提到，他计划在《昴》上发表一篇名为《足迹》的小说，完全坦率地描述了他在涩民小学当老师的生活。他花了五天时间疯狂地写，确信他所做的是独一无二的。1月26日，他写道："我的小说可以被称为'处女作'——它与我以前写的任何东西都不同。在这部小说中，我尽可能地写出了真相。"[19] 然而，当《足迹》的第一部分在《昴》中刊载时，读者们远没有被啄木"处女作"的独特性所打动，反而抱怨说这是他多年前在《云是天才》中所用材料的翻版。某位评论家对《足迹》作了特别严厉的评论，他断言木下杢太郎（1885—1945）[20]和与谢野晶子等作家的作品比啄木更符合时代潮流。[21] 啄木认为自己的作品是全新的，却遭遇了恶劣的嘲讽，啄木放弃了未完成的《足迹》。[22] 作为一个小说家，他似乎已经失败了。

---

* 金田一京助先后在国学院大学、东京帝国大学任语言学、民族学教授，专攻阿伊努语及相关民族研究，曾给昭和天皇做过阿伊努语讲座。横沟正史推理小说主角金田一耕助名字的原型据说就是来自金田一京助。

然而，啄木的预言仍是正确的，他即将进入他作为诗歌和散文作家的最辉煌时期。1909年4月，他写了《罗马字日记》，这是一部在日本文学中没有先例的作品，1910年他出版了《一握沙》，这是他第一部也是最好的短歌集。

在《一握沙》的献词中，啄木承认他对金田一和宫崎的亏欠，这是他最亲密的朋友和最持久的"束缚"。[23]然而，书上的献词与手稿中的献词不同，在手稿中，啄木说他要把他的第一本短歌集[24]献给金田一，自1907年以来，金田一多次把他从饥饿中拯救出来。同时他也要献给宫崎，因为宫崎多次把他家人从同样的命运中救出。[25]然而，他在正式出版的书上的献词中只感谢了这两位朋友的慷慨和对他的诗歌无与伦比的理解，没有提到他们曾把啄木和他的家人从饥饿中拯救出来。[26]

啄木可能是羞于对读者提及，自己是多么依赖他这两位朋友的乐善好施。当然，他的贫困并不是什么秘密。即使从他褴褛的衣服上也能看出来，而且文学界的每个人都知道他经常借钱，却从来不还。多年来，自从他离开钏路后，他唯一的收入就是在报纸或杂志上发表诗歌时得到的微薄收入。直到他在《朝日新闻》找到一份稳定的工作，他才有了固定的工资，即使如此，他仍然依赖"借贷"和典当行。当他有一点钱时，他主要花在浅草的电影院和妓院，更大的开支可能是书籍。啄木很少提到从图书馆或朋友那儿借书，但我们知道他确实读了很多书，他在书上的花费肯定比日记中显示的还要多。通常情况下，他买的书几天后就会卖掉，一进一出损失不小。[27] 导致他贫穷的另一个可能的原因通常是他作为长子需要寄钱给家人，但从他的日记来看，他并不经常履行这一职责。

啄木租住房间的租金可能是他最大的开支，因为若不支付，很可能会被赶出去。尽管金田一会帮忙付房租，但啄木几乎总是需要帮助。他能想到的赚钱方法只有两个，一是为杂志写小说，二是有人愿意出版《鸟影》。尽管他试图从这些渠道弄钱，但他所有的小说（除了一篇外）都被杂志拒绝了。他把《鸟影》寄给一个出版商，但两个月来没有得到任何回应。当他终于得到一个预约时，出版商让他等了两个小时，然后不加评论地退回了稿件。[28]

啄木对自己没有工作感到绝望，问道："为什么我是世界上唯一没有工作的人？"他终于鼓起勇气，给东京《朝日新闻》的主编佐藤北江（1865—1914）[29] 悄悄写了一封信，问他，作为一个在盛冈中学上学的人，是否有可能找到工作。他在另一张信纸上列出了他为之写过文章的报纸，并附上了一期《昴》。在寄信之前，他把信给金田一看，金田一发出一声呻吟，表明他认为这封信不太可能带来一份工作。[30] 令啄木惊讶的是，佐藤同意见他。1909年2月7日，两人在佐藤的办公室见了面。啄木得知他不仅上过同一所中学，而且和自己一样，也曾在地方的新闻报社工作过。这些相似之处可能让这次会面充满了一种友好的气氛。

虽然佐藤没有立即给他一个职位，但啄木感觉到面试很顺利，在离开佐藤的办公室时满脸笑容。他觉得自己肯定会得到这份工作。然而有一个问题。佐藤告诉啄木，如果他被录用，将是一个校对员。啄木已经做了多年的记者，不想再做一个简单的校对员了。但他告诫自己，能为一家著名的报纸工作可以解决他的经济问题。

2月8日，啄木还从另一个渠道收到了好消息。出版社春阳堂愿以二十二日元的价格买下他的《病房的窗》[31]。这可能是拜一直热心帮助啄木的森鸥外的热情推荐所赐。这家出版社接受了书稿并立即付了稿费，但直到他去世后才出版。终于卖出了一篇小说，啄木很高兴。他和北原白秋去浅草玩乐，在那里他们喝得酩酊大醉，并去找了艺妓。到了第二天早上，这笔稿费钱只剩下六日元了。

2月24日，期待已久的佐藤北江的信到了。啄木撕开信封，急切地读起来。佐藤问啄木是否愿意接受《朝日新闻》东京办事处的校对职位。工资最高为每月三十日元，包括夜间值班。啄木本来更喜欢其他工作，但他还是立即接受了这份工作。当北原白秋听到这个好消息时，他请啄木喝了黑啤酒。那天晚上，啄木回到家里，心情很舒畅，他写道："经过十个月的黑暗生活，今晚的啤酒味道很好。"[32]

2月25日，啄木到《朝日新闻》办公室拜访佐藤，被告知他将于3月1日开始工作，工作时间是每天下午1点到6点。在经历了长期的失业之后，即使是当校对员也让啄木感到高兴，他全身心地投入到工作中。[33]他给与谢野和他在函馆的家人寄了明信片，告知他们自己生活中的可喜变化。[34]2月25日，他收到了另一个惊喜，一位叫坪仁子的女人寄给他一张二十日元汇票。他在钏路时曾爱过她并抛弃了她，他在那里认识她时，她还叫小奴。

两天后，也就是2月27日，宫崎寄来了一封信，里面有啄木的母亲的留言。读到这封信时，啄木觉得自己的心好像被"铅，冰冷的铅"包裹着。[35]听说啄木找到了一份稳定的工作，他的母亲宣布她打算想办法在3月时自己去东京。由于自己没有钱支付她的旅行费用，也没有地方让她居住，啄木哭着说："啊，母亲！我的母亲！亲爱的妻子！京子！"[36]他可能从他母亲独自旅行的计划中推断出她和节子的关系不好，但他很难只请他母亲来东京，却把他的妻子和女儿留在函馆。

在啄木得知母亲的决议后，日记中的这段文字描述了他去书店的情景，在那里他被一本奥斯卡·王尔德的《艺术与道德》(*Art and Morality*)所吸引。[37]他决定用小奴给

他的钱来买书。他解释说:"我已经多年没有买过书了。可怜的我!可悲的鲁莽!"³⁸

人们可以理解他对王尔德的兴趣,但奇怪的是,除了在电报中赤裸裸地说了一句"谢谢"之外,他对小奴的感激之情表达得竟如此之少。他在日记中不无羞愧地承认,小奴寄来的二十日元,可能是从她的工资中提取的,却花在了一本书和一个醉人的夜晚上。钱只剩下了四十五分。

3月1日,啄木在朝日新闻社就职后,他努力使自己看起来像一个普通的雇员。他有了员工卡,买了五十张电车票。他计划在车上学习德语,这样就不会在上下班时浪费时间。他发誓要少吸烟。他为能在庞大的朝日新闻大厦工作而感到自豪,并为这里的繁忙气氛,特别是新闻工作者打电话的嘈杂声而目眩。

啄木第一天的校对工作比预期的要早结束,他五点就下班回家了。他坐上有轨电车,和金田一吃了晚饭,然后去了公共浴室。这种典型的作息表明,他真的蜕变成了一个普通员工,但啄木的老毛病还在:他向朋友并木武雄借了一块手表,然后以八日元的价格当掉了,用来喝酒和偿还之前的一笔借款。³⁹ 他时常会想起那块手表在当铺里落满灰尘。心地善良的并木直等到4月26日才要求啄木归还他的手表。啄木无法筹集到赎回手表所需的资金,经历了一次异常强烈的抑郁症发作。他在《罗马字日记》中写

第九章 加入《朝日新闻》

道："今天早上，我前所未有地被死亡这个关键问题所纠缠。我今天到底该不该去办公室……不，真正的问题是我是否应该自杀"。[40]

他的日记中没有明确说明他是否曾将这块表赎回来。心地善良的并木先是同意推迟，但后来为了友谊的缘故，显然就不提这块表的事了。[41]

尽管啄木描述了几个忧郁致死的时刻，但他在《朝日新闻》的这些年总体上是愉快的、富有成效的。他甚至开始喜欢上了校对工作：

> 愉快的疲劳呀，
> 连气也不透，
> 干完工作后的疲劳。[42]

他在朝日的良好精神状态很大程度上要归功于佐藤北江，他像兄长一样照看着啄木。当啄木没钱的时候，佐藤就允许他从自己未来的工资中先借钱，或者从自己的口袋中借钱给他。他非常希望啄木能成为广为人知的诗人，允许他在竞争对手东京《每日新闻》上发表诗歌和散文。[43] 佐藤也对啄木的文学兴趣感到高兴，当他要求请假学习或写作时，佐藤但会欣然同意。

在这一时期所读的作品中，他对《昴》杂志第三期上发表的森鸥外的《半日》印象尤为深刻。他评论说："当然，这不是一部伟大的作品，但它是令人恐惧的。想一想，他竟能以这样的方式来写他自己的家庭，他的妻子！"[44] 森鸥外在描写家庭隐秘实态时，啄木可能向他提过建议：他希望写一部关于自己的作品时，同样有不折不扣的真实性。[45]

1909年的头几个月，即他第一次为《朝日新闻》工作的时候，啄木的日记对他的工作透露得很少。他可能认为校对员的工作不够有趣，不值得在日记中记述，但他对是否将家庭搬到东京等问题同样保持沉默。最神秘的是，日记中没有提到他写诗的时间和地点，尽管这时他正在写一些最好的短歌。

啄木现在认为自己是一个东京人，尽管他的诗歌并不表明他为生活在首都而感到任何自豪。相反，他总是想到涩民。听着夜雨的声音，他想起了他还住在父亲的寺庙里时涩民的寂静。他写道："我回忆起自己在涩民的街道上的日子，晚上很黑，因为只有一盏路灯，我打着伞，心中却一点也不担心。"[46]

啄木的日常生活类似于东京人的生活，但对过往涩民或函馆的怀念更经常出现在他的诗歌中。作为一名小说家，他仍然被成功的幻觉所诱惑。每当有了写小说的想法，他都会毫不犹豫地向佐藤请病假。有时他确实真的是病了,但他的病假通常都不是在医院的病床上度过的,而是在他试图写故事的书桌上。还有一些时候,他要求休息一天只是因为他对办公室的工作感到厌烦。正如他在4月17日的《罗马字日记》中写道:"我今天请了假,以为我一定会写点什么——不,是因为我想请假,才决定花一天时间来写。"[47]

1911年的一首诗回忆了这样一个日子:

> 半路里忽然变了主意,
> 今天也不去办公,
> 在河岸仿徨了。[48]

他有时会连续四五天都不去《朝日新闻》的办公室,但即使他花了全部时间来写作,也很少会完成一篇小说。有些"故事"只写了一两页,有些则是漫无边际地写下去,直到灵感消失。

《朝日新闻》的工作人员对啄木的频繁旷工怨声载道,但他受到了佐藤的保护,佐藤相信啄木是一个特殊的人,他绝对希望把他留在《朝日新闻》。

1909年6月15日,啄木搬离了他自1908年9月6日以来一直居住的住处。他搬进了金田一为他找到的公寓,本乡弓町一家理发店二楼的两个房间。[49]宫崎郁雨寄了十五日元给啄木，让他拿去支付租金。

6月10日，啄木收到宫崎和节子的来信，宣布他们在盛冈，看到了节子的家人。啄木想，"终于发生了！"[50]他是这样表达自己的感想，即他的妻子很快就会到东京。

啄木还欠着一百日元的房租，但金田一作为他的担保人，承诺这笔钱将按月支付。[51]啄木最后给他的家人发了消息，要求他们在6月16日到东京来。他将于当天在火车站与他们见面，并与他们一起从车站前往新房子。6月15日晚上，他在金田一的房间里度过了他在原住处的最后一夜。[52]第二天，他们带着奇怪的分离感告别了。他们在附近的房间住了几乎整整一年。

6月16日黎明前，啄木和金田一在东京上野车站的站台上迎接自己的家人。啄木的日记中没有一个字表明他很高兴见到他的家人。[53]

第十章

《罗马字日记》

啄木在 1909 年 4 月 3 日的日记[1]中,有两封他用罗马字写的信,这种书写方式与日语书写中通常采用的汉字和假名的组合完全不同。他没有说明这种变化的原因。

第一封信写道:"北原的姨妈来拜访了。她给了我一本《邪宗门》,北原新的诗集。我今天没有去上班,因为没有钱付车费。这是一本美丽的、个性化的书。北原是个幸运的人![2] 我突然想要写一首诗。"[3]

这是啄木罗马化日语的最初例子,不过是为了证明他自己能够用欧洲字母书写日语而已。也许他早在几周甚至几个月前就开始练习书写字母,但罗马字日记中最早的日语发音对应表直到 4 月 12 日才出现在《罗马字日记》中。

他写于 4 月 6 日的第二封罗马字的信,已经显示出他在书写这种陌生字体方面的进步。这封信动人地表达了啄木对北原的诗作《邪宗门秘曲》的钦佩之情,他刚刚读完这首诗。也许他用这种不寻常的日语书写方式是为了回应北原的异国情调的诗集标题"邪宗门"(Jashūmon)。

不久，啄木发现罗马字母除了给朋友带来惊喜外还有其他用途。例如，它们可以用来防止他人阅读自己的日记或其他私密作品。尽管啄木早期这么做并不是为了保密，但他写给北原的信却有些难以理解，因为这并不是出于诗意的表达："《邪宗门》有两个特点，是绝对新的和独特的。第一是'邪宗门'这个词所蕴含的丰富联想，第二是你的诗歌中充斥着新鲜的感觉和情感。前者是理解北原这个诗人的最基本要素。后者应该是你从现在开始写的每一首诗的基础。"[4]

"邪宗门"这个词可能是日本人在十六世纪或十七世纪首次使用的，是对进入日本的基督教徒的蔑称，但北原白秋使用这个被遗忘的词时，就是希望能带有遥远的意味，唤起三百年前的往事，传达南蛮人（葡萄牙人）带到日本的禁忌宗教的色彩和氛围的诱惑力。

啄木对这首诗的赞美令人惊讶。他经常宣称自己是个无神论者，他的文章中也没有透露出对宗教的兴趣，尤其是对天主教会神秘主义的兴趣；但他却被北原诗的语言和形象之美所吸引。他可能也受到了他对奥斯卡·王尔德阅读的影响。

2月27日，在读到北原的诗的一个多月前，啄木买了一本王尔德的《艺术与道德》。在当时的日本知识分子中，对王尔德的兴趣并不罕见，啄木对他也有所了解。在

138 3月2日写给宫崎的信中,他写道:尽管长期缺钱并发誓要力戒奢侈,但他还是屈服于购买王尔德昂贵书籍的欲望。他听说王尔德在最近的英国诗人中是独一无二的,他崇尚的是一种带有世纪末气氛的哲学。这本书的紫色封面和书脊上印有金色字母的皮革,神奇地影响了啄木,就像函馆商会里的《大英百科全书》的味道一样。他感到不得不买下这本书,忘记了他在函馆的饥饿的家人和他所欠的房租以及其他未付的债务。虽然他在几天内就读完了王尔德的书,并很快就卖掉了,但他可能受到了王尔德声明的深刻影响,即艺术的"道德性"取决于它是否表达得好。[5] 这句话是啄木决定写一部真正的艺术作品的原因,尽管它可能会被攻击为不道德。王尔德曾写道:"一种新鲜的美学模式对公众来说绝对是让他们反感的,每当它出现时,他们就会非常愤怒和困惑,总是会使用两种愚蠢的表达方式,一种是说这个艺术作品是完全不可理解的,另一种则说这部作品是严重不道德的。"[6] 啄木很欣赏北原的《邪宗门秘曲》。为了美,而敢于被人说成是不解风情、不道德。他的诗是这样开始的:

> 我想起,末世的邪宗、天主教之神的魔法。
> 黑船的船长,红毛人不可思议的国度、
> 红色的玻璃、香气扑鼻的石竹、

> 火酒、红葡萄酒、还有南蛮人的花布。
> 绿眼睛的传教士、梦中仍念着咒语、
> 禁制的宗门神和那血染的十字架……[7]

啄木并没有试图在他的诗歌中模仿北原的巴洛克式语言，但阅读王尔德可能给了他勇气去描述那些虽然被社会认为不道德、但可能被诗人塑造成艺术作品的行为。

啄木绝不是第一个使用罗马字来书写日语的人。1592年，天草的耶稣会传教士出版社印刷了完全使用罗马字母的日文书籍。这些书的目的是作为向葡萄牙传教士教授日语的文本。第一本以罗马字母出版的作品是《平家物语》，这是一部经典之作，之所以选择它，可能是因为它的表达方式虽然优美，但与当时的日语相差不大。它还为传教士提供了一些关于日本历史上一个重要时期的知识。字母的使用使外国人学习这门语言变得相对容易，因为他们摆脱了学习汉字和假名的负担。尽管用于解释日语语法的欧洲语法的术语通常是不精准的，但它们也有助于向传教士证明，日语具有与欧洲语言类似的规则，是可以学习的。

1593年，《伊索寓言》被免费翻译成日语，并以罗马字母印刷，也许是希望学习日语的年轻传教士能够享受一本既有趣又有教益的教科书。[8]但这类日语写作并没有持续很久。由于十七世纪对基督徒的迫害，耶稣会传教士出版社被迫迁出日本，而且根据政府的命令，实际上所有幸存的基督教书籍都被销毁。在任何情况下，这些书的印数都很少，以至于当时大多数日本人都不知道它们的存在，对日本的印刷业发展和罗马字母的使用几乎没有影响。[9] 只有《伊索寓言》躲过了耶稣会传教士出版社出版的其他书籍遭遇的毁灭命运。它被接受是因为它没有宣扬基督教教义，甚至在日本获得新生，成为一部受欢迎的日本作品。

1604 年至 1608 年间，葡萄牙耶稣会士若昂·罗德里格斯 (1561?—1633) 编撰了《日本大文典》(*Arte da lingua de Japan*)，这是一本日语语法书，其中有大量的日语例子，包括用罗马字印刷的诗歌，例如以下是沙弥满誓[*]的短歌，出自《万叶集》：

Yononacano nanini tatoyen asaboraque

Coguiyugu fueno, atono uranami[10]

(yo no naka no / nani ni tatoen / asaborake / kogiinishi fune no /ato no uranami)

世間を何に譬へむ朝開き漕ぎ去にし船の跡なきごとし

---

[*] 奈良飞鸟时代（八世纪初）的日本贵族、僧人及诗人。

石川啄木

日语单词的发音是用葡萄牙语发音中的字母来模拟的。例如，Heike（今天的正常罗马化）被译为 Feique，因为葡萄牙语中没有吸气的 h 或 k。[11]

在与西方隔绝了两百多年之后，日本在十九世纪向欧洲人开放，这就产生了对日语罗马化的需求，以便帮助外国人至少能认得城镇或人的名字。这时，葡萄牙语的罗马化已经过时了，而且由于英语现在是普遍的商业语言，讲英语的人是外国人中最多的，所以似乎最好用基于英语发音的罗马字母来表示日语的声音，特别是辅音。

最广泛采用的系统被命名为"赫本式"（旧译"黑本式"），以其创造者——美国传教士詹姆斯·柯蒂斯·赫本（James Curtis Hepburn）的名字命名，他于 1867 年发明了这一系统，主要针对外国人。两年后，日本人创造了他们自己的罗马字体系，更紧密地遵循单词的假名拼写。1905 年，这个系统的一个变体，即"日本式罗马字"，被日本政府正式选定为标准罗马化，但外国人仍然喜欢"赫本式"的罗马化。[12]

起初，啄木在他的罗马字日记中使用了"日本式罗马字"，但后来转而使用"赫本式"。他使用罗马字可能是受到了"罗马字诗歌会"的影响，"罗马字诗歌会"是一个诗人团体，他们于 1901 年开始在《岩手日报》上发表罗马字化的短歌，这是啄木经常阅读的一份报纸，但他没有提到这个团体或他们的诗歌。

对于他为什么用罗马字写这部作品，啄木确实提供了一个解释。前文已经引用了这一小段话："为什么我决定用罗马字写这本日记？为什么？我爱我的妻子。正是因为我爱她，我才不想让她读这本日记。不，这是个谎言！我爱她是真的，我不想让她看这个也是真的，但这两个事实没有必然联系。"[13]

啄木承认他不希望他的妻子阅读日记，这意味着如果他用罗马字母写日记，她将无法阅读。不过，很难相信节子会对阅读罗马字母束手无策。她所受的正规教育与啄木的差不多，况且她曾是一名英语代课教师。她对罗马字母的了解可能至少足以阅读简短的语句，尽管像今天的大多数日本人一样，她在破译罗马字母方面的困难几乎与阅读外语一样多。[14]毫无疑问，啄木希望她会发现阅读日记是如此的累，以至于会放弃。

啄木希望节子无法阅读《罗马字日记》，这表明甚至在他写下第一页之前，他就知道他的日记会包含令她不高兴的内容。罗曼蒂克化的日记当然不会是通常意义上的日记——记录连续几天的事件，以及作者对所发生的事情的反应。相反，它写得更像一部文学作品。[15]啄木似乎已经计划好了这些章节的开头和结尾，以及如何用亮点来美化文字。他的《罗马字日记》手稿写在非常好的纸上，笔迹清晰漂亮，没有一个字被涂抹或更改。这表明，尽管他在临终前要求烧掉他的日记，但他已经抄了一份足够清晰的副本，以便其他人能够轻松阅读。但这并不意味着《罗马字日记》是虚构的：它是真实的，但被塑造成了一部文学作品。[16]

《罗马字日记》不是一部独立的作品，而是啄木1909年日记的一部分。这一年的日记的早期部分写在《罗马字日记》之前，是普通的日语书写。《罗马字日记》开始于4月，正是樱花即将绽放的时候。一位来访者，一个来自借书馆的老人，拜访了啄木。在他们谈话的过程中，他告诉啄木："你知道，就我们而言，春天是毒药。借阅书籍已经读完了。我的顾客宁愿去散步也不愿看书，这么说并不是要怪他们。"尽管可能会失去生意，但老人还是很高兴，因为他猜东京各地的樱花树将在那一天绽放。

第二天，这种轻松愉快的气氛继续下去，这是啄木日记中最有趣的一幕。它发生在一辆街边的汽车上，当时啄木正在下班的路上。他讲述了与一位朋友的对话：

> 在从办公室回来的路上，在有轨电车上，我遇到了工程师日则野。他是一个真正的花花公子。当他穿着新西服坐在我旁边时，我觉得我必须说些讽刺的话。"你去看了樱花吗？""没有，我还没有时间看樱

花。""是这样吗?那就好。"我说。我说的是很平常的事。那是任何人都可以说的事。我对那个平凡的人说了这句平凡的话,因为我认为这是个很好的讽刺。当然,我并不担心日则野会明白我的意思,他是绝对平和的。这就是有趣之处。

有两个老妇人坐在我们对面。"我不喜欢东京的老妇人。"我说。"为什么?""光是看着她们,我就有一种不好的感觉。真的是这样。她们没有一点祖母的样子,就像乡下的那些人。"就在这时,其中一个老妇人从眼镜后面瞪了我一眼。我们周围的人也在盯着我的方向看。我感到莫名的高兴。"是吗?是吗"日则野用尽可能柔和的声音问道。[17]

啄木也为春天的到来感到高兴。出于某种原因,他决定学习罗马字母,但即使在他学习字母和它们的声音时,他的思想也在徘徊:

在我制定这份清单时,对津轻海峡对岸的母亲和妻子的回忆不时地浮现出来,占据了我的脑海。我想,"春天已经来了。现在是四月。春天!春天!樱花正在开放。我来到东京已经有一年了……"而我仍然没有成功地想出把我的家人带到这里并做好照顾他们的准备。最近，我不知道每天有多少次，这个谜团一直在我心里来回彷徨，这是我最大的问题。[18]

在日记的稍后部分，这个问题再次出现："现在是春天。我想到了我的妻子和可爱的小京子。我告诉他们，我一定会在四月前寄给他们，但我仍然没有。不，我不能。"[19] 有时，他会想念他的家人，特别是他的女儿京子。他对与家人分离所表达的悲痛可能令人感动，但人们无法忘记他与家人在小樽的停留时间有多短，以及他是如何急切地独自离开，前往东京。当然，东京是一个作家赚钱的最好地方，但对金钱的需求可能不是他迅速离开家人的唯一原因。

啄木在解释他为什么选择用罗马字母写日记时曾写道，他爱他的妻子，但八天后在日记中问自己：

> 我对节子的需要只是出于性欲吗？不！我对她的爱已经冷却了。这是一个事实，一个并不奇怪的事实——令人遗憾但不可避免……我的爱已经冷却了。我已经不再唱一首我曾经喜欢的歌——但这首歌本身（仍然）是令人愉快的。我相信，无论多久，它都会是快乐的。我已经厌倦了只唱那一首歌。这并不是说这首歌不再让我高兴了。

节子确实是个好女人。世界上还有另一个如此善良、温柔、理智的女人吗？我无法想象会有比节子更好的妻子。我曾渴望过其他女人，但除了节子，我从未想过要和任何女人上床，尽管我曾想过要尝试。有时，当即便我真的和节子睡觉时，我也有这样的想法。[20]

与对妻子和家庭的爱相比，啄木更渴望独立。虽然他对节子的赞美可能是真诚的，但他再次强烈谴责婚姻制度，把他的困难归咎于它所造成的自由丧失："那我是个弱者吗？不，我的麻烦完全来自错误的婚姻制度。丈夫和妻子！多么愚蠢的制度啊！该怎么做呢？"[21]

他继续写道："为什么我必须因为父母、妻子或孩子而被束缚住？为什么他们必须因为我而受到伤害？但是，从本质上讲，这与我爱我的父母、节子和京子的事实完全不同。"[22]

尽管他在《罗马字日记》中提到，他在东京时曾与许多妓女上床，但他在结婚的头些年里可能并不如此放浪。只有在搬到东京后，去浅草的廉价妓院才成为他生活中的一个要素。他唯一爱过并提到名字的女人（除了他的妻子）是橘智惠子，但她似乎很纯洁，以至于他无法表达自己的感情。在钏路，他与艺妓有染，并被一个叫小奴的女人所爱，但当他们分开时，他却感到松了一口气。

正是为了代替爱情,他经常去找妓女。他在《罗马字日记》中写道:

> 每当我有一点钱的时候,我就会毫不犹豫地去,充满了欲望的声音,去那些狭窄肮脏的街道。从去年秋天开始,已经去了十三四次,找过大约十个妓女——光、玛萨、美祢、津优、花、阿基……我已经忘记了其中一些人的名字。我想要的是一个温暖、柔软、绝对洁白的身体:一种让我的身体和心灵都融化的快乐。但是那些女人,那些相当老的女人和那些十六岁还是孩子的女人,都和成百上千的男人睡过。
>
> 她们的脸上没有光泽,她们的皮肤冰冷粗糙,她们对男人如此习惯,以至于她们感觉不到兴奋。所有这一切都相当于在一小段时间内,她们将自己的私处出租给男人,并得到一笔微薄的报酬作为交换。她们甚至懒得解开腰带,只会说:"好吧。"就这样躺下,没有丝毫的尴尬,并张开大腿。
>
> 对他们来说,隔断另一边的人是否能听到他们的声音没有丝毫区别。这只是一个排泄过程,已经有成千上万的男人做过了。没有任何快乐可言。[23]

人们很难想象对性爱过程的描述会如此不吸引人。有

时，当啄木与妓女躺在一起时，他会产生怪异和令人震惊的幻觉。有一次，当他把一个妓女抱在怀里时，他渴望得到更强烈的刺激，并设想要把她的阴道撕开。

啄木的描述揭示了他行动和思想的每一个细节。写作自有其巨大的力量，尽管它的现实主义可能令人震惊，但根据奥斯卡·王尔德的定义，这本日记足以被列为艺术作品。啄木对他在浅草妓院的经历的叙述是《罗马字日记》中最广为人知的部分，但他写这本日记并不是为了夸耀他的行为。相反，他的行为似乎是出于一种绝望，驱使他从一个女人到另一个女人。他最暴力的性行为以这样的呼声结束："男人有权利随心所欲地残酷地杀死女人！"[24] 在这些话之后，紧接着是对他绝望的叙述，并暗示他有自杀的想法：

> 我已经不可能去一个没有人的地方了，但除此之外没有什么能让我满意。我无法忍受人类生活的痛苦，但我对此无能为力。一切都是枷锁，是沉重的责任。对我来说，什么才是最好的事情？哈姆雷特说，生存还是毁灭？但在当今世界，死亡的问题已经变得比哈姆雷特的时代更加复杂了……伊利亚[25] 的计划是任何人类所能想象的最伟大的计划。他试图逃离人类生活，不，他确实逃离了，然后用他拥有的所有力

量，从生活中——从我们的这种生活中——冲向无边的黑暗之路。他用头撞向石墙而死。[26]

啄木被他所遭受的失败摧残得心力交瘁，有些也是自己造成的。他说他渴望得到心灵的平静，但认为实现的唯一途径是通过疾病或死亡。"长期以来，这个愿望一直潜伏在我的头脑中。疾病！这个别人讨厌的词，在我听来就像我长大的村子里的山名一样令人怀念。自由的生活，从所有的责任中释放出来！疾病是我们获得心灵平静的唯一途径"。[27]

他最长的一首诗表达了对自己将被病魔折磨的祈祷。它的开篇如下：

> 一整年，或甚至一年零一个月。
> 或者一个星期，甚至三天。
> 神啊，如果有的话，神啊。
> 这就是我所要求的。求你了。
> 请让身体某处生出小肿块，即使它很痛。
> 我不在乎它是否会痛，请降病于我吧！
> 啊啊！ 求你了……[28]

他为这首诗添加了第二段：

死亡！死亡！这就是我想要的。
我只想做一件事！啊！
哦，哦，你真的要杀我？等一下。
感谢上帝，哦，嘿！[29]

他从不厌倦分析自己。虽然他给自己打上了弱者的烙印，但他想杀死所有他认识的人，首先是他最亲密的朋友。[30] 他坚持认为自己是个人主义者，喜欢独处，坚持认为与其他人在一起的时间是浪费的。[31] 如果被邀请去与谢野家，他就会去，但会把它当作一项乏味的义务。如果晶子建议他们通宵达旦地写诗，这个提议在过去会让他很高兴。现在他却会离开，给自己找一个"愚蠢的借口"。为了希望找到心灵的平静，他羡慕那些已经变得疯狂的人。他评论说："我的身心都太健康了。"[32] 他确信自己的作家生涯已经结束（他不把短歌当作写作）。他写道："我必须再次认真考虑我没有能力写小说的问题，并确定我的未来还有没有希望。"[33]

啄木的主要文学乐趣是读从借书馆里租来的旧色情小说。"我做了一件多么愚蠢的事情啊！昨晚我花了很长时间把江户时代的色情小说抄写在我的笔记本上，直到三点。昨天晚上我一直抄到三点，把《雾夜之花》抄到了我的笔记本上。是的，这正是我所做的。我无法抵制享受这种强烈快感的欲望。"那天下午他没有去办公室，而是把时间花在了忙着抄写《雾夜之花》的其余部分。[34]

当天晚上，他走进金田一的房间，在他的胸前画上脸谱，把脸扭成各种奇怪的表情后，拿出一把刀，装出一副戏剧中的凶手的样子。金田一的脸色苍白，跑出了房间。啄木意识到，他已经接近犯下可怕的行为了。他确信这一点。后来，当两个人再次在一起时，他们对所发生的事情感到沮丧，但这使啄木确信，他并不害怕自杀。[35] 那天晚上他做了什么？他读了《雾夜之花》，作为去妓院的替代。

在日记的早些时候，啄木将自己的特点描述为："我是一个弱者，一个只拥有不趁手武器的弱者。"[36] 他一直认为他的武器——他的写作，是一种有价值的财物，但现在他问道："一个人所做的任何事情有可能令人钦佩吗？人本身既不令人钦佩，也没有价值。"[37] "那么，我在寻求什么？名声？不，不是这个。成功？不，也不是那个。爱情？不是。知识？不是。那也许是钱？是的，金钱。不是作为目的，而是作为一种手段。我从心底里寻找的，是心灵的平静。"[38] 他只想做他想做的事，去他想去的地方，满足他自己所有的欲望。"是的，我想完全按照我的意愿去做。"[39] 这种态度是啄木自少年时代起就有的特点。

此刻，他宣称："我将主动放弃自己的文学事业"。但是，如果他放弃了文学，他将做什么？他的回答是"死

第十章 《罗马字日记》

亡是唯一的答案"。[40] 他为自己在死前剩下的时间里如何生活提供了建议。"不要被别人所爱，不要接受他们的施舍，不要承诺什么。不要做任何需要请求宽恕的事。永远不要和任何人谈论你自己。尽量戴上面具。永远准备好战斗——随时能够打到下一个人的头上。不要忘记，当你和某人交朋友时，你迟早肯定会和他决裂。"[41]

4月25日，日记中出现了一条全新的记录。这条记录的开头是：

> 目前，只有一件事让我感兴趣。那就是去办公室，在那里花两三个小时读校样，连喘口气的时间都没有。如果我的手不拿东西，我的脑袋就会感到莫名其妙的空虚，我唯一的想法就是时间过得太慢了……我在想，自己是不是对一切都失去了兴趣。换句话说，我觉得自己被一切事物拒绝了（我已经从一切事物中迷失）。[42] 如果我已屈服于这种感觉怎么办！

啄木似乎已经对这个世界无动于衷，只有机械的纠正校对的工作才能留住他的注意力。但是，一旦他离开办公室后，他并不会在荒废的房子里闷闷不乐地度过。在同一天晚些时候的日记中，他描述了与金田一一起访问吉原*

---

* 自江户时代起，东京市内最大的风俗花柳街。

的情景，这个花柳街因其美丽的女人和奢华的家具而闻名。这是啄木的第一次访问，无疑是因为他从来没有足够的钱来访问这些高档的妓院。令人惊讶的是，他竟然和金田一在一起，因为啄木总是被金田一拒绝找妓女或女仆而激怒。但现在他们一起听着吉原最有名的老店角海老的时钟敲响十点。啄木试图说服金田一放弃他古板的道德观，向吉原的魅力让步。他用诱人的语言和细节描述了这个地方，就像他住在那里一样，尽管这是他第一次来。金田一意识到，一旦他结婚，就没有理由再去吉原了，但啄木劝金田一在结婚后也要经常去。

这两个人没有见到任何一个歌妓就离开了。两天后，在与一个没有给他带来任何乐趣的妓女进行了一次令人沮丧的谈话后，啄木决定，"从现在开始，我绝对不会在女人身上浪费金钱和时间。"[43]

这个决定并没有持续多久。几天后，也就是5月1日，他心急如焚。因为他仍然没有向他的朋友并木还他借来的手表的当金。如果他用自己的工资从典当商那赎回手表，他将无法支付房租。在不知所措的情况下，他不知不觉地发现自己来到了熟悉的浅草路上，他告诉自己"你一定不要去！"但在他意识到之前，他已经到了那儿。有人拽着他的袖子拉到一个门口，他就屈服了。一位老妇人引导他来到一条黑暗的窄巷，两边都是大门紧闭的房屋。他觉得自己仿佛正走在通往世界破败背面的路上。老妇人打开一扇门，把他带到一个肮脏的房间，一个女孩正在那里等待。她很像小奴，尽管要年轻得多，也许是十七岁。她的名字叫花子。啄木在日记中描述了他一生中最令人满意的性经历：

> 那是一个奇怪的夜晚。我和女人睡过很多次，但我总觉得好像有什么东西在催促我，我感到很不安。我曾嘲笑过自己。我从来没有经历过一个让自己能陶醉地闭上眼睛的夜晚。我从来没有过这样一种高涨的感觉。我没有考虑任何事情。我只是把自己交给了这种狂喜。我感觉好像我的整个身体都被那女人的皮肤的热量所温暖了。而性行为本身，最近给我留下了不愉快的感觉，今天晚上发生了两次，都很愉快。而且事后没有留下任何不愉快的感觉。[44]

与啄木有着相同苦恼、对世界失去兴趣的读者，在读到他终于有了一些乐趣时，可能会感到欣慰。这甚至可能让啄木忘记，不久之后，花子就会像他经常光顾的那些人一样，成为一个疲惫不堪、过早衰老的妓女。

啄木的狂喜时间没有给他的抑郁症带来持久的变化。5月4日，他写道："今天，我也待在家里。我一整天都握着我的笔。我写了《狱中的一天》，但放弃了。写了《回忆》，但没有完成。写了《一个有趣的人》，但也没有完成。写了《童年的回忆》，但没有完成。我的思想就是这样摇摆不定。最后我扔下了我的笔。我早早地睡了。不用说，我睡不着。"[45]

由于无法写故事，啄木开始了他最严重的一次抑郁症发作。4月13日，他描述了他所经历的一切：

> 一股巨大的绝望的黑气有时会使我的眼睛变暗。我至少尽力不让自杀的念头靠近。有一天晚上，当我正在想我应该怎么做的时候，突然间，我眼前一片漆黑。去办公室对我来说没有任何好处。办公室已经关门了，那里没有人可以帮助我。我想用从金田一那里借来的剃刀割开自己的胸口，然后以伤口为借口，向公司请一个月的假，在这期间我可以考虑自己的一切。我决定在自己的左乳头下划一刀，但它太疼了，我甚至不能划出这么大的一个伤口。我所做的只是划了两三道浅浅的划痕。金田一惊恐地抓住了剃刀。他强行把我拖了出来，先是当掉了他的斗篷，然后把我带到了常去的天妇罗店。我们喝了酒。我们大笑起来。然后，大约十二点，我们回到了家。但我的头很重。我觉得如果我关上灯，可怕的事情就会在我眼前浮现。[46]

尽管从这场噩梦中恢复了过来，但啄木在精神上受到了打击。他写道："我对自己不再有任何信心，没有什么可期待的。我意识到从早到晚都被烦躁和不安所追赶。我没有安全感。我将会变成什么？一把无用的钥匙，不适合任何锁。就是这样！无论人们把它带到哪里，都没有机会找到一个能顺利装下钥匙的洞！"[47]

《罗马字日记》的最后一部分包含了许多重复的凄凉陈述："今天没有做任何事情。"4月26日，他收到宫崎的消息，他将在6月把家人送到东京，并支付旅费。[48]啄木对这份慷慨的礼物没有表示感谢，也没有计划去接他的家人。

5月的日记变得更加不完整。有的日子被跳过了，有的则是几天合在了一起。5月8日至5月12日期间的记录开始说："这三天我都做了什么？我所做的一切都是为了证明我没有能力摆脱目前的状况，无论我如何坦率地尝试。"[49]5月31日，他写道："在过去的两个星期里，我几乎什么都没做。我一直没有去办公室。"最后一条记录用大写字母标明"二十天"，后面是括号内的小标题，"关于搬到理发店二楼的叙述"。

《罗马字日记》的最后一句话是："6月10日上午，天还没亮，我和金田一、岩本一起在上野车站的月台上。火车晚点了一个小时。"

阅读罗马字日记，我们很可能会对它的真实性感到钦佩，并对这位尽管有缺点，但与我们如此接近的作家产生共情。啄木的困难可能是由意志力造成的，而不是由时代或简单的坏运气造成的，但最终我们接受了他的失败，因为对于一个天才的诗人来说，这是不可避免的。他不快乐是因为他作为一个小说家不成功。不过，他可能确实意识到，他已经写出了一部散文杰作——《罗马字日记》。

第十一章
啄木与节子的悲哀

《罗马字日记》在 1909 年 6 月中断,这一年的其余时间没有任何记录。描述的内容可能已经散佚,被故意销毁,或者被藏在一些存留至今的重要收藏品中。不管是什么原因,啄木的日记从 1909 年 6 月到 1910 年 4 月 1 日都是空白。对啄木来说,这一时期最值得注意的事件是在 1909 年 6 月 16 日搬到理发店楼上的两室公寓后,他的家人(除了光子)在东京团聚。

啄木 1910 年 4 月 1 日的日记,开篇就是"预支了我的月薪二十五日元"。紧接着描述了一次愉快的郊游,这对石川家来说是很罕见的。啄木在他的日记中写道:"我们乘坐有轨电车到浅草,在那里我们看到了观音寺和灯火通明的电影院倒映在池塘里。后来,我们在电影院的二楼观看了电影。当我们回到家时,已经是十一点了"。[1]

去浅草游玩表明,这个家庭的生活环境比最近几年要舒适一些。啄木的母亲身体不适,没有参加这次出行,但他的父亲却高兴地参加了。他离开了之前在野边地的隐居地，在过去的一百多天里一直在东京，享受这儿的风景。在这次旅行前不久，啄木带他的父亲去看了一场净瑠璃*的表演。他非常喜欢，于是啄木就安排他们一家去浅草参观，希望他的父亲能被浅草著名的娱乐活动所吸引，感到兴奋。但啄木的日记显示，他对父亲的不热情感到相当失望。他写道：

> 对于一个人来说，他活了这么久，已经落后于时代，这绝对不是一个值得高兴的场合。在明治时代，当我们的文化正在迅速变化的时候，老人的命运尤其可悲。老人是不快乐的，但孩子们也是。我不知道谁更悲惨——一个没有感受到子女感受的父母，或者一个会嘲弄让父母高兴的东西的孩子。也许只有当一个老人能够忍受意外的时候，才会享受新奇的东西。[2]

我们可以从这些观察中推断出，父亲对浅草的现代奇迹并不怎么欣赏[3]，但无论如何，啄木和他的父亲很少享受同样的快乐。有一次，啄木对这位孤独、沉默的老人表现出了儿子的同情，是在他第二次失踪的时候。啄木与他的母亲变得更亲近了，但正如宫崎在第一次见到她时凭直觉

---

* 一种日本传统的叙事说唱曲艺，以三味线伴奏。

正确地捕捉到的那样，这位慈爱的母亲在她的愿望没有得到遵从时，能够表现出强烈的、有时令人不快的坚持。

在新住处度过的头几个月，将是啄木在东京生活中最令人满意的日子，但在1909年10月2日出现了危机。节子先是通知啄木的母亲，她要带京子去天神神社参拜，然后去医院给她重新配药。然后从医院出来，她带着京子去了盛冈市她自己的父母家，当天没有回家。啄木发现了她留给他的一张纸条："我感到很不高兴，你，一个孝顺的儿子，因为我，而必须违背你母亲的意愿。我要走了，尽管这种牺牲与我的爱相悖。请好好履行你对你母亲的责任吧。"[4]

这封信以遵奉孝道为借口，掩盖了节子离家出走的真正原因：她无法再忍受与一个从第一次见面就不喜欢自己的婆婆一起生活。在啄木与节子结婚后，这个老妇人对她的要求变得毫不留情，把儿媳妇当成了厨房的仆人。1909年7月，节子给函馆的一家报纸一连串发了九首诗，描述了她作为一个仆人的生活。每首诗的第一句都是"汗流浃背"。[5]

节子在1908年8月27日给宫崎郁雨的信中写道："虽然她是啄木的母亲，但我讨厌她。她是一个非常不体谅人、脾气糟糕的老女人，甚至让啄木和光子都很不高兴。我不能透露我的痛苦，甚至不能向我的父母和丈夫透露。

事实上，你，我的兄长，是唯一好心听我诉苦的人。"[6]

8月21日，啄木写了一系列的诗，一共十七首，直指这两个女人相互的敌意，包括：

> 要是养了一只猫，
> 那猫又将成为争吵的种子——
> 我的悲哀的家。[7]

> 处身于难解的
> 不和当中，
> 今天又独自悲哀地发怒了。[8]

虽然他知道这两个女人之间的恶劣关系，但啄木从未意识到节子会认为她的婆婆是如此令人难以忍受，以至于会离家出走。不喜欢她的婆婆可能是节子离家出走的主要原因，但她也觉得有义务去盛冈帮助筹备她的妹妹福子与宫崎的婚礼。

当啄木发现节子离开他时，他的第一个行动就是冲到金田一的家里，在那里为失去妻子而哭泣。他泪流满面，哭着说："没有她，我一天也活不下去。请给她写一封信，告诉她尽快回来。如果这有帮助的话，你可以说我很傻；你可以说我是个白痴。你想说什么就说什么吧。"[9]

金田一写了一封长信寄给节子。啄木等不及回信,也匆匆写了一封自己的信,求她回家。他说他原谅了她的离家出走。他已经不再去工作了,日夜不停地喝清酒,哀叹自己的不快乐。

可过了一个星期,节子还没有回来。不太高兴的啄木对金田一说:"我又开始了没有她消息的一天。我无法忍受这种从未离开过我的感觉,我正面对着一堵冰冷的墙。"然而,10月26日上午,节子离开盛冈,回到了东京。她显然已经下定决心恢复与啄木的生活,但她决心无论她的婆婆如何虐待她,她都会以一种冷漠的态度回应。

金田一意外地成了这两个女人之间紧张关系的见证人。他去他们家拜访,想看看啄木,却被告知他不在家。当金田一起身离开时,啄木的母亲坚持要他留下来。在节子端茶倒水的时候,母亲认为金田一是一个很好的倾听者,她讲述了所有令她烦恼的事情,从啄木的残忍开始,然后转移到节子的不服从行为上。金田一不想听到这些抱怨,但他无法阻止她。节子听着婆婆念叨她的许多错误行为,却像大理石雕像一样一动不动地坐着,一句话也不说。[10]那天,啄木下班回来后,和妻子在上野的树林里散步,一起参观了一个艺术展。[11]节子无疑将这种善意理解为对自己回家的回报。

金田一写了他关于节子失踪的第二个版本的叙述。在这个版本的叙述中加入了令人痛心的场景。他说，在他和啄木写给节子的信没有起到作用后，啄木要求金田一和他住在同一所房子里，说没有妻子和孩子的日子是无法忍受的孤独。金田一同意了。他一进屋，啄木就坚持要给他看他的日记，并指出自己想让他读的段落。金田一首先读了啄木对他母亲说的愤怒的话："节子跑了，因为你折磨了她。我想让你去把她带回来！"接下来是命令："给我一些清酒。没有清酒我就睡不着。"[12]

金田一接着读啄木对他母亲对他的命令反应的叙述：

> 当时已经过了午夜，但我的语气非常严厉，母亲吓得浑身发抖，她年迈的双脚在身下颤抖，蹒跚着走下黑漆漆的楼梯，走出了屋子。我可以听到远处传来敲打清酒店门的声音，但店门并没有打开。然后我听到母亲哭泣的声音。商店仍然没有开门。最后她放弃了，去了另一家更远的清酒店。我可以听到敲门声和听起来像是她在哭泣的声音。我听着她的哭泣声，却什么也没做。当母亲终于带着清酒回来时，通常不能喝很多清酒的我大口喝了起来。

此时，啄木狠狠地咒骂起自己，让人听了很痛苦。金田一讲述了他的反应：

第十一章　啄木与节子的悲哀

当我读到这本日记时,我泪流满面,但钦佩之情使我动容。我想:"这比虚构作品还要好。比小说还要好。"我之所以有这种想法,是因为当我们住在一起时,他曾写过《病房的窗》和《菊池君》等小说,这两篇小说都很做作,难以让读者共情,因为它们不是关于自己的。我现在敦促他:"写出所发生的事情。不要浪费一分一秒。"啄木回答说:"这太可怕了。我还不能写它。我不能写。"[13]

金田一读过的日记已经不存在了。也许啄木觉得它太痛苦了,所以把它销毁了。但金田一是对的[14]:啄木一直把他的时间浪费在传统的小说上。如果他能以《罗马字日记》的激情来描述那晚的事件,那将会产生一部令人难忘的文学作品。

尽管他与其他女人有染,对节子的爱也渐渐消退,但啄木仍然深深地爱着她。他谅解了她的离家出走,尽管明治时期的许多丈夫都会认为她的行为不可原谅。他对失去妻子的恐惧使他对母亲变得无情,因为他现在意识到,她是节子失踪的原因。他残忍地命令他生病的母亲在午夜为他买清酒,这并不是完全不符合他的性格,想想他小时候也曾在半夜要求母亲做一个他想吃的蛋糕。

此时啄木的行为最奇怪的是他坚持让金田一看他的日

记，因为他对所有人都保密。金田一是啄木唯一一个要求看自己日记的人。他似乎想让他，他最年长的朋友，看到他令人羞愧的一面。

1910年，啄木和金田一很少见面。4月，啄木和节子、京子一起到金田一的新家去看望他，但除了在他们偶尔交换的简短信件中，他再没有出现在1910年日记的其他地方。这使得一些学者得出结论，两人已不再是朋友，也许是因为他们在政治上的分歧。金田一用平淡的语言解释了他们友谊的中断："当时我刚结婚，有了新房子，工作让我忙得不可开交。在不知不觉中，我让我与啄木的关系中断了。"[15]

啄木对金田一很恼火，他给金田一寄去了《一握沙》，可金田一连一张明信片都没有寄给他，也没有感谢啄木在献词中称赞他是一个理解他诗歌的人。啄木被他认为是缺乏礼貌的行为激怒了，他宣布他与金田一的关系已经结束。[16]

金田一之所以没有感谢啄木，可能是因为他对啄木没有保留最初的献词感到失望，即在献词中感谢金田一将他的家人从饥饿中拯救出来；啄木似乎不再感激他所得到的帮助。他们之间的友谊直到啄木去世前一年才得以恢复。

在节子离家出走的震惊之后，啄木试图在她回来时让他们的生活更加愉快，但这几乎是不可能的。他要靠二十五日元的工资来养活一个有四个大人和一个孩子的家庭。他还必须每个月支付五日元,作为他以前公寓的退租费。尽管啄木的夜班可以增加收入,但额外的工作导致他在家里陪伴妻子的时间减少。他的妻子没有什么可抱怨的,尽管他们吃得很差。朝日新闻社的同事写道,啄木看起来病恹恹的,营养不良。他不经常与同事交谈,可能也很少向节子讲述他在办公室的工作。

他似乎已经失去了他的魅力;以前的啄木似乎已经不在了。正如今井泰子所指出的那样:"啄木不仅在思想和生活态度上发生了变化,在性格上也发生了变化。"[17]

过度的工作导致了频繁的感冒和发烧。啄木在给宫崎的信中说,他已经放弃了阅读并背弃了他的朋友。他从早到晚昏沉沉地工作,仿佛闭着眼睛。当他坐在电车里时,他的想法往往是关于人类生活的可怜状况。[18]

啄木在1910年的日记很短,只有4月的内容。这时他的文学活动在日记中很少提及,进而变得更加引人注目。他现在定期在《朝日新闻》和《东京每日新闻》上发表新作《道》,这是他第一次在《昂》之外的杂志上发表的小说。5月和6月,他写了一篇小说,《我们这帮人和他》,这篇小说相对来说很受欢迎。[19] 他并没有失去写作的欲望,但已经筋疲力尽,而且屡屡遭遇不成功,让他无力再尝试。他的晚期小说,虽然有时很有趣,但一般来说风格都很迂腐,人物也让人难有深刻印象。他的诗歌和日记中仍然闪耀着的光彩也不见了。对小说失败的失望使他转向诗歌，尽管在此之前他一直在回避他是天才的领域。

啄木每天的忧郁情绪影响了节子。1909年6月19日，她写道："我恨东京。"这句话会在她的信中重复出现，每一句都意味着她和啄木生活得不开心。她在宣布对东京的憎恨之后，有时会回忆起宫崎送她去东京时的快乐。他们有很多话要谈，在火车上聊了整整一夜。7月5日，她给她的妹妹写信。她的妹妹当时已经和宫崎订婚了[20]："自从来到东京，我没有一天不头痛。（在盛冈，我也有头痛，但有东西可以转移我的注意力。）现在我没有任何东西可以转移我的注意力。晚上，他（啄木）会说，'我们去浅草吧，或者去银座怎么样'，但我的头痛绝对不会被这种欺骗所治愈。"

节子感到很无聊。如果啄木晚上有空闲时间，他就会用来写批评文章或后来收录在《一握沙》中的诗作。偶尔也会努力出去逗她开心，但在家里找不到什么愉快的事情。她担心自己的健康，写道："我缺乏活力，瘦得厉害。我一直感到困倦，但我的眼睛总是睁着，我无法入睡。"[21]她在信中描述了她身体中感到疼痛的地方。她还提到了持续的咳嗽，但并没有怀疑这会是夺去她生命的疾病的开始。

尽管节子在她的谈话中不再提到啄木的名字，却经常提到宫崎，总是带着赞美和对她妹妹的羡慕，因为她要嫁给他。"你很幸运。你真的很幸运。没有另一个男人能与宫崎先生相比。"[22]

人们可能认为她的女儿京子在家里会是一个快乐和安慰的来源,但正如节子给她的姐妹们写的那样:"我想你们认为京子是一个可爱的孩子。我很感谢这种想法,但她的任性让人无法忍受。如果我告诉她,她吵得我无法写这封信,她就只会向我摆出一张酸溜溜的脸。"[23]

1909年12月底,节子在给妹妹的信中提到她的咳嗽和胸口的疼痛。她预言,虽然其他地方会有欢乐的庆祝活动,但新的一年不会给她带来任何幸福。她想到了在盛冈的母亲,尽管她很少给她写信,因为"白天京子很吵,晚上我想不出该说什么。今天,幸运的是,京子感冒了,她正在午睡"[24]。节子对任何人都不赞美,除了宫崎,她是唯一同情一个不快乐的女人的人。她总是在意自己的疾病,"每一天,每一天我都感觉不好"。

日后节子信件的编辑者是她的弟弟[25],他可能为了维护她的声誉而删除了其中的一些信件。但即使是他编辑的书信集也能显示,节子的情况远比人们从金田一那篇具美化色彩的文章《节子的贞洁,啄木的妻子:在自我牺牲中度过的一生》[26]中了解到的要复杂得多。没有证据表明节子是一个不忠的妻子,但光子记载过节子曾对她说过自己有许多情人。[27]就算光子是个不可靠的证人,但啄木和节子的婚姻确实处于危险之中。

第十二章
失败与成功

石川啄木最忧郁的时候可能是他在1910年6月写《玻璃窗》的时候。在这部作品中,他讲述了绝望感如何让他不仅怀疑自己的作品,甚至怀疑文学本身。今井泰子,是为数不多的强调这部短篇作品重要性的评论家之一,她认为《玻璃窗》标志着啄木文学生涯中的一个重要转折点。[1] 自从他第一次意识到自己注定要成为作家以来,他就对文学表现出敬重之心,尽管他认为诗歌的重要性仅次于小说。然而,在《玻璃窗》中,他对所有种类的文学都会加以嘲笑。曾几何时,他认为自然主义是基本的哲学,而文学是更可敬和有价值的,但他此时却开始怀疑人类创造的任何东西是否都是可敬或有价值的。[2] 在1910年4月4日的日记中,他宣布"我写了一篇诅咒文学迷信的文章"时,很可能指的就是《玻璃窗》。[3] 虽然他没有提到文章的名字,也没有提到他所诅咒的迷信为何,但他所指的文章很可能是《玻璃窗》,而且诅咒的是自然主义学派的理想。他曾在《罗马字日记》中写道:

不可否认，自然主义是我们起初最热衷的哲学，但在我们有所意识之前，我们业已发现了它的逻辑矛盾。然后，当我们克服了这些矛盾并向前迈进时，我们手中的剑就不再是自然主义的剑了。就我而言，我不再能够满足于一种模仿的态度。作家必须是一个批评家。或者说是人类的规划者。[4]

但自然主义——对其他人来说是冷漠的文学，其典型例子是作者对其不快乐的许多叙述——仍然是小说的主导形式。

由于对自然主义和作为小说家的不成功感到不满，啄木不情愿地决定将其文学活动的中心从小说转向短歌。这使他回到了他最初的文学兴趣，并最终给他带来了比散文更大的名声，但这并没有在一开始就给他带来幸福。[5]

啄木很清楚，作为一个诗人，要取得成功是非常困难的。在《玻璃窗》的开头，他讲述了由于人们对诗歌的普遍无知以及他所遭受的屈辱。起初，他通过不向他人展示自己的作品来规避可能的冲突。他没有向比他年轻的诗人给予任何鼓励。他在看年轻诗人的作品之前，第一反应是怜悯和蔑视，甚至是憎恨。他认为，如果在地上挖一个大洞，把未来的诗人埋进去，会对世界有好处。今井泰子想知道啄木是否曾认真地希望将创作短歌视为一种终身职业。[6]

虽然啄木否定了一个人可以靠诗歌生活的可能性，但他拒绝写自然主义小说，尽管他不能否认自然主义的力量。他曾总结说："毫不夸张地说，自然主义已经在文学界占据了完全的霸权地位。"[7] 在读了一本专门介绍自然主义小说的杂志后，他在日记中写道："我对这些故事感到彻底的厌恶。我读了又读，最后只剩下一种空虚的感觉。"[8]

啄木有时对自然主义写作的蔑视是粗暴的："文学本身已经到了脱离现实人类生活的地步了。它正在变成类似自慰的东西。作者们就像在没有任何执行能力、鼓励的机会或财政支持的情况下计划一个项目的企业家一样。"[9]

这时他将讨论转移到日本人为何不以被称为作家为荣的话题之上，"已故的二叶亭四迷虽然是个天生的作家，但他不喜欢人们称他为'作家'。我记得坪内逍遥博士在某个场合说过，二叶亭四迷的态度是由于当今的日本缺乏这样的意识，即文学有足够的价值和影响力，值得一个人花一生去奉献。"[10] 啄木相信他了解二叶亭四迷，他告诉金田一京助："我有一种感觉，我是唯一知道二叶亭四迷灵魂中的什么东西促使他去俄罗斯的人。他不是为了研究俄罗斯文学而去的……是思想让他一直生活在俄罗斯，但由于他死在国外，他被完全遗忘了。我对他的死感到遗憾，就像对我自己的死一样。"[11]

啄木没有阐明他所说的"思想"是什么意思。他可能被二叶亭四迷的社会关切所打动,特别是他为帮助穷人所做的努力(未受社会主义的影响),但最重要的是,他被二叶亭四迷的小说和他对屠格涅夫的翻译所影响,尽管它们主要不是关于社会正义的内容。作为一名校对员,啄木的工作是校对新版《二叶亭四迷全集》中的每一个字是否与第一版完全相符。这既费时又乏味,但也是一种特权。

1909年4月15日,啄木得知二叶亭四迷在从俄国返回日本的途中死在船上,这让啄木深感不安。当天晚上,关于二叶亭四迷的意见分歧危及了啄木和金田一的友谊。啄木在他的日记中写道:

> 大约十一点,我去了金田一的房间,和他谈起二叶亭四迷的死。我的朋友说,他不明白为什么二叶亭四迷不喜欢文学,也不喜欢被称为文人。我的这位不幸的朋友不理解人类生活的深切渴望和痛苦。我无法容忍他的态度。我回到了我的房间,被孤独包裹着。归根结底,要完全理解另一个人是不可能的。人与人之间的交流只能在表面上进行。假设一个朋友认为他和你都了解对方的每一件事,最终只会证明这朋友无法理解另一个人心底的悲痛和痛苦。在这种认识中,你会感到无望的绝望!我们是两个实体,一个人和另一个人!这么一想,我就能想象出二叶亭四迷死的时

候在想什么。[12]

如前所述,啄木与金田一的第一次决裂,是他决定为了实现作家的独立,必须毁掉金田一,因为他是阻碍自己自由的"束缚"。金田一认为他在啄木的小说《束缚》中发现了恶意,为此受到了伤害,但最终他们和解了。尽管啄木从未为称金田一为"束缚"而道歉,但他别无选择,只能承认他对朋友的依赖程度。

1909年2月15日,另一场危机威胁了他们的友谊。那天深夜,《朝日新闻》总社的一个人出现在他的公寓里,强迫啄木听他训话,一直持续到晚上十一点。毫无疑问,这个人是报社的领导,啄木无法请他离开,但他被一个他所讨厌的人强迫浪费了一整天的时间,这让他很生气。当天深夜,他去了金田一的房间,告诉他自己的遭遇。他报告说:"我真的感到很无助,因为那个人一直在说话。"[13] 他的日记中的下一句话是"我不再能与金田一进行心与心的交流"。日记中似乎缺少了一些内容。难道金田一没能对啄木浪费的那一天表示足够的同情?两个朋友之间出了很大的问题,以至于啄木认为金田一的不理解让他无法和他建立亲密的友谊。这场冲突也随着时间的推移被遗忘了,但它可能导致啄木认为,是时候离开他们两人居住的住处了。

第十二章　失败与成功

啄木在《玻璃窗》中描述了他在接下来一年多时间里的郁闷生活。他从未感到任何满足，即使当他看到他在朝日新闻社的办公桌上放着一叠证明他完成了多少工作的文件。每天在回家的路上，他都会试着想一想到家后要做什么。如果有什么东西急需修补，他就会高高兴兴地回家，但有时他却想不出有什么可以修补。他提出了一个愿望："我希望在我的一生中，有一次能从早到晚不间断地工作，没有说话或思考的间隙，然后突然死去。"[14] 当他在电车上时，经常会在脑里子开"无轨电车"。文章最后写道："我想去山里。我想去大海。我想去一个我不认识的国家，和那些说着我不懂的语言的人打成一片……做完这些，我将随心所欲地嘲笑这个叫'我自己'的生物的无限丑陋和无限悲怆。"[15]

人们可能会想，是什么让啄木感到如此郁闷，如此想逃离他的生活。与他在青年时期的浪漫诗中所描绘的忧郁不同，这些情感是真切的。

为什么啄木不开心？当时他终于找到了一份稳定的工作，为一家大报纸工作。他的老板是一个对他异常仁慈的人。诚然，他的职位是低级的校对员，但他喜欢这份工作，至少在一段时间内是这样。经过长时间的分离，他和他的家人终于能在一起了。他的工资虽然不足以让他和家人过上舒适的生活，但也不比其他大多数报社雇员的工资差。他的文学生活也有了变好的迹象：他卖出了一部小说作品《路》。9月，《朝日新闻》成立了一个新的文化栏目——"诗歌角"，由啄木来负责判断哪些诗歌值得刊载。任何不了解啄木的痛苦心境的人都会羡慕他，但《玻璃窗》还是一个不快乐的人的作品。

待在家里时，啄木明显的不悦，不禁让节子也感到沮丧，但她仍爱着他。她在1908年8月27日写给宫崎的信，已经说明了她此时的大部分感受。虽然她觉得啄木有信心成为一个伟大的诗人，但她仍然担心他未必会成功。她还说："我记得，在所有的时代，每一个著名的男人背后都有一个杰出的女人。我不会自以为是地说自己很出色，但我知道啄木有非凡的才华，我向神明祈祷，希望他能施展才能。因此，如果有人说我是受害者或类似的话，这会让我感到难以言喻的悲伤。"她念叨着她在婆婆手中遭受的苦难，但坚持说：

> 对我丈夫的爱是我生活中的职责。如果这种爱没有充斥着我们的家庭，我就无法继续生活下去。我已经成功地收到了他的爱，这种爱比世界上的诽谤和障碍更强大，但现在我忍不住要大哭一场……但这是因为我觉得啄木肯定知道我的心。如果他误解了我，这将是最大的悲剧。[16]

第十二章　失败与成功

但她对他的爱的信念似乎已经开始减弱了。

1909年4月12日，啄木终于振作起来，带着他的二百五十五首短歌的精选本到出版社春阳堂。他把他的手稿留给了一个办事员。[17] 出版商很快就发来消息，说他们对这本书不感兴趣。[18]

啄木在身体上和精神上都陷入了人生的低谷。被选中来编辑二叶亭四迷的作品是一种荣誉，但他也被要求继续履行他作为校对员的常规职责。这种压力使他筋疲力尽。4月底，在与妻子讨论情况时，他感叹道："这真是一个可怕的月份！"[19]

尽管报社的工作负担很重，而且他的健康状况不佳，但啄木仍继续创作短歌。他提交给春阳堂的短歌有八成以上是在1908年至1910年期间写的。[20] 在某个时候，他问《朝日新闻》的编辑涉川玄耳（1872—1926），是否可以看看他的几首诗。涉川同意了，他们在1909年3月涉川读过一些诗后见了面。根据涉川的回忆，啄木说得很少，也许是因为他在上司面前很紧张。但最重要的是，他担心涉川玄耳会说什么。啄木的外表并没有给涉川玄耳留下印象。虽然他仍然只有二十四岁，但他在涩民时代的风采已经完全消失了。[21] 疲劳和营养不良使啄木已然失去了他那些著名照片中的风采。

涉川一直在负责该报的诗歌专栏，但由于有志之士提交的作品缺乏灵感，他曾考虑停办该专栏。初读时，他被啄木的诗歌的新鲜感和个性所打动，决定在《朝日新闻》上试发表啄木的诗歌，每次发表两到三首。[22] 啄木在 4 月 2 日的日记中写道："涉川先生对我上个月在《朝日》上发表的诗歌很感兴趣。他说他会为这些诗尽心尽力，并敦促我考虑创作更多的作品"。

虽然这些作品都是在东京写的，但这些诗主要是以涩民和北海道为背景，啄木对这两个地方有着特殊的记忆。他从过去几年创作的一千多首短歌中选择了五百五十一首。[23] 他给这本书起名为《一握沙》，可能是因为在诗集的前十首诗中提到了沙子。

1910 年 10 月 4 日，他把这本书卖给了出版商东云堂；同一天，他的第一个儿子出生了。啄木给一个朋友发了一封简短的信，告知他这个好消息："今天凌晨两点，节子生下了一个男婴。生产非常顺利，母婴平安，所以请不要担心。联合医院的护士对孩子的体型感到惊讶。"[24] 孩子被命名为真一，这是佐藤北江原来的名字。[25]

尽管啄木说顺利，但真一其实在出生时就体弱多病，并越来越糟。他于 10 月 28 日去世。啄木在那天给光子写了一封信：

我的长子真一已经去世了。昨晚，我在刚过十二

第十二章 失败与成功

点的时候从工作岗位上回来,我赶到时,他的脉搏已经停止跳动两分钟了。他的身体仍然是热的。我叫来医生,让他打针,但没有用。真一的眼睛看到这个世界的光的时间只有二十四天,然后他就永远闭上了眼睛。葬礼将于二十九日下午一点在浅草的了源寺举行。[26]

啄木自然为他唯一的儿子的死亡感到悲痛,但并没有完全被悲伤击垮,也许是因为他已经目睹了孩子在生命的三个星期里一天都比一天虚弱的过程。啄木在他的日记中写道:"我收到的《一握沙》的稿费都花在了病孩的住院费上。这本书的校样是在他被火化的当晚到达的。"[27]

啄木在真一去世时写的八首短歌收于《一握沙》。最后一首是:

> 孩子的皮肤里的温暖
> 咽下最后一口气
> 徘徊到破晓

啄木的悲伤并没有妨碍他仔细关注《一握沙》的出版。他就封面上使用的颜色向设计师提了要求,并动手画了图表,标明标题和作者姓名的位置以及字母的大小。[28]他希望《一握沙》和他梦寐以求的欧洲书籍一样优雅,这本书与之前在日本制作的任何一本书都不同。页面对开，每页都有两首诗。每首短歌以三行排版，尽管之前通常每首短歌都放在一行。[29]1910年10月4日，他将手稿交给东云堂，并收到了二十日元。印刷了五百份。发行日期是12月1日。

《一握沙》以涉川用化名撰写的序言开篇。尽管写得很幽默，但他的评论清楚地表明，他认为啄木是一位了不起的诗人。他引用了《一握沙》中的十一首诗，大部分都不是一个文学家会选择的。他的这篇介绍虽不能说是具有开创性，但却是研究《一握沙》的先驱。在涉川的介绍之后，是啄木的简短献词，其中提到了宫崎和金田一：

函馆的郁雨宫崎大四郎君

同乡友人文学士花明金田一京助君

此集呈现于两君。我仿佛已将一切开示于两君之前，故两君关于此处所做的歌，亦当一一多所了解，此我深信者也。

又以此集一所，供于亡儿真一之前。将此集稿本，交给书店手里，是你生下的早晨。此集的稿费做了你药饵之资，而我见到此集的清样则在你火葬的夜里了。

第十二章　失败与成功

《一握沙》中的许多诗初读来就令人感动，这也是该诗集被公认为经典的原因之一。而在深入阅读后，即使在那些看似容易理解的诗歌中也能发现深藏的多种含义。这本诗集的第一首诗是啄木将简单内容和深藏寓意相结合的典型：

> 在东海的小岛之滨，
> 我泪流满面
> 在白砂滩上与螃蟹玩耍着。

研究啄木诗歌的学者们常将"小岛"解释为指日本。若按照这个意思来解读，那这首诗就更有深度了，但普通读者可能会认为"小岛"就是指从海岸上可以看到的小岛，也许这才是啄木的原意。还有读者可能会想，这首诗写的是北方北海道的一个海岸，但为什么说这个岛在"东海"呢。啄木没有说他为什么要特指"东海"。也许是因为"东海"的发音比其他三个方向的名字更适合这首诗的韵律。[30] 不管这些和其他可能从这首诗中发现的意义如何，啄木对孤独海岸的这种处理方式确有神奇的效果。

《一握沙》中的许多诗作都因其出人意料的比喻而引人入胜：

> 有些回忆，
> 像穿脏的袜子似的
> 有很不爽快的感觉 [31]

脏袜子和旧记忆并行，既幽默又感人。只有啄木才能写出这样的诗。

> 玩耍着背了母亲，
> 觉得太轻了，哭了起来，
> 没有走上三步。[32]

啄木在发现母亲的瘦弱时感到震惊，即使是自己母亲并不憔悴的读者也能感同身受。

> 多么可悲呀，
> 仿佛头里有个山崖，
> 每天有泥土在坍塌。[33]

这个动人的比喻捕捉到了啄木非常熟悉的一种感觉。

这些诗和其他许多诗使《一握沙》成为啄木最著名的作品。它是日本文学的瑰宝。只要还有人阅读日本诗歌，其魅力就会持续下去。

没过多久,《一握沙》的独特魅力就被眼光敏锐的读者所认识。啄木在 1911 年 1 月 9 日给他的老朋友濑川深(1885—1948)的信中提到了他所看到的《一握沙》的评论都是非常正面的。啄木写道:

> 《岩手每日新闻》和《岩手日报》已经送来了,我也都读过了。盛冈发生了很大的变化。[34] 冈山(仪七)现在是《每日新闻》的总编辑,他连续三天发表了对我最近诗集的评论……你可能不知道,北海道是我的第二个故乡。我预计最近自己的诗集在那里会比其他地方卖得更好。函馆的一家报纸,在没有我要求的情况下,在常规新闻和报道中给了它(我的书)一个双倍大小的醒目广告,并连续刊登了两个星期。还有二十多篇评论出现了,而且还在不停地出现中。可能从来没有一本诗集收到过这么多的评论。另一家报纸,也是在函馆,给了这本书十多篇评论。小樽、札幌和钏路的新闻报纸都有作家署名的评论。[35]

以至于啄木怀疑他是否能够回复他收到的所有信件。

啄木在同一封信中提到了他对真一死亡的悲痛,但总的语气还是对他书的成功感到欢欣鼓舞。他一连串的不幸似乎已经结束了。啄木没有提到他书的销量,也没有透露由于他的书的成功，朝日新闻社提高了他的月薪。但他确实明显高兴地说，他收到了三家杂志（包括著名的《早稻田文库》）的约稿。在绝望的后面，成功来了，但这并没有显著缓解继续困扰啄木和他的家庭的贫困。他的读者很热情，但直到他死后很久，他的读者都不算很多。

第十三章

啄木论诗

随着《一握沙》的成功,啄木已是一位公认的诗人。1909年10月,他还在《每日新闻》上发表了关于现代诗歌的文章,首次以诗歌评论家的身份面世。第二年,《朝日新闻》选择他作为其新成立的诗歌栏目的负责人。这两家最受尊敬的日本报纸对他的认可,表明他在日本诗歌界的地位越来越重要。直到这个时候,他对短歌的重视程度还很低,以至于他从来没有想过自己为什么会成为一名诗人,也没有想过自己对其他人的诗歌的看法。

啄木首次尝试在《每日新闻》的文章中表达自己的观点,随后在同月出版了一部重要的批评作品,共分七期。这部作品被正式命名为《从弓町来》,指的是啄木居住的地方,但他更喜欢另一个标题《吃的诗》。[1] 啄木从他在电车上看到的一个啤酒广告中借用了这个奇怪的名字。他对这个标题的解释是,他认为一首诗必须接地气,它不应该被认为是盛宴上的美味,而是每天都要吃的东西,就像餐后的啤酒或泡菜。[2]

啄木在《吃的诗》中对诗歌的评论主要指的是"诗",一种几乎被遗忘的文学形式。"诗"可以被粗略地描述为既不是短歌也不是俳句的日本诗。它可以是任何长度,而且诗行不一定是短歌的五和七音节。它是一种自由诗,但它已经发展出了一些技巧,诗人们都遵守这些技巧,特别是通过夸张的手法来突出意境。啄木举了这些例子:

> 回顾我写诗时的经历,想提一点:在我可以自称是诗人之前,必须学习非常繁杂的技巧。例如,如果我看到或想象一棵大约六尺高的树立在一块空地上,太阳照在上面,我就会把空地描绘成一个宽阔的平面,把树描绘成一棵高大的树,把太阳描绘成早晨或晚上的太阳。如果这还不够,我,这棵树的观察者,将被转化为一个诗人,一个流浪者,或一个忧郁的青年。如果我不这样做,效果就不符合当时的情绪,我也不会感到满意。
>
> 如此过了两三年。正当我终于能熟练运用诗歌创作的技巧时,反而开始觉得这些技巧非常麻烦。既然我已经掌握了这些技巧,我就应该有更多的信心,但我却无法写出东西来。相反,奇怪的事情发生了。只有当我处于一种自我蔑视的情绪中,或者当我处于一些实际问题的压力下,比如杂志的截止日期,我才能

够创作诗歌。所以我在月底的时候就能写得很好。[3]

我从十七八岁开始写诗，直到二十三岁。在这些年里，我除了从早到晚写诗之外，什么都没做，对某种东西的渴望让我着迷，自己也不知道那是什么。我创作的诗歌偶尔会被印出来。除了渴望的感觉之外，我的诗没有任何内容……这时的诗完全是传统的、感性的，由幻想和儿歌组成，再加上微小的宗教元素。[4]

啄木没有透露他为什么选择学习诗而非短歌，因为短歌是迄今为止日本诗歌中最受推崇的形式。他最早的诗作可能是模仿《古今和歌集》中的短歌，他小时候很喜欢这类诗歌，也可能是模仿他父亲的传统短歌。他之所以选择诗，可能是因为它不受短歌的许多规则束缚，选择自由正是啄木的典型特征。然而，他对诗的研究并没有使他停止创作短歌。对他来说，写一首短歌就像呼吸一样容易。事实上，他看不起短歌，因为它太容易了，而且他逐渐了解到，即使是诗也有一定的技巧。但他继续写诗，可能是因为诗的相对自由度更适合他的心境。

啄木的第一本诗集《憧憬》于 1905 年 5 月出版，当时他才十九岁。尽管一些评论家赞扬了这些作品中蕴含的丰沛情感或华丽的辞藻，但大多数评论家当时没有给予足够多的赞扬。这让啄木非常失望，他决定不再写诗。他这样描述他当时的决定：

> 善变的赞美，如被称为"诗人"或"天才"，很容易让一个年轻人改变主意，但在某个时刻，它不再让我陶醉。一种空虚的感觉，就像一场爱情的结束，从未离开过我——不仅当我想到自己，或遇到我的前辈诗人时，而且当我读他们的诗时也是如此。这就是我当时不悦的感觉。就在那时，我为了创作一首诗而进行的幻想过程开始侵袭我对一切的态度。我变得没有能力思考，也没有幻想。[5]

在《吃的诗》中，啄木给诗人提供的建议是指导他们创作诗歌，但此时他已经对诗失去了兴趣，并拒绝了其他诗歌形式而选择了短歌。《吃的诗》以自传的形式描述了他放弃写诗时所经历的痛苦：事实证明诗的自由是虚幻的。啄木以描述他的绝望期开始叙述。他把自己作为诗人的生活算作一次携烛的远行，就像年轻时的日子一样，蜡烛烧化了，直到什么也没有留下。他发现人们认为他的短歌里有值得保存的东西，从而将他从这种阴霾中解救了出来。[6]

然而，啄木对自己毫不费力地创作短歌的天赋远未感到满意，他认为作为一个作家的成功只能来自写小说。他一直不甘心，认为自己不可能写不出成功的小说来。而他缺乏创造人物的能力，他的许多故事中的人物往往是基于他所在学校执教的回忆。他对这些人没有什么有趣的说法，但他的诗歌中充满了令人难忘的人物，这些人物以前从未在日本诗歌中出现过。

《吃的诗》中的事件和情感既没有日期，也没有按时间顺序排列。他没给我们足够的信息来了解他陷入自责的原因，但我们觉得他说的是实话：

> 我对阅读其他人的诗歌失去了所有的兴趣。我觉得自己好像深深陷入了一种双目紧闭的生活中……在我意识到这一点之前，诗歌和我已经成为陌生人。我碰巧遇到一个人，他读过我多年前写的诗，我们谈起了过去的日子，但当他谈起时，他的话引起了我不悦的感觉，就像听到一个朋友提到我们俩在一起嫖娼时认识的一个女人。生活的滋味已经把我改变到这种程度。[7]

啄木写到，他的诗歌生涯在二十三岁时就结束了。这应该是在1908年，那一年他从小樽到钏路去做一份报纸工作。他曾犹豫过要不要去钏路，那是一座位于北海道另一端的荒凉小城，但他意识到他别无选择。他于1908年1

月前往钏路,把妻子和孩子留在小樽。在穿越北海道的漫长旅途中,他写了一系列短歌,有三十首,讲述了他从离开小樽的房子到抵达钏路的经历。[8] 这些诗是他最好的作品之一,后来被收入《一握沙》。旅行和孤独似乎使他摆脱了抑郁症的困扰,尽管这一系列中的第一首诗就唤起了他离开家庭的痛苦:

> 背着孩子,
> 在风雪交加的车站
> 送我走的妻子的眉毛啊。

当他的妻子背着她的小女儿站在寒冷的火车站里瑟瑟发抖时,啄木偶然注意到了她的眉毛。在诗歌中,悲伤往往是通过一个人的眼睛来传达的,但这首诗提到的是节子的眉毛,这就新鲜地传达了离开时的寒冷和孤独。旅途中写的短歌并不只是构成一首诗,而是火车在荒野中飞驰时他脑海中掠过的想法的呈现。

该系列的第二首是关于小林寅吉的,啄木曾与他发生过冲突。这场冲突直接导致他选择去钏路。啄木一定曾无数次地咒骂自己,因为他的一意孤行使他陷入了一场灾难:

> 临别的时候,
> 我和当初当作敌人憎恨过的友人,
> 握了半天手。

这两个人自打架后就互相仇视,但小林可能一度曾对他赶走啄木感到抱歉。

该系列的第三首描述了啄木对节子的最后一瞥;他迅速离开火车窗口,以免使她对他的离别感到过久的悲伤:

> 从出发的列车窗口,
> 我首先伸进了头,
> 为的是不肯服输。

> 下着雨雪,
> 在石狩原野的火车里
> 读着屠格涅夫的小说。

看到凄凉的平原上飘落的雪花,啄木想起了屠格涅夫的一部作品,也许是关于一个被流放到西伯利亚的人。钏路就是他的西伯利亚。

在第五首诗中,啄木想到了小樽的人们得知他被流放后的反应。他知道自己不会得到任何同情:

> 想着自己走后一定会有谣言，
> 这样旅行真是可悲啊，
> 有如去就死一般。

事实证明，钏路比啄木所想的要好，但在那里待了几个月后，他就急于重返东京了。一回到东京，他就了解到诗人之间的一场试图将思想和文学结合起来的运动。啄木可能将这里的"思想"解释为社会主义革命，但该运动的成员很可能只是认为当下没有什么比用口语来写诗更具有革命性的了。起初，啄木对这个运动没有什么触动。他一如既往地用古典日语写短歌，从不认为这种来自过去的遗物是现代性的障碍。

啄木生活中的许多困难使他对新运动的精神产生了同情。他从成员那里了解到，诗歌不一定是关于美丽或爱情的。贫穷的苦难，甚至毫无意义的事件也可能是合适的诗歌主题。

啄木写道：

> 新诗人的作品在内容和形式上都扫除了长期以来形成的惯例。他们追求自由，而我当然没有理由怀疑他们的决心，即在诗歌中全力以赴地使用当代语言，并努力追求创新。我在心里想："当然，这必须要

做！"然而，我并不觉得要向别人表达这种感觉。我想说的是："但诗歌必须有所限制。以绝对自由的方式写的诗不可避免地会变得和散文一模一样"。[9]

我的个人经历不让我对诗歌的未来有任何希望。偶尔，当我读到一本由新诗运动成员创作的诗歌杂志时，我暗自感到好笑，因为我看到了这些诗是多么的笨拙。

啄木的想法令人费解。考虑到他曾欣然加入新诗运动，并同意那些主张改变诗歌的诗人，为什么他对新诗运动成员诗歌的笨拙感到好笑呢？如果他认为日常语言对诗歌来说是最好的，为什么他坚持认为规则是必不可少的？人们可能会有这样的印象：啄木，尽管他做派很现代，仍然相信一首短歌必须以三十一个音节来写。

在许多场合下，啄木坚持认为诗歌必须用当代人的语言来写。因此，他认为在明治四十年（1907）写的诗必须用该年的语言。尽管有这样的信念，啄木还是继续用古典日语写作，这是一种几个世纪以来没有人说过的死语言。他对这一矛盾的解释是，无论内容如何，诗人可以通过他使用的日语风格传达不同的感情。诗人应该感到可以自由地使用文言文或口语，以他的知识和品味为依据。即使他创作了两首表达类似情感的诗，如果他在一首诗中使用文言文，而在另一首诗中使用口语，其效果也会截然不同。诗人应该自由地使用适合他的目的的任何语言。

然而，啄木并没有解释为什么他从未用现代日语写过短歌。我们可以猜想，主要原因是他可以轻松地用古典语言进行创作，以及他对古老文字的热爱。文言文在表达上也比口语更精简，当诗人只有三十一个音节可以使用时，这一点很重要。对于那些仅仅因为认为文言文比口语更优雅而使用文言文的诗人，啄木则很不屑。他们的诗就像昂贵的装饰品，他们认为这使自己优于普通人，或至少比起普通人显得与众不同。啄木不喜欢诗歌中的任何艺术内容，他还蔑视那些在创作日本诗歌时模仿欧洲诗歌方式的诗人。

在《吃的诗》一书中，啄木回忆说："陪同我去钏路报社的那位温和的老人在介绍我时说：'他是一位新体诗诗人。'[10]我从来没有像那刻那样被一个好心人粗暴地侮辱过。"啄木没有具体说明这位老政客的话里有什么地方侮辱了他，但据推测，他是对自己与象征主义、韵律和其他典型的新体诗特征联系在一起而感到恼火。[11]

在《吃的诗》的结尾，啄木提出了几个主张。[12]首先，他否认诗人是人类中的一个特殊群体。如果一个诗人称另一个写诗的人为诗人，他不反对，但他认为一个人称自己为诗人是不可原谅的：

也许称其为不可原谅太过强烈了，但我这么说是因为任何认为自己是诗人的人都会毁掉他写的东西……我们不需要这种自我标榜。一个诗人只需要三个条件：第一，他必须是一个人。第二，他必须是一个人。第三，他必须是一个人。最后，他必须真正成为一个拥有普通人所拥有的一切的人。[13]

接下来，啄木讨论了一首诗应该是什么："一首诗决不能只有'诗意'。它必须是对一个人的情感生活变化的严肃描述（可能有一个更合适的术语）。它必须是一本诚实的日记。因此，它必须是零散的。它不应该是前后一致的。"[14]

他坚持要求一首诗是碎片化的，这是一个非同寻常的要求，但不触及诗中蕴含的所有意义恰恰是啄木短歌的奥妙所在。他对自己如何创作短歌写得很少，但提到有一次他曾不间断地写了四五百首诗作。[15]

啄木在读了尾上八郎[*]（1876—1957）的《短歌灭亡私论》后，对创作短歌提出了更多的想法，这篇文章发表于 1910 年 10 月。尾上八郎在他的文章中指出，短歌已经

---

[*] 又名尾上柴舟，日本近代国文学者，东京帝国大学毕业后，先后在东京女子高等师范学校、早稻田大学及学习院大学执教，也是知名的诗人和书法家。

走到了死胡同。短歌诗人如今总是在创作一连串相关的短歌，一次可以多达一百首。一首短歌不再被单独阅读和分析，而是作为一个更长的整体的一部分。这种风潮源于诗人们的临时起意，即三十一个音节不足以表达复杂的情感。短歌的死亡又因文言文的保留而不可避免，文言文是一种无法描述当代观念的死语言。[16]

尾上八郎的文章在诗歌界引起了轰动。啄木立即决定写一篇回应，在其中提出他自己对短歌的看法。他在11月的杂志《创作》上发表了这篇短文，题目是《一个自我主义的信徒与友人之间的对话》。文中，啄木不仅没有谴责尾上对短歌已死的预言，而且还同意了他的几乎所有的论断。

这篇文章以两个朋友A（啄木）和B（尾上八郎）之间的对话形式出现。除了对话的最后几页外，所有的内容都与诗歌无关，尽管这理应是他们对话的主题。读者可能会想，为什么啄木要费尽心思在文中写某些事情，比如他是如何用一张三等舱的船票坐上头等舱的，直到他文章的最后几页才与诗歌有关。

文中，啄木问尾上，他是否因为自己的短歌创作已陷入停滞进而预测了短歌的结局。尾上幽默地反问啄木是否因为他的诗歌创作已经陷入停滞而安排了他们的这次会面。[17]啄木似乎是面无表情回答说："是的，而且不仅是我的短歌。现在是一个一切都停滞不前的时代。"

但是，啄木为短歌辩护，尽管它们会被串成一组作品，但这是当时创作的一个特点。尾上质疑说："你这是在说短歌是永恒的、永远不会灭亡吗？"

> 啄木：我不喜欢"永恒"这个词。
> 尾上：那就不说永恒。你认为短歌仍然有很长的生命力吗？
> 啄木：它将有很长的生命。长期以来，人们认为人生不过五十年，但现在很多人都能活到八十岁。短歌的情况也是如此。但总有一天它会死去。[18]

他们一致认为，日语必须成为一种能言说的口语，而不是如现在这样文言文和现代日语的混杂物。尾上指出，诗人已经失去了在五音节和七音节的交替中创造节奏的技巧。啄木进一步说："五个和七个音节可以延伸到七个和八个，但仍然是一首短歌……我一直用文言创作，所以继续这样做没有问题，但如果我会谨慎使用现代的词语，我的诗可能也不会多于三十一个音节。如果我做不到这一点，可能是因为用语过于现代了，但它会使我感到困惑。"这大约是啄木为在他的短歌中之所以使用古典日语所做的一次清楚说明。最后两页包含了这场对话中最著名和最感人的部分。啄木说道：

> 人们说短歌的形式很不便，因为它太短了，但我一直觉得它很方便，从我还是个孩子的时候就这样想。事实上，它的短小恰恰是它方便的原因。情况不就是这样吗？人们，不管是谁，往往在事情发生后马上就忘记了，或者即使在一段时间内没有忘记，也缺乏把事情说出来的底气，最后一辈子都没有表达出来。我们会不断冒出无数的感觉，一个接一个，从我们的内部和外部。大多数人看不起这些感觉。即使他们不至于蔑视这些感觉，他们也会让这些感觉逃脱，对之几乎毫不关心。但是，任何热爱生活的人都不能轻视这种时刻……虽然感觉可能只持续一秒钟，但这是生命中的一秒钟，在人的一生中不会再回来。我相信这些时刻是应该被珍惜的。我不想让它们逃走。表达这些经验最方便的方式就是用短歌，因为它很短，不需要太多的麻烦和时间。这真的很方便。我们日本人享有的少数福气之一就是拥有这种叫作短歌的诗歌形式。[19]

顿了一下，啄木又继续道："我写短歌是因为我热爱生活。"又停了一下，他接着讲道："我写短歌是因为它们比其他东西更值得去爱。"再一次停顿后,他说:"但即使是短歌也会灭亡——不是因为别的什么原因,是因为内心的崩溃。"之后,他说:"但我决不会认为,如果它更早地灭亡会更好"。

尾上在这时说了一句话,试图恢复谈话的幽默基调:"热爱自己的生活是件好事。你写短歌是因为你热爱生活。我吃美味的食物是因为我对生活的热爱。它们是很相同的事情。"

片刻后,啄木的回答并没有延续尾上的幽默,他认真地说:"但说实话,我不想强迫自己去写诗。"在被尾上多次打断后,啄木最后讲道:"我从一开始就没有想到,我有可能把我的一生都奉献给短歌。(停顿)有什么东西可以让我献出我的一生?(停顿)我爱我自己,但我也不太相信自己。"[20]

第十四章

大逆审判

在1909年6月至1911年1月之间的大部分时间里,石川的日记中没有任何记录,因此关于他在这一时期生活情况的主要信息是他寄给朋友的信件。尽管这些信件常常令人感兴趣,但它们对他日常生活中的事件揭示得相对较少——例如,他与妻子的关系。当然,我们可以从一封啄木宣称自己极度渴望独处的信中推断出,他妻子的陪伴没有给他带来任何乐趣。[1] 此外,他给两个从未见过的女人寄了情书,表明他对妻子以外的女人亦有向往。

对研究石川啄木的学者来说,幸运的是,他的日记在1911年1月3日重新开始,使我们能够像以前一样看到他的日常生活。然而,这一天的日记不是写他的私人生活,而是写这一时期最令人难忘的事件,即逮捕和审判幸德秋水(1871—1911),他被指控阴谋杀害明治天皇。

那几年,各种激进团体在日本成倍增加。最极端的社会革命党宣布,"建立革命的手段是炸弹"。[2] 1907年,该党在加利福尼亚的日本成员编写了一份传单,其中以对明治天皇的警告来收尾："睦仁，可怜的睦仁！你的生命几乎已经走到了尽头。炸弹就在你周围，即将爆炸。这是对你的告别。"[3]

这张传单被送到了日本，在那里引起了轰动。1910年5月25日，炸弹制造设备的发现使当局有理由对已知的无政府主义者和其他革命者进行镇压。数百名无政府主义者被拘留，其中二十六人被指控阴谋杀害天皇。

幸德秋水的职业是记者，但在1904年，他和堺利彦（1871—1933）将《共产党宣言》首次翻译成日文。该书被禁，翻译者被监禁了五个月。1906年，当幸德秋水乘船前往美国时，他带着彼得-克鲁泡特金的《革命者回忆录》，当时美国是激进团体的温床。尽管幸德秋水称自己为虚无主义者，但他在《旧金山来信》中引用克鲁泡特金的话，对虚无主义与恐怖主义的普遍联系表示遗憾。"把无政府主义与恐怖主义混为一谈，就像把斯多葛主义或实证主义这样的哲学运动与政治运动混为一谈一样，是错误的。"[4]然而，在美国时，幸德秋水的政治立场从马克思社会主义转向了激进的无政府主义。

对二十六名被告的审判于1910年12月开始，被称为"大逆审判"。这一司法审判不对公众开放，而且（根据政府的命令）不得在媒体上报道，其结局必然是部分或全部被告将被认定有罪。啄木的朋友认为大多数被告是无辜的，但在啄木的日记中，他对新年拜访与谢野家的描述却显示，他对笼罩当时聚会的气氛感到沮丧：与谢野和他们的大多数朋友似乎都希望被告会受到严厉的惩罚。

当天晚些时候，石川拜访了平出修，之所以认识平出修，是因为他是《明星》杂志的诗人，也是《昴》杂志的创始成员。[5] 平出修现在主要从事律师工作，他将这群无政府主义者的审判进展情况告知了石川。平出指出，如果他是主审法官，他将以密谋杀害天皇的罪名判处菅野须贺和其他三名被告死刑，并将判处幸德秋水和另一名男子终身监禁。[6] 一个不太重要的人将因较轻的冒犯罪被判处五年监禁。他将宣告其余所有被告人无罪。[7] 应石川的要求，平出修将幸德秋水在狱中写的声明拿给了他。

石川在日记中没有对平出关于对被告进行适当惩罚的意见发表意见，但他在一封信中表示，其中四名被告有罪，但其余的人的罪名不应该比煽动罪更重。[8]

平出修对被告的严厉态度，可能会让主要是因为他是热情地试图拯救幸德秋水的律师而知道他的名字的人感到吃惊。在审判的这个阶段，他显然认为幸德秋水确实犯了大罪；否则，他不会认为对他判处无期徒刑的严厉惩罚是合适的。但他把幸德秋水在狱中写的"陈辩书"借给啄木看，这表明平出修并不完全相信他是有罪的，希望听取啄木的意见，尽管他知道啄木据说是个社会主义者。

第十四章　大逆审判

1月5日，啄木誊抄了一份幸德秋水的"陈辩书"。[9]他还简要介绍了信中的两个主要问题——幸德秋水对有关无政府主义种种误解的反驳，以及他对检察官非法审查的抗议。幸德秋水坚持认为，他不是那种敢于做出起诉书中所描述的鲁莽行为的人。

幸德秋水的信中最有趣的部分或许是他否认了无政府主义与枪支、暗杀的普遍联系。的确有暗杀事件，但其他所有政党不都是这样吗？幸德秋水认为，无政府主义是一种很像道家的哲学。一旦目前的政府系统被取代，无政府主义的目标是建立一个由道德和仁义管理的社会。[10]

这封信给啄木留下了深刻的印象，他宣称幸德秋水让他想起了西乡隆盛！[11] 不清楚他发现这两个人之间有什么相似之处，但也许他认为西乡和幸德都是遵循良心的英雄，即使这意味着以政府禁止的方式来行事。

1911年5月，啄木写了幸德秋水"陈辩书"的日文版。这个文本主要是对幸德秋水信的翻译，但也包含了啄木的注释和评论。之后，在1911年6月，啄木可能是被颠倒是非的审判所激怒，写了八首诗[12]，大标题是《笛子和口哨》。风格与他早期的诗作完全不同，这些诗作没有提到他的情绪，而是呼吁人们采取行动，尤其是年轻人。其中一篇名为《无休止的讨论》[13]的文章开头写道：

> 我们读书，我们争论。
>
> *但我们眼中闪耀的光芒*
>
> 无法与五十年前的俄罗斯青年相提并论。我们讨论我们必须做什么。
>
> 但没有一人，手紧握成拳头里，敲打着他的桌子，大声地喊着 V NAROD*！[14]

这似乎是在鼓励日本的年轻人起而支持革命，但作为一首诗，却太过直白，缺乏人们期待的啄木风格的优美之感。他无疑意识到了这一点，但他的目的不是要创作一首令人难忘的诗，而是要刺激年轻人加入"人民"的行列。这首诗采用了每节六行的形式，这表明石川希望为格式更自由的诗赋予一种传统的诗意形式。除了对啄木作为诗人的发展具有重要意义外，这首诗还表明，他不再满足于作为革命的"同路人"，而是渴望在诗歌中表露他的社会主义以及可能的无政府主义信念。

几个月前，也就是1911年1月9日，啄木给他的朋友濑川深的信中写道："我曾犹豫过是否自称是社会主义者，但我现在不再犹豫了。社会主义不是终极理想。社会主义思想的终极，无非是无政府主义。当我第一次读到克

---

* 俄语的罗马化转写，意思是"到人民中去"。这是19世纪俄国民粹主义的一句著名口号。

鲁泡特金的作品时，我深受震撼：没有任何一种哲学是如此广阔、如此深刻、如此确定、如此必要的。"[15]

1月下旬，啄木认识了土岐善麿（1885—1980）[16]，他是一位佛教徒的儿子，年轻时就被诗歌所吸引。1910年，土岐出版了名为《NAKIWARAI》（泪中之笑）的短歌集。大写的罗马字母、标题和诗的形式都是前所未有的，意味着一种新的诗歌已经诞生。书中的每首短歌都是用罗马大写字母写成的三行。[17]啄木对土岐的作品评论都是正面的，其中有一句长长的评论，开始这样写道："他的诗一点也不像短歌，他拒绝短歌式的诗，拒绝技术上耍小聪明、巧妙或过度的诗，那种使短歌不能像其他文学形式那样发展的诗，在过去一两年里变得越来越多，已经动摇了诗歌世界的内核。"[18]

两人于1911年1月首次见面，并高兴地发现他们都是在寺庙长大的，现在都在为一家报纸工作。更重要的是他们的政治观点相似。事实上，他们相处得很好，以至于他们决定创办一本杂志，但却几经延宕。由于财务的困难，石川最后劝土岐放弃这个计划。土岐虽然不情愿地同意了，但这种失望并没有影响到他们的友谊，这段友谊贯穿了啄木的余生。

啄木在1911年2月24日的日记中提到，他那天晚上一直写到十一点，内容都是关于幸德秋水，他和其他十一名被告在前一天被处决。这让他感到非常震惊，尽管他很欣赏幸德秋水，但啄木在随后的日记中几乎没有提到他的名字或大逆审判。然而，这并不意味着啄木的政治观点发生了变化。他继续阅读克鲁泡特金的作品，但他生活中的重大事件分散了他对幸德秋水失落事业的注意力。

石川啄木的第一个儿子真一出生了，同一天他签署了出版《一握沙》的合同。但不久之后，真一就夭折了，紧接着啄木的书成功出版。与这些事件相比，对啄木的生活影响更大的是他突患重病，这使他无法写作，并暂停了所有的政治活动。

啄木在1911年1月29日的日记中第一次提到了他的病，他在日记中描述了他的腹部在坐着的时候会有肿胀感。虽然第二天他设法去了办公室，但却是强忍着病痛。2月1日，他到大学医院进行了身体检查。给他检查的医生看了一眼就说："情况非常严重"。他告诉啄木，他患有慢性胸膜炎，并敦促他尽快去医院。医生估计他至少需要三个月才能康复。啄木在同一天被送进医院。[19]

不到一年前，在《罗马字日记》中，他曾祈求被疾病缠身。

> 或者一个星期，甚至三天。
> 神啊，如果有的话，神啊。

> 这就是我所要求的。求你了。
> 请让身体某处生出小肿块,即使它很痛。
> 我不在乎它是否会痛,请降病于我吧![20]

这下啄木的愿望实现了,但这并没有带来他所希望的安眠。晚上独自一人,医院的寂静并不能让他睡得安稳;相反,这让他怀念起理发店那边的公寓里熟悉的噪音,尽管他一直觉得这些噪音很烦人。[21]

2月7日,他做了一次手术。他在日记中写到,他的腹部被钻了一个洞,体液通过这个洞被排出。手术很成功,解除了一个星期以来每当他移动身体时都要折磨他的疼痛。

医院生活最糟糕的部分是枯燥乏味,只有偶尔的探访或信件才能缓解。在啄木入院的第二天,《朝日新闻》来了一个人,带着啄木的预付款,这是由他的恩人佐藤北江安排的。然后在2月3日,节子去拜访了他。她的崇拜者称她每天都去看望啄木,证明她的爱是不变的,尽管他们有争吵,但节子的名字几乎没有出现在啄木在1911年2月26日至5月30日的日记里。[22] 有可能她确实来过,但在日记中没有提及。也有可能在他住院的头几周后,她就认为他已经恢复得很好,不需要她来探视。啄木在四十天后于3月15日离开医院,回到家中,在那里他和节子恢复了同居生活，尽管他的日记中也没有提到她。[23]

啄木在医院期间最忠实的访客是土岐善麿，给他带来了报纸和杂志以及克鲁泡特金的《革命者回忆录》。偶尔，一个意外的来访者也会让啄木感到高兴。3月10日，金田一突然出现，并与啄木一起待了很久。[24]隔开他们的冰墙似乎已经融化。

住院期间，啄木通过学习德语、阅读高尔基和克鲁泡特金的文章，以及偶尔创作短歌来打发时间，但有时他的高烧使他无法做任何事情。3月11日，佐藤学长带着朝日新闻社成员送来的八十日元，去看望了啄木。

虽然啄木的病逐渐减轻，但他偶尔仍然会发烧。直到4月7日，他才感觉好些了，可以跟着土岐和丸谷喜市（1887—1974）[25]去他心爱的浅草游玩。令他惊讶的是，他发现自己再也无法忍受那里的喧嚣，想尽快逃离。疾病可能已经改变了他的品味。[26]

4月10日，啄木回到医院接受第一次X光检查，结果显示他的右肺仍然有感染。4月25日，他再次高烧，这使他想知道为什么在他离开医院后的四十天里，他仍然没有痊愈。由于无法写作，他唯一的经济来源是《朝日新闻》给他的工资预付款。一想到他回到工作岗位后就不得不回到这种欠钱的状态中，他就感到非常害怕。[27]

他回到了他的学习中，他记得读到了托尔斯泰文章的

第十四章 大逆审判

英译本《悔改吧!》,伦敦《泰晤士报》于1904年7月17日出版了该文的英译本。这篇文章被电传到了东京,在那里被幸德秋水和堺利彦翻译成了日文,并于8月初在社会主义周报《平民新闻》上发表。啄木在他的日记中说,他没有等到日译本,而是读了英文版本。[28] 当时他回忆道:

> 我第一次接触到这篇文章,实际上是在杂志《时代思潮》上看到的一份英文版。当时我才十九岁,对英语的掌握程度很低。毋庸置疑,我的大脑中只有文本意义的基本轮廓。这意味着,我从那些像群星一样到处闪现的直接、严厉和大胆的文字中所能得到的,只是偶尔的震惊。我想,"他没有辜负他的名声,但他的思想是行不通的"。这是我当时提出的批评。这样宣称之后,我完全忘记了托尔斯泰的每一个字。我不假思索地赞成战争,成为一个爱国的日本人。[29]

1911年4月和5月,石川啄木写了《日俄战争论》一文。文章开头描述了在同一天发生的两件异常重要的事件:

> 列夫·托尔斯泰的这篇惊人的文章于1904年6月27日出现在《伦敦时报》上,就在这一天,明治天皇[30]向联合舰队司令官东乡平八郎将军发了贺信,

以表彰他在旅顺港的光荣进攻中取得的成功。第二天，日本军队成功占领了满洲的一座高地。原本塞满了日本军队在陆地和海上遭遇的所有不幸事件的电报线，现在则日复一日地充满了远超日本军队预期的、令世界震惊的胜利的报道。[31]

托尔斯泰对和平的呼吁起初在席卷全国的对战争胜利的颂扬中被遗忘。经过几天的坏消息，日本海军和陆军的胜利让所有人都感到惊讶，但事实证明，转发托尔斯泰文章的电报才具有更持久的影响，有力地激起了许多人的共鸣。8月7日，《平民新闻》全文刊登了日译版，报纸文章的重印本后来也以小册子的形式出版。《平民新闻》还刊登了一篇托尔斯泰文章的评论。啄木写道："毫无疑问，对于一家在政治上持社会主义立场的报纸来说，刊印这篇文章确实是必要的。"[32] 撰写这篇文章的记者无法掩饰他们的喜悦，他们表示："阅读托尔斯泰的文章，我们几乎感觉就像在聆听古代的圣人或先知一样。"[33] 当人们被胜利的喜悦冲昏了头脑，像疯子一样大喊大叫、四处奔走的时候，这些记者继续保护着和平主义的孤独堡垒，尽管他们的斗争是如此艰难。

啄木指出，并非所有人都欢迎托尔斯泰式的和平主义。许多人认为，和平主义对俄国人来说是合适的，但对日本人来说却是行不通的。《平民新闻》改变了立场,指责托尔斯泰的计划毫无可行性。一位身份不明的爱国者嚷道:"这位老人认为我们的国家和俄国一样。我们很难过,因为他对这个国家的情况了解不够,这使他对日本恶语相向。"[34]

人们可能会认为啄木会支持托尔斯泰的和平主义,但在文章的最后,他不加评论地指出,日本海军正在准备一场战争,这次是与美国的战争。啄木似乎已经接受了这种可能性。他没有为这位伟大的俄国作家已不在人世而感到遗憾,而是说:"我仍然不相信托尔斯泰的思想。对于这位老绅士的论点,我只能说:'它很宏伟,但它不会成功。但这句话的意义与七年前对我的意义完全不同。老人写这篇文章时已经七十七岁了。'"[35]

啄木没有说明他为什么如此肯定托尔斯泰的"论点"不会成功。他提到托尔斯泰的年龄,表明他已经得出结论,和平主义是一种仅限于老年人的哲学。他的结论是他矛盾心理的一个标志。啄木梦想着一个无政府主义的自由世界,但他还是爱他的国家。他钦佩托尔斯泰,但作为一个日本人,他拒绝接受他。[36]

啄木对永井荷风的评价也显示出类似的矛盾性。尽管他称赞永井荷风是一位好的小说家,但他批评他缺乏政治家的风范。在讨论荷风的《新近返日之人的日记》时,啄木写道:

> 起初，我对文中某些地方禁不住赞同，在这些地方，荷风写出了对日本的讥讽。这反映了我自己对当代日本文化的不满。然而，当我读完他的故事后，我感到异常的不适——不，更准确地说，我无法克服我对这个故事的极度厌恶感。一言以蔽之，荷风的不爱国思想源于他对欧洲和美国的迷恋。他在法国待了多年，享受着巴黎的生活。这就是为什么他毫不犹豫地蔑视和嘲笑日本的自然和人民的各个方面。[37]

啄木可能对自己拒绝托尔斯泰感到不安，他关于日俄战争的文章在他生前并没有发表。

1911年夏天[38]，在写完这篇文章的几个月后，啄木拄着拐杖来到金田一的家，尽管离他家并不近。[39]金田一在1919年啄木去世七周年的演讲中唯一一次披露了这次访问的情况。他透露，在啄木去世的前一年，他们之间有过一次戏剧性的会面：

> 石川的病暂时有所缓解。我想那是在1911年的夏末或初秋。他一路走来，拄着一根拐杖来我家。这可能是他在这个世界上对别人进行的最后一次拜访。惊讶之余，我在前门迎接他。他在那里站了一会儿，看起来不像石川，倒像是石川的幽灵。虽然他的脸很

憔悴，但他还是以一种极其快乐的方式微笑着向我打招呼。他上了楼，在我的书房里坐下。他似乎有点上气不接下气，但一旦他适应了周围的环境，他就又变成了以前的石川，尽管是一个比平时更开朗的石川。他一边打着招呼，一边用怀旧的语调说："今天我真的很想见到你，这就是我突然来这里的原因。我来是因为我想尽快让你知道，我所感受到的真正难以忍受的幸福。由于我的想法，让你为我担心那么多，但现在你应该松口气了。我的思想已经达到了一个转折点。"[40]

金田一补充道："不记得他说的哪些事情在前，哪些在后。无论如何，这些话的要点是这样的。我们用两个人谈话的日常话交谈，其中有一些敬语。"[41]

啄木继续说："我已经决定，如果这个世界保持不变，那就更好了。我现在清楚地看到，幸德秋水和他的追随者的思想包含严重的错误。"[42]

啄木说他还没有为自己的新政治哲学确定一个明确的名字，但作为一个临时的权宜之计，他选择了社会帝国主义，尽管人们可能会嘲笑这两个反义词的组合。啄木在谈话过程中提出了这个名词和其他同样陌生的名词。它们确实受到了大多数专家的嘲笑，他们拒绝认真对待它们。然而，这些话并不是啄木的本意，它们是他与金田一对话的关键所在。应该指出的是，啄木给他的新哲学起的名字不可能是金田一杜撰的，证明了这次会面确实发生过。在啄木给濑川的一封信中也有类似的说法。他写到，实干者必须要么相信社会主义，要么相信"国家社会主义"[43]，这同样是一个耐人寻味的组合。

而金田一关于啄木造访的说法之所以被质疑的主要原因是，在啄木后来的著作中，没有一篇提到他放弃了社会主义或无政府主义思想。除了一些没有政治内容的诗歌外，啄木最后几年的作品都是社会主义的。此外，啄木的日记中没有任何内容可以证明金田一的证词，即啄木的政治信念发生了变化。这次会面并没有目击者，这也使学者们对金田一的叙述的真实性提出质疑，尽管没有人会明说这位著名的学者是骗子。还有人认为，啄木与金田一断绝关系后，难以想象他还会选择亲自来通知对方自己的思想发生了巨大变化。

1911年1月22日，啄木给平出修的信中有一段话表明，啄木已经将他的政治立场从无政府主义者转变为议会社会主义的倡导者："长期以来，我一直梦想着创办一份杂志，倡导统一制度、普选[44]和国际和平。然而，以我现在拥有的实力和资金，这注定只是一个梦想。"[45] 从他对选举的信仰和对国会变革的希望来看，他并不赞同无政府主义者的暴力。此外，啄木主张的国际和平目标更像是典型的议会社会主义,而不是无政府主义。

而另一些人之所以相信金田一的说法,主要原因是他的显赫地位及其享受的尊崇。他从未与啄木决裂,也没有理由在石川啄木去世九年后编造一个想象中造访的故事。金田一并不认同社会主义对啄木的吸引力,但无论如何,政治在他们的长期关系中并没有发挥什么作用。此外,在他对这次访问的叙述中,金田一评论说他对政治一无所知,而这可能是事实。如果他担心啄木与无政府主义者的关系,那是因为他和许多日本人一样,认为他们都是暗杀者。这并不是一个完全错误的想法。幸德秋水承认无政府主义者曾进行过暗杀,许多日本人知道1901年美国总统威廉·麦金莱(William McKinley)就是被一个无政府主义者暗杀的。因此,当啄木告诉他,他不再接受危险的违法者的想法时,金田一一定会感到欣慰。

也有可能在与金田一交谈后,啄木重拾了无政府主义或某种政治思想。学者们并不经常指出他的思想中有不一致之处,可能是出于对这位伟大诗人的尊敬,但这种不一致也不难发现。在石川啄木的众多研究专家中,对这次访问最令人信服的解释来自今井泰子:

> 6月底,当啄木最后一次访问金田一时,他明明白白地告诉对方,他已经意识到了社会主义的错误,

并说他现在已经转到了社会帝国主义的立场。他已经意识到，在一个没有丝毫改变迹象的社会中，他无法发挥任何作用。虽然他仍然接受社会主义的正确性，但希望以某种方式过一种不惹人注目的生活。或者说，在啄木的良心深处，他已经预见到了自己的死亡。[46]

社会帝国主义似乎是一个自相矛盾的东西，但它包含了啄木的两个主要愿望，即无政府主义若能实现，将带来他渴望的绝对自由，而帝国主义将保护他所爱的日本。

第十五章

最后的日子

1911年6月3日,啄木和节子之间爆发了严重的冲突。那天早上,就在节子准备去当铺的时候,她收到了一封信,来自她的妹妹孝子,劝她回盛冈的老家看看。孝子还在信中附了五日元车资。回家时,节子跟啄木说起这事,车资还在,但信不知怎么在回家路上遗失了。她问啄木,该如何答复自己的妹妹,还告诉他:自己父亲升官后打算卖掉盛冈的房子,搬去函馆。孝子或许是希望节子能在此之前再看看童年住过的老房子。

啄木不愿意同意她回去。他非常清楚地记得,两年前节子偷偷带着京子离开家,去了盛冈的娘家。他对这封所谓的信充满狐疑,就回答说:"如果你想回你的老家,就自己去吧,但不要带京子去。"[1]

6月4日,节子恳求啄木能相信她,希望他能允许她带京子一起走。啄木一再拒绝,以至于最后发了火,哭着对她喊道:"如果这是你的决定,我就不承认你作为京子母亲的权利。如果你带着京子一起走,你应该要明白你这辈子都不可能回到这里了。"[2]

节子之后承认，她撒了谎。她并没有收到妹妹的信，而是从朋友那儿借了五日元。她坦白，想去盛冈的原因是希望能从父亲卖掉老宅的钱中分得一杯羹，这样就可以用这些钱在东京为啄木和家人找一个更好的住处。[3]

在听到节子承认她对他撒谎后，啄木并没有原谅妻子又一次的欺骗行为。他喊道："我告诉你，我们已经离婚了！"然而，节子没有表现出要离开的迹象。尽管啄木没有试图强迫她走，但他在日记中写道："我们的婚姻现在只不过是一种形式而已。"[4]6月5日，对这场夫妻争吵毫不知情的孝子给节子发了电报，劝她马上返回盛冈。结果，啄木给孝子写了一封信，禁止她今后直接与节子联系。

6月6日，孝子又发了一封电报，被激怒的啄木回复说，如果节子的家人试图对他的妻子行使身为父母的权利，那就将证明这两个家庭水火不容，他将要求离婚。[5]

面对如果她继续坚持下去，啄木真的会和她离婚的可能性，节子放弃了回娘家的想法。她和啄木继续住在弓町的公寓里，和啄木的母亲、父亲、京子一起，有时还会有光子。

7月28日，一直身体欠佳的节子接受了医疗检查。她被诊断患有肺结核，并被告知该病具有传染性。她躺在床上，之后的几个月里几乎没下过床。啄木年迈的母亲只得

第十五章　最后的日子

为全家做饭并承担其他家务。

8月7日，他们一家从由富美街搬到了宫崎在小石川为他们找到的公寓。尽管新公寓比他们以前的家要大得多，但啄木不忍看着自己的老母亲艰难地上下楼，承担所有原本由节子负担的家务。他给当时在北海道与一位英国女传教士学习的光子发了一封电报，请她来东京分担母亲的家务。光子立刻就接受了并于8月10日就到了东京。

9月3日，啄木的父亲第三次离家出走，带走了四件和服、一顶帽子、香烟、一日元、光子的五十分以及家庭共用的五十分。在5月3日的日记中，啄木提到，他的父亲在发脾气后，打了他的母亲。因此，他可能是出于对与妻子共处一室的厌恶而逃到了北海道。之后，他和二女儿多拉一起生活，再没有见过自己的妻子，也没有参加她的葬礼。

啄木一生最让他震惊的事情发生在1911年9月10日。[6]据光子说，啄木当时在床上发烧好几天了。那天送信的时候，节子（她的病有些好转）不在家里，光子在厨房里。通常情况下，两位中的一位会替啄木收信并带到房间，但这次她们都没注意到邮件已经送来了。啄木的侄女田村稻正在帮助做家务[7]，碰巧看到有封信。尽管这封信是写给节子的，但田村稻还是把它交给了屋里的主人啄木。不久之后，还在厨房的光子听到啄木高声喊道："好恶心的信！"

她冲向啄木，发现他正愤怒地扭动着身体。他从信封里拿出一张汇票，正把它撕成碎片。关于寄件人的唯一线索是信封上的"寄自美瑛平原"的文字。美瑛是北海道中部的一个军队驻地，是第七师团的总部所在地。啄木立即想起宫崎郁雨驻扎在美瑛*，正在执行军事任务。毫无疑问，是他寄来了这封信。

啄木给光子看了那封信。信的开头写道："请拍一张照片，只有你自己，然后寄给我。"尽管信中还有比这个要求更多的内容，但啄木拒绝让光子读更多。她回忆说："他被愤怒冲昏了头脑，不让我再靠近他了。"[8]

不久之后，节子回到家里，对此事浑然不知。啄木把她叫到床边，突然把信推到她面前，用颤抖的声音咆哮道："怎么样！你想给自己拍张照片吗？"下一秒，他宣布道："这是你在这儿的最后一天。我们要离婚，带上你的药，回盛冈的老家去吧！你最好别想着带京子走。回去吧，就你一个人！"[9]

讲完这些话，啄木接着哭着喃喃自语道："我一直信任他，从未怀疑过任何事。我们有那么多年的友谊，究竟发生了什么？想想吧，我接受了他提供的所有帮助，却没有意识到……"

---

* 1905 至 1906 年宫崎曾作为志愿表在陆军服役。1909 年再次入伍，获得炮兵少尉军衔。1911 年 9 月前后他正在第七师团的美瑛驻地参加演习。

啄木的母亲在隔壁房间听到啄木的声音，也发出了哭泣和抽泣的喧哗声，这不仅是出于对啄木的同情，也是出于对节子可能在病重时被赶出家门的担心。

光子写到，她最初被啄木的愤怒惊呆了，但当她回想她与节子的对话时，她开始认为啄木的愤怒可能是有道理的。日后她在写关于啄木的回忆时，曾讲述过节子如何吹嘘自己的风流史。[10] 事实上，因为节子很乐意讲她情人的花边八卦，所以光子本以为啄木肯定对她心思活络的迹象有所察觉，但并未觉得她真做过什么有失节操的行为。他被这封信吓了一大跳，这是节子不忠的铁证。尽管啄木也跟很多其他女人上过床，但其中绝大部分都是艺妓或妓女，这类事在当时被认为是露水欢愉，对于生活在钏路这样的偏远地区的孤独男人来说，并不是不可想象的。然而，女人失节却是另一回事，在当时被认为是严重的罪行，甚至可以被处以死刑。啄木过去觉得节子之前最大的罪过无非是未经同意跑回娘家。如今他却面对着节子有情人的证据，而且这个情人还是他最好的朋友。这让他丧失理智，也就不奇怪了。如果信上有署名，或许挑衅的意味还不会有那么大。对啄木来说，匿名恰恰证明了节子的不忠。

面对这封信，节子只能哭泣，一遍又一遍地乞求啄木的原谅。啄木没有理会她的乞求。他给节子的父亲寄去一封长长的挂号信，大概是一份离婚协议书。他命令光子马上把信寄出。他还写了一封信给在美瑛的宫崎，宣布与他绝交。这些信不仅断绝了他妻子与对方的联系，还切断了他与自己好友的联系，而他这位好友的资助现在是他唯一的收入来源。

节子不停的哭泣、求饶持续了很久，似乎永远不会结束，但那天晚上她突然消失了一会儿。当她从浴室出来时，所有人都惊愕地发现她剃了头。光子斥责她："你不应该这么做。"但节子回答说："不，我必须这样做，以证明我的道歉是真诚的。我真的很抱歉，让他担心了。我相信，光子，你能理解我的感受。"[11]

光子说，如果是她而不是稻发现了这封信，啄木就不会读到它。但节子拒绝了这种安慰话，说道："跟I先生和其他男人也发生过同样的事情，包括……"她似乎为自己有情人而感到自豪，尽管这些事情往往有一个不愉快的结局。她的所有情人都是啄木的朋友。[12]

节子对宫崎的爱可能一直都在，甚至在她表达了懊悔之后也一样。稻相信，让啄木愤怒达到顶点的理由是，他注意到节子藏在腰带里的一张宫崎的照片，不小心掉到了地上。他问节子："你对他还有那种感觉吗？"[13]当稻把这个对啄木的自尊的新打击告诉光子时，光子坚持说她确信这件事真的发生过，可以在啄木的日记和金田一的啄木年谱中找到证据。尽管现有版本的啄木日记和金田一的年谱都没有提到这张照片,但也许正如光子所言,与这一事件有关的内容被从这两部作品中撕掉了。[14]

尽管啄木心情糟糕,但还是允许节子留在他的房子里。他倾向于不理会她。如果他需要什么,他会叫来光子或稻,而不是节子,但也没有进一步宣泄怒火。到了9月14日光子离开返回学校的时候,啄木和节子的关系,至少在外人看来,表面上还是一对普通的夫妻。[15]

在啄木1911年9月或10月的日记中,没有一个字显露出他发现妻子的背叛或对宫崎的愤怒[16],甚至没有提到美瑛寄来的信。啄木的沉默令人费解,但也许他已经认命,觉得没有理由再告诉别人。[17]在日记中,他没有解释他为什么与宫崎绝交。即使是光子也不愿意透露节子的不忠,她在啄木死后十二年才透露发生了什么。在她第一次披露此事之后,又写了几本书,在这些书中,她反复提及了自己对节子的错误行为的了解,她称其为"不幸事件"。[18]

后人很想把光子对节子和"不幸事件"的叙述看作一种夸张的描述,甚至是编造的,或者可能是光子对啄木早年取笑她和她的宗教的报复,但我们只能相信她的说法。几乎没有其他人写过"发生了什么",而光子的叙述都是前后一致的。尽管许多啄木的研究否认或忽略了光子对节子背叛的描述,但显而易见,肯定是一件大事才让啄木与他最亲密和最慷慨的朋友断绝了关系。事实上，这个"令人难忘的事件"在精神上给他带来了极大的震撼，以至于结束了他的文学生涯。尽管啄木之后努力写了一些诗和散文，其中大部分是在死后出版的，但除了他的日记之外，他那时所写的东西对他的文学重要性都没有什么影响。

当被问及光子所披露的他与节子的关系时是否属实时，宫崎要么坚持说他们的关系纯粹是"柏拉图式的"，要么完全拒绝讨论此事，并说光子的流言蜚语已经伤害了很多人。[19] 他自己的妻子福子可能是受害者之一，因为宫崎在与福子结婚后不到两年就给节子写了情书。可能宫崎劝说过她不要相信这些谣言。美瑛的信并没有破坏他们的婚姻，但据光子说，啄木经常对福子表示同情，说她也是一个受害者。[20]

桑原武夫教授是石川的著名崇拜者，他称石川与宫崎的友谊是日本历史上罕见的例子。[21] 这个判断在很多书中都被反复提及，但石川对宫崎的憎恨甚至延伸到了宫崎居住的函馆市。石川禁止节子踏足函馆，尽管这是她的父母和姐妹居住的地方。此外，他还强迫她发誓，即使在他死后，她也不会去函馆。具有讽刺意味的是，函馆曾经是石川度过最幸福时光的城市；他把它说成是他的第二个家。[22] 在给宫崎的信中，他写道："我唯一一次感受到对大海的热爱是在我住在函馆的青柳町的那九十天"。[23] 在他著名的诗歌中出现的沙子就是函馆的沙子。但是，他与宫崎的决裂抹杀了所有对往昔的眷恋。

石川1912年的日记，也就是他去世的那一年，只从新年写到2月20日。这时，他已经非常缺钱了，以至于没钱给家人买必要的药品。他继续阅读克鲁泡特金的书，但书本给他的安慰很少。他的革命观念变得个人化，而不是政治化。

石川1912年日记中的第一篇如此开场：

> 从来没有一个新年的庆祝比这个新年更缺乏年味。说这个新的一年缺乏活力，无法企及元旦应有的兴奋，或许更合适。今天早上，当我还在睡梦中时，十几张新年贺卡到了，但我无法调动活力伸出手来看。为了纪念新年，几个月来我们第一次把平时整天铺在地板上的被褥收进衣柜里。[24] 自30日以来，我的体温一直在38度以上。我不知不觉地坚持了两天，但今天我已经不行了。今天一大早，我做的第一件事就是挖苦说杂煮的味道不太好。然后，今天晚上，当孩子因为某些事情闹腾的时候，我告诉自己不应该骂她，因为今天是新年，但是她还是让我很生气，以至于狠狠打了她的脸，把她弄哭了。[25]

这不是对待一个五岁孩子的方式，石川明白这一点，但在发烧的痛苦中，他无法控制自己的行为。1912年的日记中最像石川的地方是他强迫自己详细描述在日本人认为是一年中最快乐的日子里自己绝望行为的真实样貌。

1月2日，他下定决心，自己绝对要写点东西，以便支付家里病人所需的药品，但他想不出任何感兴趣的主题。1月4日，他迎来了当年的第一位访客。第二天，土岐善麿来看他。虽然他们没有什么可谈的，但与土岐在一起是令人欣慰的，因为他与啄木有着一样的观点。

而石川与节子的关系就不那么愉快了。正如他在1月7日写的那样，

> 我昨天和今天都不得不在这样一种难以言喻的不愉快中度过，我不禁为自己的痛苦而呻吟。最近，我妻子的打扮相当令人沮丧。她不梳头，穿着一件不伦不类的浴袍，外面套着一件旧的和服，脸上完全没有表情和生气。除此之外，她还时不时地发出雷鸣般的咳嗽声。每当我看到她丑陋的外表，我就感到一种难以言喻的黑暗愤怒，一种无助的自弃感爬上我的心头。[26]

有时，石川烧得很厉害，有一个星期都不能写日记。

第十五章　最后的日子

1月19日，他的高烧升至华氏100.4度*。公寓里的每个人，包括京子，现在都病了。他对节子说："我的房子是病人之屋"。[27]

石川的痛苦还远没有结束。有时，他的母亲会被咳嗽折磨得失去了所有的意志力和自尊。她可能是从节子那里染上了这种病，节子早些时候曾警告过她这种病会传染。石川粗暴地告诉她："从去年6月起，你就没有踏出过家门。可能这意味着房子里的每一个人都会死于你的病症。我已经认命了。"[28]

他母亲的咳嗽继续恶化。1月21日，她的每一声咳嗽都被血染红了。啄木没钱买她需要的药，但他安慰她，承诺说："明天，或者后天，我会赚到一点钱，所以请你坚持到那时。"[29]但他并没有赚钱之法。他的朋友们也都很穷，偶尔会拿出一小笔钱来给他。《朝日新闻》的成员们则送来了更多的钱。一位朋友从夏目漱石的妻子那里借了十日元，而漱石几乎不认识石川，只是因为他知道没有其他人可能会给石川送钱。尽管有些人出乎意料地好心，但是当石川给他的姐姐多拉和姐夫写信要钱的时候，他们冰冷的回答表明他们不相信他们的母亲真的有肺结核。[30]

他母亲和妻子的反复咳嗽让啄木很烦躁。一天晚上，

---

* 等于摄氏38度。

节子在哄京子睡觉时发出了一些极为剧烈的咳嗽声。石川命令她去睡觉。她躺下了，石川问："如果我买点药，你到底吃不吃？"她回答说她自己会在第二天去买药。他最后说："你的咳嗽让我发疯了。"[31]

尽管石川的日记中几乎没有一句安慰节子的话，但在1912年6月14日，石川去世两个月后，节子生下了第二个女儿。她给这个婴儿取名为"房江"。[32]这个孩子的出生证明，石川和节子还是在同床共枕，即使两人之间已经没有爱情了。

啄木在1912年2月20日的最后一篇日记中写道：

> 从我停止写日记到现在已经十二天了。在这段时间里，我每天都在发高烧。我的体温上升到39度，当我吃药时会汗如雨下，这使我非常疲惫，如果我站起来走路，自己的膝盖就会颤抖。同时，我的钱也越来越少了。母亲的药费和我自己的药费，平均每天不到四十分。我从典当商那里赎回的和服和内衣只在我家待了一个晚上，就被送回了典当商那里。一旦这些钱没了，我妻子的袍子也会遭遇同样的命运。医生不愿意等到月底才收药费。虽然我母亲最近的情况似乎有所好转，但她的食欲却有所下降。[33]

第十五章　最后的日子

石川的母亲在 3 月 7 日去世。他两年前写的一首诗表明了他此时的心情:

> 已经看穿你的心了!"
> 梦里的母亲来了说,
> 哭着又走去。[34]

在他母亲去世后,啄木只多活了一个多月。

金田一京助描述说,4 月 13 日清晨,一辆人力车来到他家。[35] 节子下车后告诉他:"从昨晚开始石川就一直处于昏迷状态。每当他醒来时,就说:'叫金田一来。来来回回发生了几次。这就是为什么我一直等到天亮,并尽可能早地来这里找你。'我(金田一)进了屋。我刚打开门,一个嘶哑的、低沉的声音,一个像风一样不真实的声音,叫道:'靠你了!'"[36]

金田一跪倒在地,哭泣着,无法言语。啄木的眼睛和嘴巴一直闭着。稍后,诗人若山牧水(1885—1928)进了房间里,加入了众人。若山并不是石川的老朋友。他们第一次见面是在 1911 年,当时石川正在医院里接受治疗[37],但他很早就热衷于欣赏石川的诗作[38],并为它们的出版做了很多工作。当他进入房间时,节子向啄木喊了几声,说若山已经来了。啄木睁开眼睛,说:"我知道了。"

他们又等了三四十分钟后，啄木似乎变得更精神了些。若山回忆说："他变得能说话了。当然，他的话是零碎的，难以理解，但他似乎对此也有认知。我们就四五个话题进行了交谈"。[39]

啄木对若山说的第一句话是感谢他参与出版《可悲的玩具》，并感谢他两天前去拿了稿费。节子听了他的讲话后松了一口气。金田一认为，如果石川能保持这种状态，他暂时就会没事。他决定先去上课，因为已经到了上课的时间。石川催促他去。这时，节子第一次离开了石川的身边。若山牧水写道：

> 几分钟后，石川的状况突然急转直下。他的嘴唇在说话时一动不动，但他的眼睛的瞳孔逐渐变得很奇怪。我惊呼他的妻子，她和他年迈的父亲一起出现了，后者是在得知儿子的情况后从北海道赶来的。自从我到后，他就一直躲在隔壁的房间里。在他们的要求下，我跑到邮局发了一封电报，说石川的情况很危险。我回来的时候，他仍然处于昏迷状态。他的妻子和其他人正在嘴对嘴地给他灌药，湿润他的嘴唇。他们呼唤他的名字。我注意到他六岁的女儿不在那里，所以我到外面去找她。我抱着女孩回来了。她一直在前门边玩落下的樱花花瓣。当我抱着她回来的时候，

第十五章　最后的日子

老父亲和妻子正轮流抱着石川。他们在低声哭泣和呻吟。老父亲看着我，坐直了身子，说："已经没有希望了。这怕是他的最后时刻了。"然后，他拿起身边的钟，喃喃地说："九点半，是吗？"这时正好是九点三十分。[40]

当金田一上完课回来时，他看到啄木朝北躺着，折叠屏风倒立着，脸上盖着一块白布。[41]在石川去世的房间里，节子和若山以及石川的父亲在一起。[42]

4月14日进行了火化。4月15日，佐藤北江、金田一京助、若山牧水、土岐善麿以及石川的父亲安排了下葬仪式。仪式在浅草的东光寺举行，几周前啄木的母亲就葬在那里。主持仪式的僧人是土岐善麿的哥哥。

在节子的要求下，石川的骨灰后来被送到了函馆。现在矗立在函馆海滩上的宏伟墓碑和雕像是在1926年建立的，是宫崎郁雨的礼物。

第十六章

啄木死后

尽管啄木经常说起他康复后的打算,但他的肺结核却没有丝毫减轻的迹象。他母亲的去世使啄木的脾气突然变坏,致使他的病情进一步恶化。母亲去世后,他只活了一个月。他对母亲的爱表现在一段回忆中,这段回忆既是不寻常的,也是啄木心态的典型写照。

> 忘了吃药,
> 很久以来第一次听到母亲训斥,
> 觉得是件喜事。

和他的母亲一样,啄木也死于肺结核。两人可能都是被节子感染的,节子是第一个感染这病的人。早在 3 月 31 日,一家报纸就报道说啄木病情严重。[1]

当他在 4 月 13 日去世时,报纸和文学杂志都为这位年轻天才的逝去而惋惜。参加他葬礼的人包括夏目漱石、佐佐木信纲、北原白秋和金田一京助等名人,但参加葬礼的人数仅有四五十人，考虑到有名人物的葬礼经常吸引大量的送葬者，这人数就显得很少。[2] 除了人数相对较少的诗人圈子之外，啄木仍是鲜为人知的。二十年后，他的生活和作品将成为许多书籍和文章讨论的主题，他的诗将在学校被阅读，但他确实是在孤独中死去。在他去世的时候，一家文学杂志预言，读过他诗的人或许会记住啄木的名字，但其他人很快就会忘记他。[3] 与谢野晶子写了一首诗，为公众可能会忘记曾经存在这样一位诗人而感到遗憾，她承诺会把他留在自己的记忆中。[4] 尽管《一握沙》广受赞誉，但当时啄木的名气比晶子小得多。[5]

啄木去世时，他的许多著作尚未出版。有的只是一部小说的第一段或者只是一些被他放弃的作品中人物的只言片语。许多即兴创作的诗歌已经永远消失了，或者只存在于那些在醉酒聚会中听到的朋友各自的记忆中。只有在多年以后，他的小说、评论和其他作品才会被讨论，但即使有些诗对普通读者来说是难以理解的，也很少被深入诠释。

啄木的死给他自己带来了一些名声，因为这使他像是浪漫主义诗歌中的人物——早逝的诗人。但他的诗很少有重印本。他的第一部重要作品集（共五卷）直到1928年，也就是他去世后的第十六个年头才出现。[6] 在接下来的几年里，几部啄木的诗集得到了出版，1942年，他的部分日记也被出版了。

接着在太平洋战争结束之后，人们对啄木的作品兴趣陡然大增。仅在1946年，就有十五本他的诗集被出版。啄木在写作中对自由的坚持，可能特别吸引了大量刚从军国主义和审查制度中解放出来的读者。1947年后，啄木的诗集和关于他的诗歌和传记的研究多了起来。

一些非常重要的作品是在他死后出版的，其中最有名的是《可悲的玩具》。这是一本由195首短歌组成的诗集，于1912年6月出版，也就是啄木去世后两个月。虽然《可悲的玩具》的评价不如《一握沙》高，但它收录了啄木最感人的几首诗作。这部诗集的创作背景正是他的病痛，这给《可悲的玩具》蒙上了一层悲情色彩。这本诗集的开篇是：

> 呼吸的时候
> 胸中有一种声响，
> 比冬天的风还荒凉。[7]

有些则能看出啄木的幽默感：

> 不小心打破了一只饭碗，
> 破坏东西的愉快，
> 今晨又感到了。[8]

第十六章 啄木死后

病房的痛苦和孤独有时则是难以忍受的：

> 半夜里忽然醒过来，
> 没有理由地想要哭了，
> 蒙上了棉被。[9]

一部写于医院病房里的诗集，不可避免地会包含关于疾病、医生、护士和邻床病人的主题。一天天过去，除了偶尔的探视，日子没有任何变化。没有什么可看的，没什么有人会同情甚至责骂他。啄木很少回顾他快乐的过去，《一握沙》中几乎没有怀旧的内容。医院里的生活与诗歌创作格格不入，他最终完全停止了创作。他读了克鲁泡特金的书，但这些书似乎没有帮助他忘记医院的枯燥乏味。然而，克鲁泡特金或许是一个难得的幽默的来源：

> "工人""革命"这些话，
> 听熟了记得的
> 五岁的孩子。

这本诗集收录的作品主要是他在 1911 年初身患重病时创作的。大多数诗歌描述了他躺在医院病床上的所见所感。《可悲的玩具》中的许多诗都展现了啄木的独特感知力，整部诗集中也有一些相通之处。

啄木对《可悲的玩具》并不满意，尽管他多次承诺：当他康复后，他会修订这些诗，但他一直因为患病而身体虚弱，根本无法进行必要的编辑工作。他的出版商却已等得不耐烦了，坚持要求他提交一份手稿，不可再拖延。由于担心错过这个机会，导致《可悲的玩具》无法出版，啄木就请土岐善麿来协助修订这些诗作。土岐善麿却犹豫不决，甚至连一个字都不愿意改，只是抄写了一份啄木的手稿。他讲述了以下这段令人心碎的经历：

> 石川已经去世了。时间是 1912 年 4 月 13 日上午 9 点半。
>
> 下面所述的事发生在大约四五天前。他已经身无分文，但他希望我想办法让他的诗集出版。我马上去了东云堂书店，终于谈妥。我无法忘记我在电车上的感觉，口袋里装着他的稿费。[10] 我想只要我还活着，就不会会忘记这感觉。
>
> 石川非常高兴。他的眼睛在手上紧缚的冰袋下闪闪发光，他点了几次头。
>
> 过了一会儿，他说："我不用马上交稿，对吗？有些地方我必须修改。等我身体再好一点，我就把它们改好。"他的声音很嘶哑，很难听清楚。

土岐说："是的，那是最好的。不过，已经跟东云堂谈妥了，马上会把手稿送来。"啄木只回答道："是这样吗？"有一阵子，他闭上了眼睛，没有再说什么。

最后，他稍微抬起头来，对站在他枕边的妻子说："把那边的笔记本拿给我，就是灰色那本。"那一刻我想，他居然已经那么瘦弱了。

石川问节子："大约有多少首诗？"她回答说："每页有四首诗，大约五十页。这样算来，总共有两百首诗。"石川从她手中接过那本中等大小的笔记本。它用灰色的纸张装订而成，看起来好像是用羊毛做的封面。他打开笔记本指着这里那里，对我说："拿着这个。我把一切都留给你来决定。"他把笔记本给了我。然后，石川很费力但带着微笑讲述了他计划在康复后要做的一切。当我已经推门离开时，他又叫住了我。站在门边，我问他自己还能为他做什么。他说："从现在开始，我就靠你了"。这是石川对我说的最后一句话。[11]

土岐写到，他被编辑这本诗集的责任压得喘不过气来。他知道这部诗集需要修订，但还是尝试让文本尽可能遵循啄木笔记本上的内容——诗的顺序、标点符号、排比句、缺字的地方。这本诗集的前两首诗后来被发现写在其他关联的纸片上，土岐把它们放在了其他作品之前。其他页上少了一首诗，他设法在其他地方找到了这首诗的内容。土岐希望他能向作者本人请教，但现在，这当然是不可能的了。

啄木没有给这本诗集起名字，这给土岐带来了一个麻烦。土岐想把它称为《自 1910 年 11 月以来创作的诗，在"一握沙"之后》，因为啄木在第一页上写了这些字。不过，出版社反对这个名字，因为担心这名字会让人以为这是一本啄木的早期诗集。最后，土岐用了啄木《所有种类的诗》[12]中的最后一句话作为书的标题——"诗是我可悲的玩具"。

啄木留下的财产很少。除了他的日记之外，他的财物很快就被处理掉了。尽管他甚至不允许他的妻子阅读这些日记，而且除了啄木，没有人知道这些日记的全部内容。但很快就有传言说，这些日记中的内容不仅可能损害啄木的名誉，也可能损害日记中提到的其他人的名誉。

金田一京助是啄木允许阅读其日记的仅有一人，他写到，啄木经常对他说："我把我的日记留给了你。如果你读它们时，发现它们包含任何令人讨厌的东西，那就请烧掉它们，但如果它们不包含可能伤害任何人的内容，你就不用烧掉。"[13]

金田一京助以为会在啄木去世后收到这些日记,但啄木并没有把他的书和手稿留给他,而是留给了土岐善麿,后者又把它们交给了节子。当她搬去函馆时,也把它们带走了。虽然这违反了节子对啄木的承诺,但她为了能和家人团聚而搬去了那儿。人们常传说节子撕掉了日记中令她不快的几页,但这还没有被证实。因为节子在函馆的大部分时间都在生病,以她的健康程度,可能并不足以仔细阅读日记。

在节子去世前不久,函馆图书馆馆长冈田健藏拜访过她,请求她协助将啄木的作品保存在函馆。他强调,函馆是与啄木关系最密切的城市,并承诺建立一个纪念馆,收集并妥善保存啄木的作品。他和啄木的其他朋友已经组织了函馆啄木学会。它的第一次会议于1913年4月13日举行,正是啄木的一周年祭日。

节子不久后就去世了。就在她去世前,她所拥有的啄木手稿到了自己的妹夫宫崎郁雨手上,请他转交给函馆图书馆。尽管她最初是考虑把日记留给自己父亲堀合忠操的,但最终还是把所有的日记都交给了宫崎,只有一本例外。堀合忠操解释说,这个例外是基于节子的要求,即把一卷日记留给石川家。[14]

冈田健藏表现出非凡的远见卓识,为纪念石川啄木这位当时即便在函馆都鲜为人知的诗人投入了大量精力。他坚持认为啄木与函馆有着重要的联系，并逐渐赢得了函馆人的支持，尽管啄木事实上只在函馆待了四个月。

节子在去世前，将啄木未完成的作品的手稿和他的笔记本等著作交给了纪念馆。她告诉宫崎郁雨，啄木曾命令她烧掉这些日记，但她对啄木的爱使她没有服从这个命令。这些日记一直由她保管，直到她于1913年5月5日去世。宫崎郁雨从节子那里继承了这些日记，并在1927年将它们赠送给函馆市。[15]

从一开始，就有人反对保存这些日记。丸谷喜市是啄木的友人，他声称啄木曾三次要求他在自己死后烧掉这些日记。因此，在二十世纪二十年代初，丸谷决心亲自烧掉这些日记，当他得知冈田健藏计划将这些日记保存在图书馆时，也没有动摇这一决心。冈田则试图让丸谷放心，在啄木死后的三十五年内都不会向大众公开这些日记的内容。但在1926年，丸谷还是两次给冈田写了长信，重申了啄木的愿望，并要求将图书馆保管的所有日记都交给京子。[16] 他指出，啄木曾告诉他："当我死后，我想会有一些该死的傻瓜可能会说我的日记应该出版，但不要让他们这样做。一旦我死了，请烧掉我所有的日记。"[17]

丸谷是啄木最后几年为数不多的朋友之一，而我们对他的了解表明，他说的可能是实话。从节子的陈述中也可以看出，啄木确实希望将他的日记销毁。[18]

第十六章　啄木死后

这个愿望最终甚至被啄木学会所接受，但冈田作为个人和有专业操守的图书馆员，则坚决反对烧毁啄木的任何作品，坚持认为"他将为拯救日记而战斗到死"。[19] 这种勇敢的态度化解了丸谷销毁日记的企图。一个人的决心拯救了啄木的杰作。冈田健藏应该被当作图书馆员的守护神来推崇。石川啄木的日记则是函馆图书馆最宝贵的财富。

啄木遵循日本的千年传统，写在日记本上的不是为了记录某一天的天气或发生的事情，而是为了记录一个作家的思想和情感生活。他在日记中为我们留下了一个卓尔独立之人的形象，拜近乎奇迹的机缘，使身处现代的我们能发现啄木其实是我们中的一员，称其"第一个现代日本人"可谓名副其实。

如今读啄木作品的人比三十年前要少了，但他依旧是日本最受欢迎的诗人。尽管他仍受欢迎，但许多日本年轻人已经对那些不太会出现在大学入学考试中的文学作品失去了兴趣。电视和其他即时享受的娱乐内容也取代了书籍的地位。虽然日本仍被称为是一个阅读社会，但书籍的重要地位还是遭到了削弱。或许重塑石川啄木名声的最好机会是满足人们对变化的渴求。希望人们在电车上玩腻了无聊和无意义的游戏后，会转而去寻求伟大的韵律以及啄木诗作所承载的人性。阅读和理解啄木的诗肯定要比看一首嘻哈歌曲的歌词要付出更多努力，但快餐的乐趣总是有限的，且很快就会变得无聊。读石川啄木的诗有时是困难的，但阅读他的诗、他的评论和他的日记并不只是为了消磨时光。通过它们，我见识到一位非比寻常之人，纵然他有时顽劣，却总是引人入胜，且最终令人难忘。

译后记

众所周知,唐纳德·基恩先生是一名享誉世界的日本文化研究专家,对日本历史、文学都有着极高的造诣。不过,值得注意的是,尽管他长期从事日本近现代文学的研究与翻译工作,却没有为任何一位日本作家单独写过传记,直到 2016 年这本以石川啄木为主角的传记问世。由此,足见基恩先生对石川啄木的偏爱与推崇。而有幸能将他生前最后一部专著翻译为中文,自然是译者的光荣。

由于本作原文为英语,但又涉及大量日语术语、日本人物及地名,因此我在翻译过程中不得不依靠《啄木日记》(岩波书店《啄木全集》1961 年版)的原文来查证、比对。虽然看似因此多了不少麻烦,但却借此机会几乎通读了啄木留存于世的十余年日记,进而对他短暂的人生经历以及文学观有了较深入的理解,更为翻译这部传记提供了极大的助益。此外,在翻译、核对相关文献的日语原文时,还参考了日本新潮社出版的本作日语译本,因此有必要对日语版译者角地幸男先生表示感谢。还需要说明的是，基恩先生在本作中引用了相当多啄木的诗歌原文。我在翻译这些诗作时，部分参考了周作人先生的译文，部分则为自译。

最后，衷心希望这部优秀的传记能让读者们不仅了解到石川作为一个人或好或坏的独特经历，更认识到啄木作为一名诗人的伟大与卓越。

沙青青

2025 年 1 月

于上海徐汇

注释

第一章　啄木，现代诗人

1. 《石川啄木全集》(東京：筑摩書房 1993 年)
   参见彼得·盖伊（Peter Gay）《现代主义》(*Modernism*) 第 49—50 页。颠覆性文学的一个突出特点是，作者们往往把他们的诗意倾注在传统的器物里，就像把令人陶醉的新酒倒入古老的酒壶一样。(*Modernism: The Lure of Heresy from Baudelaire to Beckett and Beyond* [New York: Norton, 2007], 49–50).

2. 我并未在高坂正显教授的伟大研究《明治思想史》中找到关于啄木现代性的说法，但他对啄木给予了相当大的关注，并精彩地描述了他的哲学思想转变。

3. *Takuboku: Poems to Eat*, trans. Carl Sesar (Tokyo: Kodansha International, 1966), 50. 卡尔·塞萨尔（Carl Sesar）翻译的现代英语，可能看起来像是用所谓的"爵士风格"来演绎。但事实上，他的翻译意思和语调都忠实于啄木的原文。请注意，这完全照搬了塞萨尔书中的翻译格式（以小写字母或大写字母开头的句子，有时在诗的结尾处没有句号，对于某些诗，英文翻译紧随日文，而不是并排放在一起），因为塞萨尔认为这种格式是诗的一部分。

4 同上，第99页。

5 同上，第27页。

6 Ishikawa Takuboku, "The Romaji Diary," trans. Donald Keene, in *Modern Japanese Literature: From 1868 to the Present Day*, ed. Donald Keene (New York: Grove Press, 1994), 212.

7 斋藤三郎《啄木文学散步》，第19—20页。许多研究人员接受啄木户籍上1886年出生的说法。但是啄木出生的时候非常虚弱，所以父母认为他可能会死，在看到康复的征兆之前没有报告他的出生。

8 金田一京助《晚年の石川啄木》(《石川啄木全集》第八卷)，第53页。

9 高松铁嗣郎《啄木の父一祯と野边地町》(第27页)中承认一祯在金钱问题上是"散漫"的。

10 长女（婚后名田村サダ，1876—1906）在啄木的生活中很少出现，但曾帮助安排他的婚礼。二女儿（婚后名山本トラ，1878—1945）是一位铁路员工的妻子，她的政府后来成为小樽中央车站的站长。在不同的时期，山本家为石川家的成员提供了庇护，一祯在他们家度过了自己的最后几年。

11 三浦光子《幼き日の兄啄木》(《石川啄木全集》第八卷)，第20页。

12 日语中的"啄木鸟"读作きつつき，汉字是"啄木鳥"，石川使用了前两个字。

13 啄木对瓦格纳深有感触的不是瓦格纳的音乐，而是他的英雄生涯。啄木曾多次写过关于瓦格纳的文章，特别是随笔《ワグネルの思想》(1903)很有名。参见《石川啄木全集》第四卷，

14 《無題錄》,见《石川啄木全集》第四卷,第25页。

15 英译见 Sesar, *Poems to Eat*,第64页。原文见《石川啄木全集》第一卷,第130页。

16 同上,第48页。

17 《石川啄木全集》第一卷,第220页。

18 同上。

19 明治三十七年(1904),啄木十七岁的时候,曾写过"我非佛教徒"(《石川啄木全集》第五卷,第31页)。

20 一祯的大量短歌被女儿光子引用。参见三浦光子《兄啄木の思い出》(東京:理論社,1964年)第215—227页。

21 石川啄木《罗马字日记》,引自《石川啄木全集》第五卷),第77页。

22 斋藤三郎《啄木文学散步》,第85页。

23 宫崎郁雨《函館の砂》(東京:東峰書院,1960),第137—138页。

24 三浦光子《幼き日の兄啄木》(《石川啄木全集》第八卷),第24页。

25 同上。

26 《石川啄木全集》第一卷,第102页。

27 引自三浦光子《兄啄木の思い出》,第32页。

28 三浦光子《幼き日の兄啄木》(《石川啄木全集》第八卷,第26页)。上田和夏目都是当时杰出的文学家,所以光子对他们的名字一无所知,应该是缺乏文学教育的表现。

29 《啄木歌集》,《岩波文库》(東京:岩波書店,1988年),第235页。

30 参见三浦光子《兄啄木の思い出》,第32页。据光子说,节子待了三天，几乎没有看到光子，她应该是被拜访的人。

31 《啄木歌集》，第55页。

32 这篇连载题为《百回通信》。关于富田写的部分是《石川啄木全集》第四卷，第204—206页。这全部二十八回的"通信"于明治四十二年（1909）十月五日至十一月二十一日刊登在《岩手日报》上。

33 同上。

34 《啄木日记》，1902年11月14日（《石川啄木全集》第五卷，第20页）。

第二章　在东京

1 《石川啄木全集》第五卷，第9页。药师寺行云是高村光云的弟子。

2 同上。

3 同上。

4 《石川啄木全集》第五卷，第13页

5 同上，第16页。

6 同上，第17—18页。

7 同上，第18页。

8 Donald Keene, *Introduction to Modern Japanese Literature: From 1868 to the Present Day*, ed. Donald Keene (New York: Grove Press, 1994), 24.

9 与谢野晶子，《乱发》（みだれ髪），《明星》，1901年11月。

10 《石川啄木全集》第五卷，第17页。

11 同上，第24页。

12 森鸥外对易卜生戏剧的翻译是 1909 年自由剧院的第一部作品。它非常受欢迎，特别是在年轻人中，因为他们主观地把该剧解释为对年轻人解放的呼吁。Donald Keene, *Dawn to the West: Japanese Literature of the Modern Era: Poetry, Drama, Criticism* (New York: Columbia University Press, 1999), 429.

13 《石川啄木全集》第五卷，第 21 页。啄木对应的诗是拜伦的《孤独》。亦可见森一，《啄木の思想と英文学》（東京：洋々社，1982 年），第 15 页、第 228—229 页。

14 《石川啄木全集》第五卷，第 21 页。

15 《石川啄木全集》第四卷，第 106 页

16 森一，《啄木の思想と英文学》，第 16 页。

17 当时他正生病，也准备写瓦格纳。

18 大多数关于一祯的研究都是关于他来到东京为了帮助处于困境的儿子，没有提到一祯从哪里得到钱来筹措旅费。这里引用的故事是基于啄木的妹妹三浦光子的，见《兄啄木の思い出》（第 40 页）。

19 《石川啄木全集》第七卷，第 25—26 页。这位朋友是小林茂雄（1886—1952），既是医生，也是诗人。

20 近藤典彦《石川啄木と明治の日本》（東京：吉川弘文館，1994 年），第 189—206 页。

21 《石川啄木全集》第七卷，第 15—16 页。

22 野村胡堂《石川啄木》（《面会謝絶》，東京：乾元社，1951 年），第 34 页。

23 Charles E. Lidgey, *Wagner*, 3rd ed. (London: Dent, 1904).

24 同上，第 35 页。

25 近藤典彦《石川啄木と明治の日本》，第 182 页。

26 《石川啄木全集》第五卷，第 333 页。

27 《石川啄木全集》第五卷，第 57—59 页。

28 啄木租的房子在驹込，以薮蚊多而闻名。啄木在信中写道，"要成为天下酒鬼啄木的妻子，必须做好被驹込名产薮蚊吃掉的觉悟，如此才敢让她进京。"堀合了辅《啄木の妻节子》，第 55 页。

29 指《憧憬》。

30 土井八枝夫人的故事是在与啄木中学的校友小林茂雄的对话中讲述的。这段对话载于相泽源七所编《石川啄木と仙台》，第 33—37 页。也参见相泽源七《啄木と渡米志向》，第 52 页。相泽虽然了解啄木的信息，但可能对啄木抱有偏见。

31 《石川啄木全集》第六卷，第 54 页。Ishikawa Takuboku, "The Romaji Diary," trans. Donald Keene, in *Modern Japanese Literature*, ed. Keene, 212.

32 《石川啄木全集》第 2 卷，第 474 页。

33 见于小田切秀雄《日本近代文学》(東京：読売新聞社，1967 年)。

34 详见第三章。

第三章　身为教师

1 《石川啄木全集》第五卷，第 63 页。"ふるさと"这个词可以翻译为"故乡"，但它对日本人来说有特殊的、温暖的含义。本书中亦会根据这个语境来使用这个词。

2 同上，第 43 页、第 50 页、第 51 页。

3 同上，第 101 页。

4 同上，第 102 页。岛崎藤村的俳句曾被翻译为英文（Kenneth Strong, *The Broken Commandment*, Tokyo: University of Tokyo Press, 1995）。

5 《石川啄木全集》第五卷，第 37 页。

6 同上，第 43 页。俄舰队指挥官奥斯卡·维克多维奇·斯塔克（Oskar Victorovich Stark）上将并没有死在旅顺港。显然，啄木听到了一个错误的传言。

7 同上，第四卷，第 335—338 页。关于托尔斯泰的小论文在日本的影响的优秀研究有 Janine Beichman 的 The Prophet and the Poet:Leo Tolstoy and Yosano Akiko。

8 《石川啄木全集》第五卷，第 78—79 页。

9 同上，第 79 页。

10 同上，96—97；《石川啄木全集》第七卷，第 96 页。

11 同上，第 96 页。

12 同上，第 98 页。

13 同上，第 94 页。

14 同上，第 98 页。

15 同上，第 95 页。

16 同上，第 99 页。

17 同上，第 100 页。

18 同上，第 101 页。

19 同上，第 106 页。

20 同上。

21 同上。

22 同上，第 110 页。

23 同上，第 111 页。

24 《石川啄木全集》第五卷，第 113 页。

25 同上。

26 同上，第 116—117 页。泉镜花（1873—1939）和夏目漱石（1867—1916）是当时的主要作家，他们的声誉并没有随时间减弱。

27 同上，第 118 页。

28 在《林中书》中，啄木对同一主题有些消极。啄木写道："战胜国的文明，是否比战败国的文明更优秀呢？这个问题，不花上至少数百张稿纸，就不能详细说明。"啄木把这个问题留给读者来决定，接着写道："日本人把现代文明当作衣服来穿，而俄国人则把它深深记在心里。"另一方面，啄木一边承认日本比俄罗斯自由，一边引用了易卜生的话："世界上唯一真正自由的人是俄罗斯和西方的农民。"

29 明治三十七年（1904）六月，啄木发表了题为《マカロフ提督追悼の詩》的长篇诗，对在日本舰队突袭旅顺口时与沉没的军舰共命运的提督表示哀悼。《石川啄木全集》第二卷，第 36—39 页。啄木可能受到了托尔斯泰在《悔改吧！》中将战争称为谋杀的反战观点的影响。

30 《石川啄木全集》第五卷，第 119 页。

31 同上。

32 "京子"这个名字取自金田一京助。

第四章　放逐北海道

1 《石川啄木全集》第五卷，第 129 页。

2 自明治时期以来，《君之代》便是日本的国歌，最初是《古今和歌集》中赞美天皇的一首诗，表达了希望他的统治能持续到鹅卵石变成巨石并被苔藓覆盖之时。在唱这首国歌时，啄木的思绪自然而然地转向了天皇。

3　《石川啄木全集》第五卷，第130页。

4　同上，第130—131页。

5　同上，第131页。

6　同上，第136页。

7　同上。

8　《约翰福》8:11。

9　《石川啄木全集》第五卷，第136页。

10　同上。

11　同上。

12　同上，第137页。

13　同上，第138页。

14　同上。

15　同上。

16　参见三浦光子《兄啄木の思い出》，第131—132页，第171页。

17　《石川啄木全集》第五卷，第144页。

18　同上，第143页。

19　同上，第140页。

20　同上。

21　同上，第145页。

22　同上，第147页。

23　同上，第148页。

24　我（基恩）读过的罢工报道中最详细的是斋藤三郎的《啄木文学散步》，第73—86页。在二十世纪五十年代，斋藤从参加罢工的啄木的学生们那里听到了当时的故事。

25 《石川啄木全集》第五卷，第15页。

26 《石川啄木全集》第一卷，第34页。

27 《石川啄木全集》第五卷，第150页。

28 "红苜蓿"是花的名字，杂志出版商苜蓿社的"苜蓿"是"秧菜"的别称。这些精心设计的名字暗示着这个小圈子的艺术家倾向。该杂志的封面上就有这些花的照片。

29 斋藤三郎《啄木文学散步》，第87页。

30 《红苜蓿》编辑部则被称为苜蓿社。

31 斋藤三郎《啄木文学散步》，第87页；三浦光子《兄啄木の思い出》，第93页。

32 斋藤三郎《啄木文学散步》，第90页。

33 《石川啄木全集》第五卷，第153页。

第五章　函馆与札幌

1 苜蓿社在第四章中也提到了函馆诗人们的名字。苜蓿社出版的杂志《红苜蓿》的封面上，有一幅花的画。选择谁都看不懂的难懂汉字的名称，是当时附庸风雅团体的普遍做法。

2 《石川啄木全集》第一卷，第46页。参考岩城之德《啄木歌集全歌評釈》，第171页。日语原文中，"かなし"一般是"悲伤"的意思，啄木则是作为古语的"心を强く吸引する"的意思。也就是说，这首歌并没有吟咏离开家人的啄木的悲伤，而是怀念被诗人们包围的快乐生活。矢车草是夏天的季语。

3 松冈是第一个在《明星》中刊登诗歌的苜蓿社成员。他在《明星》上发表了四十九首诗。松冈一共留下了大约三百首短歌。在《红苜蓿》第一号诗歌专栏的开头，刊登了松冈的歌。关于松冈的短歌，参考目良卓《啄木と苜蓿社の同人達》（東京：武藏野書，1995年），第72—86页。

4 《红苜蓿》的创刊号在苜蓿社成立的第二年，即明治四十年（1907）一月一日出版。

5 《石川啄木全集》第一卷，第48页。另见岩城《啄木歌集全歌評釈》，第176页。大岛是女子学校的老师，是啄木来到函馆时的《红苜蓿》的主编。但是因为和学生的恋爱，导致了婚姻的破裂。大岛对此后悔不已，隐居在故乡的山里。啄木本身并不是一个严格的人，但大岛的决心给他留下了深刻的印象。参见目良《啄木と苜蓿社の同人達》，第9—22页。这首短歌音节数明显不规则，很难分为平时啄木的三行。

6 大岛把主编的职位让给了啄木。目良卓《啄木と苜蓿社の同人達》，第12页。

7 《石川啄木全集》第五卷，第159页。明治四十年九月四日的条目。

8 同上第六卷，第61、126页。《罗马字日记》明治四十二年（1909）四月九日的条目。

9 另参见岩城《啄木歌集全歌評釈》，第224页。首次出版是明治四十三年（1910）的《创作》五月号。

10 同上，第60页。另参见岩城《啄木歌集全歌評釈》，第226页。首次出版于明治四十三年五月《东京每日新闻》。

11 同上，第59页。另参见岩城《啄木歌集全歌評釈》，第225页。首次出版同上。

12 宮崎郁雨《函館の砂》，（東京：東峰書院，1960），第24页。

13 那个朋友的名字是泽田信太郎。参见斋藤三郎《啄木文学散步》，第96页。

14 在暑假期间辞职是不被允许的，这就是为什么啄木当时仍然是一名教师。《石川啄木全集》第五卷，第 158 页。

15 引用自斋藤《啄木文学散步》，第 91—92 页。

16 一祯也许不能随便离开寺庙。师父对月当时已经八十二岁了，寺院的运作要靠一祯。参考高松铁嗣郎《啄木の父一祯と野边地町》第 61 页。（青森：誠信堂書店，2006 年），第 61 页。

17 《石川啄木全集》第五卷，第 156 页。

18 《石川啄木全集》第五卷，第 157 页。

19 引自 Donald Keene, *Dawn to the West: Japanese Literature of the Modern Era: Fiction* (New York: Columbia University Press, 1998), 750; 另见《谷崎润一郎全集》第二十一卷，第 12—14 页。

20 《石川啄木全集》第五卷，第 157 页。

21 向井永太郎（1881—1944）以前是函馆的苜蓿社同好之一，在那里遇到了啄木。向井当时在札幌的北海道厅工作。

22 《石川啄木全集》第五卷，第 157 页。不清楚具体指的是谁，他们都是前成员。

23 宫崎目睹了此事。

24 《石川啄木全集》第五卷，第 161 页。

25 同上，第 162 页。9 月 12 日，啄木更加痛惜与函馆的离别，写下了这样的话，"我友与予几乎如骨肉，还有友人爱上了予。而今，予将离开这个充满纪念的函馆之地。离别这种难以言说的哀感，在予心底如泉涌……"（同上，第 163 页）。

26 啄木在明治四十年九月二日的日记中首次提到了他对松冈的厌恶感。啄木写道："晚上在岩崎家相会。我们谈论了上帝，我确认松冈是个值得讨厌的虚伪的人。"正如已经指出的那样，啄木对松冈的幻想破灭了，因为松冈自称是虔诚的基督教徒，只承认柏拉图式的爱情,但实际上与艺妓有染。这种不诚实的言行一定激怒了啄木。见目良《啄木と苜蓿社の同人達》,第84页。

27 《石川啄木全集》第七卷,第142页。这封假电报承诺提供一份工作,其工资比他作为教师的工资高得多。啄木觉得,这样的话,当校长看到这封电报时,肯定不会拒绝他的请求。

28 同上。

29 同上,第165页。

30 《石川啄木全集》第四卷,第115—116页。

31 《石川啄木全集》第五卷,第166页。

32 同上。

33 他的名字叫小国善平,但因为号露堂而为人所知。新闻记者露堂在向井的介绍下与啄木见面。啄木在函馆大火之后失去了《函馆每日新闻》的工作时,露堂推荐啄木来自己工作的札幌《北门新报》工作。两人后来在《小樽日报》也一起工作。

34 《石川啄木全集》第五卷,第167页。

第六章 在小樽

1 《石川啄木全集》第五卷,第170页。根据野口雨情的说法,啄木的雄辩压倒了所有出席者。参考北斗露草《野口雨情が石川啄木を認めなかった理由》,第130页。

2 日本人认为写名字的笔画数会影响这个人的未来,所以专家们揭示了哪些名字的笔画数是吉祥的。

3 《石川啄木全集》第五卷,第169页。

4 同上,第170页。

5 同上第一卷，第50页。同上第一卷，第50页。另参考岩城之德《啄木歌集全歌評釈》，第186页。岩城注意到了明治四十年十二月二十七日啄木的日记。在那里，记者斋藤大砚（1870—1932）称赞为"不写和歌的小樽人"（参考《石川啄木全集》第五卷，第178页。所谓"不写和歌"，即缺乏诗歌情趣。

6 *Takuboku: Poems to Eat*, trans. Carl Sesar (Tokyo: Kodansha International, 1966), 69.

7 《石川啄木全集》第四卷，第140页。这个故事出现在明治四十一年九月啄木撰写的《悲しき思出》中，记载着啄木和雨情的交友。见同上，第138—141页。

8 同上第五卷，第171页。

9 同上。后来根据雨情的主张，雨情讨厌岩泉，但并没有想过参加啄木推翻公司制度的计划。这不是事实。根据雨情的意见，参见北斗《野口雨情が石川啄木を認めなかった理由》，第135页。根据一年后写的啄木的记述，啄木和雨情在有名的"小樽の悪路"上并肩行走，密谋反对主笔岩泉。但是啄木听说了雨情建立共和制度的计划后，觉得这是"非常小家子气的想法"。参考《石川啄木全集》第四卷，第140—141页。

10 同上第五卷，第171页。一直以来都在推荐孩子们唱雨情的和歌的母亲们，在读到这篇关于雨情的记述时肯定会受到了冲击。

11 同上，第174页。

12 同上，第172页。此处的意思并不明确。白石是否支持这两人反对岩泉的阴谋，还是说只是单纯地对他们的工作印象深刻？

13 同上。

14 同上，第173页。

15 参考《石川啄木事典》，第33页。啄木写到，他认为白石是难以割舍的朋友。十月十四日写给岩崎正（白鲸）的信中写道，"小生在公司的位置目前无人能及，白石社长几乎意外地信任我，小生的意见会立即得到实行。"参考《石川啄木全集》第七卷，第158页。对于后来没有工作而绝望的啄木，白石为他提供了一份在钏路的工作。

16 《石川啄木全集》第五卷，第173页。

17 同上，第174页。

18 同上。

19 《石川啄木全集》第五卷，第175页。

20 泽田信太郎《啄木散华》(《中央公论》昭和十三年五月号)，第391页。据岩城之德《啄木评传》第335页记载，公司内部认为白石"采纳了啄木的建议，解雇了作为主笔的岩泉"，这一传闻使公司内部感到不安。

21 在小樽发表的报道被收录在《石川啄木全集》第八卷，第355—462页中。

22 《石川啄木全集》第五卷，第173页。

23 日记的空白是从十月十九日到二十一日，从二十五日到二十九日，然后从十一月二日到五日，然后从十一月七日到十二月十日等等。

24 泽田《啄木散华》，第394页。《小樽日报》于明治四十一年四月停刊。参见泽田《啄木散华》(二)，第277页。

25 同上，第391页。

26 这个故事基于泽田《啄木散华》，第395页。没能用其他资料确认。啄木的日记中只写道，"我从十三日起不再上班。向社长递交两封辞职信……"。《石川啄木全集》第五卷，第176页。

27 同上。

28 发表在《小樽日报》上的这篇文章收录在第八卷，第462页。又被岩城《啄木评传》，第335页引用。

29 《石川啄木全集》第五卷，第178页。

30 同上。

31 除夕夜是一年的最后一天，必须一次性付清一年的所有账单和欠款，所以对啄木来说是灾难。

32 《石川啄木全集》第五卷，第184页。

33 同上。

34 岩城之德关于啄木原稿将日记"小说化"的评论，参见同上第六卷，第392—433页。同卷收录的《林中日记》是这些作品中最长的。这是基于啄木在涩民村写的明治三十九年的日记，由啄木死后的朋友平出修编纂，于大正二年十二月发表。关于日记和小说的文体差异，请参考基恩的《啄木の日記と芸術》（筑章书房版《日本的文学》），第171页。一般来说，试图将日记变成小说的作品，文学价值似乎比较低。

35 《石川啄木全集》第五卷，第191页。

36 根据水野叶舟（1883—1947）的小说《再会》，晶子与二流诗人水野结识并同居。铁干知道了这件事，以戏剧性的口吻大发雷霆。水野的一些小说隐去了人物的名字，啄木坚信这些小说都是事实。同上，第193—195页。

37 同上，第205页。

38 同上，第177页。

39 同上，第202页，写于1907年12月26日。

40 同上，第210页。

第七章　钏路的冬天

1. 《石川啄木全集》第七卷，第167页。啄木在1月30日给金田一京助写了一封长信，描述了他在涩民村开始教学以来的生活。另外，在后记中他提到了自己对阿伊努人的兴趣（同上，第171页）。金田一后来成为阿伊努语的权威学者。
2. 《雪中旅行》的第一封信和第二封信收录于同上第八卷，第466—470页。第一封信详细叙述了从小樽出发的事情，随后在札幌（"诗人之市"）短暂停车，并在雪中乘坐火车前往岩见泽。第二信大多是关于旭川的。啄木写道，"旭川在阿伊努语中被称为'チウベツ（忠别）'，'旭チウ'指日出，'川ベツ'指河流，'旭川'指从太阳的方向来的河流。（同上，第470页）这可能是啄木提到他对北海道原住民感兴趣的唯一段落。
3. 同上，第一卷，第55页。首次出版是在《昴》明治四十三年十一月号。
4. 泽田信太郎《啄木散华》（二）（《中央公论》昭和十三年六月号），第261页。
5. 《石川啄木全集》第五卷，第211页。
6. 同上，第212页。
7. 艺妓，当时和现在一样，被召集到餐厅，用歌曲和舞蹈来招待客人。此外，她们还为顾客讲笑话，为他们斟酒，并为男人点烟。最重要的是，她们为房间里的中年商人带来了一张漂亮的脸蛋，否则的话，房间里就会只有中年商人。
8. 爱国妇女协会是在明治三十三年（1900年）清朝的义和团事件发生后的第二年成立的，目的是照顾在战斗中亡兵的家属和伤病士兵。会员的数量，在日俄战争中的明治三十八年（1905年）

达到了46万人。最初会员主要来自上流社会，但后来所有类型的妇女都能加入。

9 啄木在日记（《石川啄木全集》第五卷，第212页）和写给朋友们的信中这样写道。然而，据钏路新闻社理事佐藤国司说，是佐藤买下了啄木的第一块手表，并借给了他。佐藤认为，报纸记者需要计时器。泽田《啄木散华》（二），参见第262页。

10 《石川啄木全集》第五卷，第221页。演讲《新時代の婦人》收录于同上第八卷，第470—472页。

11 1906年3月9日，三十名妇女参政权论者来到位于伦敦唐宁街十号的首相官邸，要求会见首相。她们被拒绝会面。一些人继续高喊她们的要求，最后被逮捕。

12 啄木使用的是英语的"home"。

13 针对父母无视本人意愿而安排的包办婚姻，他是这样表述的。

14 《石川啄木全集》第八卷，第471页。《玩偶之家》最初的日文译本由高安月郊在明治三十四年（1901）翻译。

15 同上第七卷，第175—176页。

16 同上第五卷，第214—215页。

17 同上，第214页。《喇叭节》是明治时代后半期很受欢迎的流行歌曲，由一个合唱团模仿日俄战争中的号角声。

18 同上，第213—214页。2月11日，父亲一祯来了一封信，撤销了之前抱怨的那封信。同上，第217页。

19 参见同上第七卷，第174

20 同上第五卷，第217页。

21 艺妓市子的照片刊登在同上，第190页。照片被贴在啄木的日记原件上。

22 喜望屋是钏路最好的料亭。然而从日记上下文来看，有顾客和艺妓秘密见面的房间。

23　《石川啄木全集》第五卷，第217页。

24　同上，第218页。

25　参见同上，第219—220页。

26　同上，第225页。

27　同上，第224，第224页。

28　在近松门左卫门的戏剧《心中天の網島》中，治兵卫在没有与妻子的情况下就与艺妓坠入爱河，造成了悲惨的结果。啄木也许害怕和治兵卫陷入同样的命运。

29　《石川啄木全集》第五卷，第239页。

30　同上，第238页。

31　同上。

32　同上，第239页。

33　啄木在明治四十一年（1908年）创作了1576首短歌，远多于其他年份。池田功的《石川啄木入门》第36页写道："诗歌的爆发。"清水卯之助编写的《编年石川啄木全歌集》将短歌按照制作顺序排列，很有帮助。明治四十一年创作的短歌，从第73页开始。

34　这里列举的短歌都是《石川啄木全集》第一卷，第56页。岩城之德《啄木歌集全歌評釈》，第210—212页也附有解说收录。这些诗发表于明治四十一年（1910年），也就是啄木离开钏路的第二年。

35　这首和歌的背景是明治四十一年三月二十日啄木的日记（参考《石川啄木全集》第五卷，第234页），他写道："十二点半左右，小奴说要送他一程，所以就出来了。（中略）穿着高脚屐，雪路不好。我们牵着对方的手，走到了码头边的海滨。"

36 野口雨情与小奴相遇的故事收录于《石川啄木与小奴》(《定本野口雨情》第六卷，第329—336页）中。

37 啄木诗集中找不到类似措辞的歌曲。也可能是它们未发表过。

38 《石川啄木全集》第五卷，第240页。

39 同上。尽管这是一份电报所以没办法，但其中无礼的短电报文辞激怒了啄木，因为它没有对他的疾病表示任何同情。使用类似"～かへ"这样的艺妓词汇也可能冒犯了他。

40 横山多次出现在啄木的日记中，为啄木处理杂事。

41 《石川啄木全集》第五卷，第241页。

42 同上。

43 同上，第242页。

44 同上。

45 同上。

46 同上，第244页。

47 同上。

48 同上，第245页。

49 同上。

50 《定本 野口雨情》第六卷，第334页。

第八章 诗歌还是小说？

1 《石川啄木全集》第五卷，第247—248页。

2 两三个月后啄木会和家人团聚的自然场景，虽然没有说出来，但一定是一种默契。

3 《石川啄木全集》第五卷，第249页。

4 同上，第250页。

5 明治三十八年（1905年），与谢野铁干不再使用雅号的"铁干"，转而使用本名与谢野宽。平时啄木在呼唤铁干时，使用的是无关紧要的"与谢野氏"。本书使用的是作为诗人最为人所知的名字"与谢野铁干"。

6 《石川啄木全集》第五卷，第255页。

7 同上，第256页。

8 同上。

9 落合直文（1861—1903）是明治时代的先锋诗人。不过，落合的重要性在于他是铁干等年轻诗人的拥护者。落合的遗作《ことばの泉》可以说是一本诗歌语言的辞典。

10 这本词典已被修改过很多次，但是我（基恩）没有见过铁干的修订版。

11 《石川啄木全集》第五卷，第256页。

12 同上。

13 明治二十八年（1895年）以来，铁干为了在京城（现首尔）的学校教日语而出发去了朝鲜，创作了《ますらおぶり》（男子气）这首歌曲，被称为"虎剑的铁干"，而《日本を去る歌》（离开日本的诗）也汲取了这一潮流。

14 《石川啄木全集》第五卷，第289页。

15 同上，第300页。

16 同上，第259页。

17 同上，第260页。

18 同上。

19 同上，第262页。

20 同上，第263页。

21 同上。

22 同上，第 265 页。

23 同上，第 266 页。啄木提到的"稿纸"是日本的手稿纸，每页都有四百个字符的篇幅。

24 《石川啄木全集》第三卷，第 105 页。

25 《石川啄木全集》第五卷，第 271 页。

26 同上。

27 明治四十一年九月十七日的日记，"头似乎有点重，所以一边读《源氏》一边睡觉。近些天每晚睡后读《源氏》"，之后啄木也继续读《源氏物语》。《源氏》是否是他第一次读，以及读《源氏》的反应，也几乎没有记载。同上，第 335—342 页。这是啄木在写《鸟影》之前。啄木也许是在为日本的小说寻找范本。

28 同上，第 305 页。啄木以前（6 月 27 日）也曾写下了自己的死亡愿望。自己的妻子、母亲、女儿、妹妹在宫崎的庇护下生活在函馆。啄木该做些什么呢？如果没有人帮助，恐怕啄木都付不起房租。8 月 2 日，啄木又读了一次旧日记。这一次，死亡的念头没有浮现在他的脑海中，但被他对函馆和札幌相识之人的怀念所驱使。

29 同上，第 289 页。

30 同上，第 311 页。啄木没有读过《安娜·卡列尼娜》。

31 同上，第 308 页。

32 同上，第 310 页。

33 同上，第 272 页。

34 同上。

35 同上。

36 全文见同上，第二卷，第 442 页。

37 同上，第五卷，第 273 页。啄木于 8 月 4 日从铁干那里收到了挂号信，汇了 5 日元。恐怕是《明星》上刊登的和歌的稿费。

38 同上，第 284 页。啄木在父亲一祯将他列入石川家户籍之前，姓名是工藤一。明治四十一年《心之花》七月号上，他以"工藤甫"的名字发表了 58 首短歌。见同上 291—292 页。另外，也参考同上，第八卷，第 541 页。短歌收录在同上第一卷，第 162—165 页。

39 参见池田功《石川啄木入门》，第 37 页。

40 《石川啄木全集》第五卷，第 287 页。

41 啄木最著名的诗作以"東海の小島の磯の白砂に……"开头，创作于明治四十一年六月二十四日早上。参考岩城之德《啄木歌集全歌評釈》，第 9 页。

42 《石川啄木全集》第五卷，第 287 页。

43 同上，303 页。

44 同上，296 页。

45 同上。写给菅原芳子的信的全文，见同上，第七卷，第 223—226 页。信中的八首歌中，有三首出现在同一时间写给小田岛理平治（孤舟）的信中。参考同上，第 222 页。

46 同上，第 220—223 页。

47 同上，第 249 页。

48 同上，第 263 页。另参见同上，第一卷，第 169 页，清水卯之助编《编年石川啄木全集》，第 198 页。

49 诗名。

50 《石川啄木全集》第五卷，第 342 页。明治四十一年十月二日的条目。

51 《石川啄木全集》第五卷，第 342 页。明治四十一年十月二日的条目。

52 《石川啄木全集》第七卷，第261页。

53 《石川啄木全集》第七卷，第261页。

54 同上，第263—264页。

55 同上，第268页。

56 东京《每日新闻》记者兼朋友栗原元吉（古城）说服社长在报纸上刊登此作。

57 《石川啄木全集》第七卷，第248页。

58 同上，第352—353页。

59 同上，第359页。

60 "昴"这个名字取自莫里斯·梅特林克（Maurice Maeterlinck, 1862—1949）创办的杂志《La Pléiade》（《スバル座》）。

61 《石川啄木全集》第七卷，第262页。啄木说他将同时担任第一期的编辑和出版商是错误的，因为最初每期的编辑都是轮值的。

62 同上，第263页。

63 在明治四十一年八月二十二日写给岩崎正的信中，啄木写到，《大阪新报》委托他写一部连载五十次的小说。稿费是"每回一日元"。参见同上，第246页。在这封信中的《静子の悲》，收录于全集中变成了《静子の恋》。

64 同上第五卷，第347—348页。

65 《大阪新报》等不及啄木的原稿了。

66 《石川啄木全集》第五卷，第357页。11月2日的条目。

67 同上，第281页。

68 同上，第348页。

第九章　加入《朝日新闻》

1. 《石川啄木全集》第六卷，第 5 页。
2. 同上。
3. 同上，第 6 页。
4. 同上。
5. 同上，第 7 页。
6. 同上。
7. 厘是钱的十分之一。五厘硬币是当时货币的最小单位。
8. 《石川啄木全集》第六卷，第 7 页。
9. 同上，第 10 页。
10. 《金田一京助全集》第十三卷，第 85—86 页。据金田一所言，啄木和吉井在新诗协会作为与谢野夫妇的年轻弟子的时候，啄木被吉井吸引，甚至感到了压迫。但渐渐地，他开始鄙视吉井的马虎之处。
11. 啄木似乎把与谢野夫妇看作是一个人。
12. 《石川啄木全集》第六卷，第 12 页。
13. 同上，第 270 页。
14. 《金田一京助全集》第十三卷，第 87 页。金田一被探问使用当时绅士间流行的留胡子液的秘密时，他可能感到困惑。
15. 《石川啄木全集》第六卷，第 13 页。啄木没有写过这篇文章。
16. 同上，第 18 页。
17. 同上，第 59 页、第 125 页。但是啄木认为自己绝望了，只能依赖金田一。例如啄木因为担心自己的债务，会躲在金田一的房间里过夜（同上，第 89 页）。
18. 《金田一京助全集》第十三卷，第 86 页。

19 《石川啄木全集》第六卷，第 21 页。

20 小说家和诗人太田正雄（1885—1945）的笔名。

21 《石川啄木全集》第三卷，第 464 页。引用了明治四十二年三月发表在《早稲田文庫》上的中村星湖（1884—1974）的《小说月评》的摘录。中村读了《昴》第二号上刊登的《足跡》的第一回，他写道："誇大妄想狂式の主人公を書くのは好い、作者まで一緒になってはたまらない。"（主人公被描绘成理想的代课老师，严厉但又充满爱心，愿意花几个小时教他的学生。也就是说，主角不是别人，正是啄木）

22 啄木对中村关于《足跡》的批评的反应，见《金田一京助全集》，第十三卷，第 300—301 页。

23 《石川啄木全集》第一卷，第 5 页。

24 过去啄木在诗集处女作《あこがれ》及其他作品中发表过诗歌，而不是短歌。

25 《石川啄木全集》第八卷，第 54—55

26 同上，第一卷，第 5 页。

27 啄木想写下从哪里得到他所读的书。他当时的日记除了丁尼生（Alfredlord Tennyson，1809—1892）以外，主要是用英译读过的邓南遮（Gabriele d'Annunzio，1863—1938）、梅特林克、梅里美（Prosper Mérimée，1803—1870）、但丁（Dante Alighieri，1265—1321）、屠格涅夫（Иван Тургенев，1818—1883）、高尔基（Алексей Пешков，1868—1936）的名字。啄木没有提到去图书馆看这些书。他可能是从朋友或者是好心的书店老板那里借来的。但是恐怕很多书都买了吧。

28 《石川啄木全集》第六卷，第 41 页。

29 国际啄木学会编的《石川啄木事典》第 311 页上刊登了佐藤北

江的简历。更多细节参见太田爱人的《石川啄木与朝日新闻》，特别是第 81 页。佐藤的本名是真一。"北江"是一个雅号，取自流经故乡盛冈市内的北上川。

30 啄木在把这封信寄给朝日之前给金田一看过。金田一在《金田一京助全集》第十三卷第 301 页介绍了信的内容。另外，金田一还详细地写了啄木和佐藤北江会面的情况。

31 关于啄木写这部小说的经过，参见《石川啄木全集》第五卷，第 269 页，又见同上第三卷，第 456—457 页。作品见同上，第三卷，第 71—105 页。啄木说，这是根据他在钏路认识的不幸的新闻记者佐藤衣川的人生改编的。

32 同上，第六卷，第 30—31 页。

33 《金田一京助全集》第十三卷，第 304 页。

34 《石川啄木全集》第六卷，第 31 页。

35 同上。

36 同上。据金田一所说，啄木对准备进京的母亲说，"手紙で百方なだめかたに苦慮していた。"《金田一京助全集》第十三卷，第 104 页。

37 《艺术与道德》(*Art and Morality*) 是奥斯卡·王尔德为拥护自己的小说《道林·格雷的肖像》(*The Picture of Dorian Gray*) 而写的书信集。书信的编者是斯图亚特·梅森（Stuart Mason, 1872—1927）。令人感到意外的是，这本不寻常的书，并非王尔德的代表作之一，竟然引起了啄木的注意。

38 《石川啄木全集》第六卷，第 32 页。

39 同上，第 33 页。

40 同上，第 99 页、第 156 页。

41 参见同上，第 106 页、第 111 页。无论如何，两人的友情没有

42 同上，第一卷，第15页。也见于岩城之德《啄木歌集全歌評釈》第43—44页。这是明治四十二年四月十一日写的。

43 啄木从明治四十三年三月开始向东京《每日新闻》投稿诗歌，从那以后，他一直在《每日新闻》中写下和东京《朝日新闻》一样多的诗篇。参考清水卯之助编《编年石川啄木全歌集》第211页。作为报纸的狂热读者，佐藤毫无疑问看到了《每日新闻》上发表的诗歌。

44 《石川啄木全集》第六卷，第35页。

45 与古老故事中宫廷女性的人生叙述不同，《蜻蛉日记》的作者决心说出自己生活的真相，这一点与啄木相当相似。

46 《石川啄木全集》第六卷，第37页。

47 同上，第83页。

48 首次发表于《悲しき玩具》。见于岩城《啄木歌集全歌評釈》，第249页。

49 《金田一京助全集》第十三卷，第231页。年谱的明治四十二年六月项。金田一最初听说了租房的可能性。参见同上，第105页。

50 《石川啄木全集》第六卷，第119页，173页。从《罗马字日记》开始。啄木可能把离开函馆解释为全家前往东京的信号。

51 同上。

52 同上。

53 同上。全家到达东京的记述取自啄木在明治四十二年六月的一系列事件摘要，啄木没有写日记，而是以此代替。

第十章 《罗马字日记》

1 啄木没有这个日记取名，而是称之为"明治四十二年日记"。
2 啄木之所以称北原为"幸福"，是因为北原出生在一个富裕的家庭，能够全心全意投入到诗歌中。
3 《石川啄木全集》第六卷，第42页。
4 同上，第44页。
5 当王尔德说《道林·格雷的肖像》（London: Jacobs, 1908）出版时，人们向当时的报纸提出许多谴责意见，称这是不道德的。王尔德给该报写了一封信，来回应这些意见。《艺术与道德》是王尔德反驳信的汇编，附有编辑注释。
6 同上，第7页。
7 《北原白秋》（中央公论社版《日本的诗歌》），第9页。整首诗的英译见基恩著 *Modern Japanese Literature* 第204—205页。
8 关于耶稣会传道出版，请参阅 David Chibbett, *The History of Japanese Printing and Book Illustration*，第617页。这本出版社发行的全部著作的名单参见同上第64—65页。
9 Peter Kornicki, *The Book in Japan: A Cultural History from the Beginnings to the Nineteenth Century* (Boston: Brill, 1997), 126–27.
10 参见 Michael Cooper, *Rodrigues the Interpreter*，第230页。这首和歌参见 *A Waka Anthology*, I，第140—141页，由 Edwin A. Cranston 翻译。

> To what
>
> Shall I compare the world?
>
> It is like the wake
>
> Vanishing behind a boat

That has rowed away at dawn.

世の中を

何に譬へむ

朝開き

漕ぎ去にし船の

跡なきごとし

本文引用的陆若汉（João Rodrigues，1561—1633）汇编的和歌字句，引自《拾遗集》，而这一汇编取自《万叶集》。字句略有不同。

11　显著的例子是将 shi 标记为 xi。

12　外国人对日本式罗马字表记的典型抱怨是，"为什么编纂者拘泥于英语国家读者无法发音的罗马字表记？"陈述这个观点的，参考 Leonard Holvik，第 130 页。

13　《石川啄木全集》第六卷，第 54 页，第 120—121 页。

14　把《罗马字日记》作为原文刊登的日本书籍几乎都加上了"日语翻译"，这只是因为罗马字对日本读者难以阅读。

15　啄木研究家池田功认为，《罗马字日记》与其作为日记，不如作为"文学"来阅读。

16　池田功《石川啄木 その散文と思想》（東京：世界思想社，2008 年），第 67—70 页参考。

17　《石川啄木全集》第六卷，第 56—57 页。

18　同上，第 53—53 页。

19　同上，第 55 页。日记开头可以看出与家人分离的主题，日记的结尾是家人再次团聚。

20　同上，第 79 页。

21 同上，第 54 页。

22 同上，第 80 页。

23 同上，第 66 页。

24 同上，第 67 页。

25 伊利亚是高尔基的故事《他们仨》中的一个人物。

26 《石川啄木全集》第六卷，第 67—68 页。

27 同上，第 68 页。

28 同上。

29 整首诗的英译见基恩著 *Modern Japanese Literature*，第 221—222 页。

30 《石川啄木全集》第六卷，第 64 页。

31 同上，第 71 页。

32 同上，第 130 页。

33 同上，第 82 页。

34 同上，82—83 页。

35 同上，第 83 页。

36 同上，第 65 页。

37 同上，第 63 页。

38 同上，第 64 页。

39 同上，第 74 页。

40 同上，第 85 页。

41 同上，第 74—75 页。

42 同上，第 96 页。括号里的引文是啄木自己写的的英文。

43 同上，第 103 页。

44 同上，第 108 页。

45 同上，第 111 页。

46 同上，第 113 页。

47 同上，第 114 页。

48 同上，第 100 页。

49 同上，第 113 页。

第十一章　啄木与节子的悲哀

1 《石川啄木全集》第六卷，第 177 页。

2 同上。

3 金田一写道："看到严父高兴的脸庞让你热泪盈眶。"《金田一京助全集》第十三卷，第 234 页。

4 同上，第 231—232 页。

5 同上，第 231 页。

6 堀合了辅《啄木の妻 節子》第 293 页上记录着明治四十一年八月二十七日的信。节子从函馆时代开始称呼宫崎为"哥哥"。宫崎和妹妹擦子结婚后，也沿用了这个称呼。

7 《石川啄木全集》第一卷，第 219 页

8 同上。

9 《金田一京助全集》第十三卷，第 257 页。

10 同上，第 259—60 页。

11 同上，第 232 页。没有其他能够旁证这一事实的资料。

12 同上，第 258 页。

13 同上，第 257—258 页。

14 同上，第 261—262 页。金田一曾列出日记缺失的月份甚至年份。

15 同上，第 438 页。

16 据金田一说（同上，第 438 页），明治四十四年元旦，啄木说

"和金田一君断绝关系"，这句宣言在同时期啄木的日记和书信中都没有。1月3日的一项中，只是说"年初不在家的时候，金田一君来拜访，回去的时候心情很不好"。在明治四十四年日记补遗的"前一年（四十三年）中重要记事"总结的摘要中，啄木写道："我和金田一君之间有隔阂。"参见《石川啄木全集》第六卷，第226页。

17　今井泰子《石川啄木论》（東京：塙書房，1974年），第287页

18　同上，第288页。3月13日寄给宫崎的信是《石川啄木全集》第七卷，第294—297页。

19　写于明治四十三年五月到六月，但在啄木去世后，在大正元年八月到九月的《读卖新闻》上发表。

20　宫崎曾三次试图获得啄木的同意，要与光子结婚。啄木以光子不能嫁给朋友拒绝了。恐怕是因为他没有出更高的结纳金。啄木劝他与节子的另一个妹妹结婚。宫崎同意了，试图维持和啄木的关系。据堀合《啄木の妻 節子》（第137页）记载，宫崎似乎很喜欢小妹妹孝子，但如果妹妹先完婚，会对不起姐姐擦子，于是按顺序选择了擦子。

21　堀合《啄木の妻 節子》，第297页。

22　同上，第298页。

23　同上。我读过的关于京子的故事中，最详尽的是吉田孤羊的《啄木发现》（東京：洋々社1966年）。他是完全同情京子的。

24　堀合《啄木の妻 節子》，第306页。

25　同上。

26　《金田一京助全集》第十三卷，第251—262页。这篇文章的内容与标题不符，而且几乎没有出现此前没有写过的东西，但金田一所描绘的自我牺牲的殉教者的身影令人感动。

27　小坂井澄《兄啄木に背きて》(東京：集英社，1986)，第182页。

第十二章　失败与成功

1　特别是今井泰子《啄木における歌の別れ》(《石川啄木全集》第八卷)，参见第292—303页。
2　《石川啄木全集》第六卷，第62—63页。
3　同上，第179页。
4　同上，第63页。
5　今井《啄木における歌の別れ》，第292—295页。
6　同上，第292页。
7　《石川啄木全集》第四卷，第253页
8　同上，第六卷，第179页，明治四十三年四月六日的条目。
9　同上，第四卷，第253页。
10　同上。坪内逍遥(1859—1935)是一位优秀的批评家、剧作家，以及一位莎士比亚翻译家。
11　《金田一京助全集》第十三卷，第307页。
12　《石川啄木全集》第六卷，第115—116页，第170—171页。
13　同上，第28页。
14　同上，第四卷，第255页。
15　同上。
16　堀合了辅《啄木の妻　節子》(東京：洋々社，1974年)，第294页。
17　《石川啄木全集》第六卷，第180页。啄木在四月十二日写给宫崎的信中也提到了将和歌原稿带入春阳堂的事情。他幽默地

写道："十五両にはするつもりだつたのだ。"见同上第七卷，第 297 页。啄木还写到，诗人金子薫园（1876—1951）等人自己的诗集出版时没有稿费。同上第七卷，第 297 页。也参考《石川啄木事典》273 页。

18 拒绝出版的消息，是在啄木拿走原稿的几天后发生的。
19 《石川啄木全集》第六卷，第 181 页。
20 近藤典彦编《一握の砂》中的近藤的解说，第 314—316 页中，简洁地记载了这本诗集完成之前的经过。
21 摘自《吉田孤羊への談話》，引自《石川啄木事典》，第 315 页。
22 同上。
23 同上，第一卷，第 6 页。摘自啄木自序。
24 同上，第七卷，第 303 页。一封写给她妹妹光子的类似信件也在同一天寄出。
25 佐藤的真名是新一，通常以笔名"北江"闻名。
26 《石川啄木全集》第七卷，第 310—311 页。
27 同上，第六卷，第 226 页。
28 同上，第七卷，第 312 页。
29 啄木研究家中，有人认为这种啄木的做法受到了岩手诗人群体的和歌的影响，但没能对这些和歌进行研究。这种写作方法和土岐善麿的歌很像，但也许啄木有他自己的想法。
30 比如"北海"（hokkai）的重子音，比起"东海"（tôkai）的长元音，给人一种粗俗的感觉。
31 *Takuboku: Poems to Eat*, trans. Carl Sesar (Tokyo: Kodansha International, 1966), 77.
32 同上，第 33 页。
33 同上，第 56 页。

34 《岩手每日》《岩手日报》两份报纸在盛冈发行。盛冈的居民并不总是对啄木抱有好感。

35 《石川啄木全集》第七卷,第324—325页。

第十三章　啄木论诗

1 这个题名有时被发音为"食(く)ふべき詩",啄木的原意是"食(くら)べき詩"。参考《石川啄木全集》第四卷,第214页。

2 同上,第215页。

3 借款习惯于在月末汇总一起偿还。通常情况下,这时期为了生计苦思挣扎,不是适合写诗歌的时候。

4 《石川啄木全集》第四卷,第219页。

5 同上,第211页。

6 同上,第214页。

7 同上,第212页。

8 参见岩城之德《啄木歌集全歌評釈》(東京:筑摩書房,1985年),第196—198页。我按照岩城的诗行排列,这些诗并没有采取啄木常用的三行格式。

9 《石川啄木全集》第四卷,第213页。

10 所谓"新体诗"主要是受了欧洲的影响。

11 《石川啄木全集》第四卷,第216页。

12 同上,第216—217页。

13 同上,第217页。

14 同上,第218页。

15 同上,第214页。

16   今井泰子《石川啄木论》（東京：塙書房，1974年），第311页。

17   《石川啄木全集》第四卷，第287页。

18   同上。

19   同上，288—289页。英文翻译见于 *Takuboku: Poems to Eat*, trans. Carl Sesar (Tokyo: Kodansha International, 1966), 17.

20   《石川啄木全集》第四卷，第288—289页。

第十四章　大逆审判

1   《石川啄木全集》第七卷，第300页，参见明治四十三年六月十三日的信。

2   John Crump, *The Anarchist Movement in Japan, 1906-1996*，第3页。啄木在明治四十四年二月六日的信中写到，自己试图过上理性生活失败之后，不知不觉中成为了社会主义革命家者。啄木并没有写明这是什么时候的事。参考《石川啄木全集》第七卷，第341页。

3   Crump, *The Anarchist Movement in Japan, 1906-1996*，第6页，引用了社会文库篇《在美社会主义者·无政府主义者沿革》补遗。我通读了这本卷帙浩繁而极其杂乱的书，但没能找到引用的原文。社会文库是铃木茂三郎收集的日本社会思想、社会主义相关文献的汇编。

4   《石川啄木全集》第四卷，第360页，另见《石川啄木集》（《明治文学全集》第五十二卷），第280页。

5   平出是律师，同时也作为诗人而闻名。

6   另一个人，大石诚之助（1869—1911），是一名医生，在俄勒冈州受训，回到日本后，与幸德秋水和堺利彦有联系。他因谋划杀害皇室成员而被逮捕和审判。

7 《石川啄木全集》第六卷，第185页，明治四十四年一月三日的条目。

8 同上，第七卷，第342页，致大岛经男宛的信。

9 啄木在日记中使用的"陈辩书"一词，在我的英译中是"Letter of Vindication"。在用英语写的书中，经常被翻译为"Declaration on Being Arrested"。正如本文所述，啄木在《石川啄木全集》第四卷，第338页上的标题是"LETTER FROM PRISON"。

10 《石川啄木全集》第四卷，第340页。

11 同上第六卷，第185页。啄木实际在日记中所写的话是"幸德与西乡！我想到了这样的事情"。

12 《呼子と口笛》原本有八首诗，同为六月创作的另一首诗在昭和十四年（1939年）被追加。这本诗集发行的经过很复杂。见大冈信《解说》（《啄木诗集》），第177—178页。

13 "はてしなき議論の後"这一说法是由克鲁泡特金《一个革命者的回忆》的英译翻译而来的。今井泰子・上田博编《石川啄木》（《鉴赏日本现代文学》⑥），第70—71页。这里引用的诗是《石川啄木全集》第二卷，第416页。另外，在同上第409页，同样以"はてしなき議論の後"为题刊登了另一篇稿。

14 俄语的号令是"到人民中去！"的意思。这是1874年呼吁农民们参加革命的俄罗斯学生们的口号。参考《石川啄木事典》，第184页。这个口号来源于克鲁泡特金的一段话。

15 《石川啄木全集》第七卷，第325—326页。

16 土岐善麿以"哀果"的名字而闻名。

17 人们常说，啄木模仿土岐写了一首三行的短歌，但在读土岐的诗之前，啄木就曾表示不喜欢写单行的短歌。参考《石川啄木全集》第六卷，第 283—284 页。

18 同上，第 259 页

19 同上，第 193—194 页。

20 整首诗收录于《罗马字日记》，英译见 Donald Keene, in *Modern Japanese Literature: From 1868 to the Present Day*, ed. Donald Keene (New York: Grove Press, 1994), 221–222.

21 《石川啄木全集》第六卷，第 194 页。

22 到 3 月 3 日为止的日记中，几乎每天都有"节子""妻子"的记述。

23 4 月 1 日有"妻子去会社取了钱"，4 月 27 日有"节子买来了郁金香和小苍兰"的记述。

24 《石川啄木全集》第六卷，第 204 页。

25 丸谷是一位经济学家，啄木在 1910 年与他成为朋友。尽管他在政治问题上与啄木争论不休，但在啄木生命的最后时刻，他们是亲密的朋友。参考《石川啄木事典》，第 421 页。

26 《石川啄木全集》第六卷，第 207 页。

27 同上，第 21 页。4 月 22 日，啄木写着他将羽织典当的事情。他写道，自己不幸的原因是"钱！"。

28 同上。

29 同上，第四卷，第 337—338 页。参见 Janine Beichman, *The Prophet and the Poet* 第 64 页。

30 啄木使用外国君主的称号"皇帝"，而不是"天皇"。

31 《石川啄木全集》第四卷，第 335 页。

32 同上。这一段可以作为单纯的事实来读，但从文章的结局来看，啄木似乎是在讽刺。

33 同上。

34 同上，第337页。

35 同上，第338页。

36 参见中山和子《啄木のナショナリズム》（今井・上田编《石川啄木》）

37 《石川啄木全集》第四卷，第194页。引用自《百回通信》（明治四十二年）。

38 金田一想不起来那是几月的事了。在自己制作的年表中，金田一说大约是在7月或之前。见《金田一京助全集》第十三卷，第239页。在另一处，金田一说是晚夏。这个时期啄木的日记，似乎有一部分丢失或被处理掉了。

39 据金田一称，距离为"七八町"（约760—870米）。

40 《金田一京助全集》，第十三卷，第110—111页。

41 同上。

42 同上，啄木的话语是以不连贯的语句形式出现的，用括号隔开。有时它们会被诸如"他说"这样的词打断。我把这些句子连接起来，并省略了连接词，剔除了金田一的话。

43 《石川啄木全集》第七卷，第326页。

44 在日本不分职位、教育、性别和其他资格实施普选，为实现这一自由的运动始于十九世纪九十年代末，但直到1945年后才完全实现。

45 《石川啄木全集》第七卷，第331—332页。

46 今井泰子《石川啄木の人と作品》（今井・上田编《石川啄木》），第24页。

第十五章 最后的日子

1. 《石川啄木全集》第六卷,第214页。显然啄木害怕的是,节子会把京子带走,再也不回来。
2. 同上。
3. 他们被要求离开弓町的公寓,另寻住处。在1910年6月13日写给朋友的信中,啄木写道:"那个叫命运的家伙绝对不是一个值得畏惧的敌人。这似乎真的是事实。他们说,如果你用冷脸看他,他就会向你展示一张冷脸,但如果你只是微笑,他就会回报一个和蔼的微笑。"《石川啄木全集》第七卷,第300—301页)。
4. 《石川啄木全集》第六卷,第214页。
5. 同上,第215页。
6. "9月10日左右"是三浦光子在《兄啄木の思い出》,第116页上写的日期。岩城之德制作的啄木年谱和金田一年谱都没有涉及节子和宫崎的恋爱事件。但是岩城《啄木评传》(第343页)中写道,由于9月发生的"家庭纠纷",啄木与宫崎断绝了关系。啄木写给宫崎的最后一封信是在明治四十四年八月三十一日,节子写给宫崎的妻子妹妹擦子的最后一封信是在明治四十三年九月二十七日。有几封信丢失了。
7. 田村稻(田村イネ)是啄木大姐的女儿,她在1906年就去世了。
8. 三浦光子《兄啄木の思い出》第117页。许多关于这封信的描述都是源自这份材料。
9. 同上,第118页。
10. 关于节子受到喜欢的得意回忆,参考同上第119页。没有事实证明节子和列举名字的男人们究竟有多深的关系。

11 同上。

12 同上。

13 同上，第 125 页。光子从一个不知名的来源引用了稻的评论。这段文字很模糊，但当啄木发现藏在节子腰带里的宫崎照片时，稻显然是在场的。

14 同上，第 122 页。

15 同上，第 120 页。

16 光子说，描述"不幸事件"的那几页被从日记中撕掉了。她还说，包括该事件在内的啄木 1911 年的日记被节子交给了她的家人，并没有和其他的日记一起放在函馆图书馆。同上，第 122 页。

17 在 1910 年 6 月 13 日写给朋友的信中，啄木写道："那个叫命运的家伙绝对不是一个值得畏惧的敌人。这似乎真的是事实。他们说，如果你用冷脸看他，他就会向你展示一张冷脸，但如果你只是微笑，他就会回报一个和蔼的微笑"（《石川啄木全集》第七卷，第 300—301 页）。

18 光子最初发表关于节子和宫崎发生关系的经过，是在大正十三年（1924）四月的《九州日日新闻》。接着光子又写了几本书，更详细地讲述了这段事。

19 堀井写了一本关于他妹妹节子的传记，他向宫崎询问了这封信。宫崎承认他从美瑛给节子写了一封信，但他说那封信有署名，内容与 6 月堀井家与啄木断绝关系时寄给他的信相似。信中表达了对不幸的节子的同情。啄木的愤怒被解释为是由宫崎给节子的信中过于深情的表达造成的。堀合《啄木の妻 節子》，参见第 163 页。

注释

20 三浦光子《兄啄木の思い出》，第216页。也有一种说法认为宫崎和擦子结婚是因为擦子和姐姐节子很像。堀合《啄木の妻節子》，参见第162页。

21 桑原武夫编译《ROMAZI NIKKI（啄木·罗马字日记）解说》，第249页。桑原指出，"啄木就像很多天才一样，总有一些东西唤起人们的友情，并让他们为此奉献。"

22 《石川啄木全集》第七卷，第326页。

23 明治四十三年六月十三日的信，参见同上，第300页。

24 日本风格的房子没有床。每天早上从地板或榻榻米上取下被褥，放在看不见的地方，这样房间就可以用于其他用途。啄木的家人一直非常将就。

25 同上，第235页。

26 同上，第238页。

27 同上，第241页。

28 同上。啄木、他的母亲和节子都患有肺结核。

29 同上。

30 同上，第247页。

31 同上，第239页。

32 她的名字取自她的出生地千叶县南部的古名称"房州"。房江于昭和五年（1930年）去世，终年十八岁。关于房江的详细情况，参见吉田孤羊《啄木发现》，第203—220页。

33 《石川啄木全集》第六卷，第247页。

34 同上第一卷，第91页。解说参考岩城之德《啄木歌集全歌評釈》，第345—346页。这是《悲しき玩具》中第104首和歌。

35 包括这一节在内，金田一对啄木最后几个小时的回忆来源于《金田一京助全集》第十三卷，第323—325页。

36 即"帮我个忙"或"我靠你了"之意,是在要求金田一在他死后照顾他的后事。

37 参见《石川啄木全集》第六卷,第 194 页。明治四十四年二月三日的条目。

38 明治四十三年十二月十二日,牧水在东京朝日写下了《一握の砂》的广告文,这是一部发人深思的歌集,对身为诗人的啄木来说,简直是从某种束缚中得到了自由。与牧水有关的短歌杂志《创作》,在明治四十四年二月号刊登了啄木的诗歌。

39 若山牧水《若山牧水随笔集》(东京:講談社,2000 年),第 290—291 页。

40 同上,第 291 页。

41 《金田一京助全集》第十三卷,第 324 页。

42 父亲一祯住在北海道室兰的次女トラ夫妇家里很麻烦,葬礼后又回到了那里。トラ给了父亲去东京的火车费。

第十六章　啄木死后

1 今井泰子《石川啄木论》,第 426 页。《读卖新闻》"以小篇幅"报道了啄木的危急情况。

2 同上,第 427 页。

3 同上。

4 同上,第 428 页。

5 同上,第 426—430 页。

6 关于改造社版《石川啄木全集》内容的简要记述,参考《石川啄木事典》,第 502 页。全集的编纂者是吉田孤羊,监修者是土岐善麿、金田一京助。

7 *Takuboku: Poems to Eat*, trans. Carl Sesar (Tokyo: Kodansha International, 1966), 91. 这是《可悲的玩具》中的第一首短歌。

8 同上，第 111 页。

9 同上，第 119 页。

10 报酬是二十日元，在当时也不是一个大数目。

11 《石川啄木全集》第一卷，第 103—104 页。

12 参见同上第四卷，第 300 页。

13 《金田一京助全集》第十三卷，第 343 页。

14 此时的石川家由京子和她的丈夫正雄主导，正雄在结婚后改姓为石川。他成为石川家族的首领，也是研究石川啄木生活和作品的学者。

15 《石川啄木全集》第五卷，第 406 页。

16 同上，第 409 页。

17 同上。

18 同上。

19 同上。

参考文献

相沢源七編『石川啄木と仙台石巻・荻浜』仙台・宝文堂、一九七六年

相沢源七『啄木と渡米志向』仙台・宝文堂、一九八七年

阿部たつを『新編啄木と郁雨』洋寿社、一九七六年

阿部たつを『啄木と函館』札幌・ぷやら新書刊行会、一九六七年

池田功『石川啄木その散文と思想』世界思想社、二〇〇八年

池田功『石川啄木国際性への視座』おうふう、二〇〇六年

池田功『石川啄木入門』桜出版、二〇一四年

池田功『啄木新しき明日の考察』新日本出版社、二〇一二年

池田功『啄木日記を読む』新日本出版社、二〇二年

石川正雄編『定本石川啄木全歌集』河出書房新社、

一九六四年

『石川啄木全集』全八巻、筑摩書房、一九七八一一九八〇年

国際啄木学会編『石川啄木事典』おうふう、二〇〇一年

『石川啄木』「新潮日本文学アルバム」新潮社、一九八四年

『石川啄木・正岡子規・高浜虚子』「日本の文学15」、中央公論社、一九六七年

『石川啄木』「ちくま日本文学全集」筑摩書房、一九九二年

今井泰子『石川啄木論』塙書房、一九七四年

今井泰子「啄木における歌の別れ」(『石川啄木全集』第八巻、筑摩書房)

今井泰子・上田博編『石川啄木』「鑑賞日本現代文学⑥」角川書店、一九八二年

岩城之德校訂・注釈・解説『石川啄木』「近代文学注釈大系⑦」有精堂出版、一九六六年

岩城之德『啄木評伝』学燈社、一九七六年

岩城之德『石川啄木全歌評釈』筑摩書房、一九八五年

碓田のぼる『石川啄木と「大逆事件」』新日本新書、

新日本出版社、一九九〇年

太田愛人『石川啄木と朝日新聞 編集長佐藤北江をめぐる人々』恒文社、一九九六年

太田登『与謝野寛晶子論考 寛の才気・晶子の天分』八木書店、二〇一三年

小田切秀雄「詩人としての啄木」(日本近代文学館編『日本の近代詩』)読売新聞社、一九六七年

小山田泰裕『啄木 うたの風景 碑でたどる足跡』盛岡・岩手日報社、二〇一三年

金田一京助『石川啄木』文教閣、一九三四年

『金田一京助全集』第十三巻、三省堂、一九九三年

久保田正文編『新編啄木歌集』岩波文庫、一九九三年

桑原武夫編訳『ROMANZI NIKKI（啄木・ローマ字日記）』岩波文庫、一九七七年

高坂正顕『明治思想史』「京都哲学撰書」第一巻、燈影舎、一九九九年

小坂井澄『兄啄木に背きて 光子流転』集英社、一九八六年

近藤典彦『石川啄木と明治の日本』吉川弘文館、一九九四年

斎藤三郎『啄木文学散歩 啄木遺跡を探る』角川新

書、一九五六年

沢田信太郎「啄木散華」(「中央公論」昭和十三年五月―六月号)中央公論社、一九三八年

『島崎藤村』「日本の詩歌」中央公論社、一九六七年

清水卯之助編『編年石川啄木全歌集』短歌新聞選書、一九八六年

社会文庫編『在米社会主義者・無政府主義者沿革』「社会文庫叢書」柏書房、一九六四年

高松鉄嗣郎『啄木の父一禎と野辺地町』青森県文芸協会出版部、二〇〇六年

『啄木歌集』岩波文庫、一九八八年

大岡信編『啄木詩集』岩波文庫、一九九一年

『定本 野口雨情』第六巻、未来社、一九八六年

野村胡堂『面会謝絶 胡堂対あらえびす』乾元社、一九五一年

堀合了輔『啄木の妻 節子』洋々社、一九七四年

三浦光子『悲しき兄啄木』「近代作家研究叢書」日本図書センター、一九九〇年(復刊)

三浦光子『兄啄木の思い出』理論社、一九六四年

三浦光子「幼き日の兄啄木」(『石川啄木全集』第八巻、筑摩書房)

宮本吉次『啄木の歌とそのモデル」蒼樹社、

一九五三年

　宮崎郁雨『函館の砂 啄木の歌と私と』東峰書院、一九六〇年

　目良卓『響きで楽しむ「一握の砂」』桜出版、二〇一四年

　目良卓『啄木と苜蓿社の同人達』武蔵野書房、一九九五年

　森一『啄木の思想と英文学』洋々社、一九八二年

　森義真『啄木 ふるさと人との交わり』盛岡出版コミュニティー、二〇一四年

　山本玲子「新編 拝啓 啄木さま」盛岡、熊谷印刷出版部、二〇〇七年

　山下多恵子『啄木と郁雨 友の恋歌 矢ぐるまの花』未知谷、二〇一〇年

　吉田孤羊『啄木発見』洋々社、一九六六年

　遊座昭吾編『なみだは重きものにしあるかな 啄木と郁雨』桜出版、二〇一〇年

　若山牧水『若山牧水随筆集』講談社文芸文庫、二〇〇〇年

　Beichman, Janine. *The Prophet and the Poet: Leo Tolstoy and Akiko*, in TAJI, fifth series, 5, 2013

Chibbett, David. *The History of Japanese Printing and Book Illustration*, Kodansha International, 1977

Crump, John. *The Anarchist Movement in Japan 1906-1996*, Pirate Press, 1996

Davis, A.R. *Modern Japanese Poetry*, St.Lucia, Queensland, University of Queensland Press, 1978

Lidgey, Charles A. *Wagner*, London, Dent, 1904

Romaji Diary and *Sad Toys,* trans. Sanford Goldstein and Seishi Shinoda, Tuttle, 1985

Sesar, Carl. *Takuboku: Poems to Eat*, Kodansha International, 1966

Ueda, Makoto. *Modern Japanese Poets*, Stanford University Press, 1983

Wilde, Oscar. *Art and Morality*, (ed. Stuart Mason) no date or publisher

索引

（索引诸词条列出的页码为本书边码）

Aesop's Fables (Isoho monogatari)《伊索寓言》139

"After Endless Discussion"《无休止的讨论》（啄木）190

Ainu language 阿伊努语 127, 236nn. 1-2

Akogare《憧憬》（啄木）33, 60, 177

"All Kinds of Poems"《所有种类的诗》（啄木）219

anarchism 无政府主义 188, 189-190, 191, 196, 198, 199, 200

Andersen, Hans Christian 安徒生 24；21

Anesaki Chōfū 姊崎正治 27；24

Aoyagi (Green Willow) Street 青柳町（函馆）58-59, 62, 63, 64, 207；49, 51, 52, 53, 169

Art and Morality《艺术与道德》（王尔德）131, 137-138, 245n.37, 246n.5；108, 114, 111, 125

Arte da lingua de Japan《日本大文典》（罗德里格斯）139-40；115

Asahi shinbun《朝日新闻》（报纸）：诗歌发表在《朝日新闻》160, 168, 169, 174, 175；啄木在《朝日新闻》工作 129-135, 136, 148-149, 155, 159, 166, 167, 169；与啄木的病 193, 194, 210

Asahigawa 旭川（北海道）85

Asakusa district 浅草（东京）129, 130, 153-154, 194；浅草的妓院 144-145, 149-150；在浅草下葬 213

Ayame kai (society of poets) 菖蒲会（诗社），36；31

Beni magoyashi《红苜蓿》（杂志）55-57, 59-62, 65, 67, 231n.3

"Bethink Yourselves!"《悔改吧!》（托尔斯泰）38, 194-96, 229n.29

Bokushukusha 苜蓿社（诗社）58, 59-60, 65, 67, 79, 84, 230n.30, 231n.1

Broken Commandment, The《破戒》

索引 323

（岛崎藤村）37, 227n.4

Buddhism 佛教 8, 91, 225n.19; 与父亲 5, 6–7, 11, 33–34; 与啄木 11, 49

"Byōin no mado"《病房的窗》（啄木）130

Byron, Lord 拜伦勋爵 23, 24, 25

"Chastity of Setsuko, Takuboku's Wife, The"《节子的贞洁，啄木的妻子》（金田一京助），162

Chikamatsu Monzaemon 近松门左卫门 238n.28

Childe Harold's Pilgrimage《恰尔德·哈罗尔德游记》（拜伦）23, 24, 25

Chinese language, classical 古典汉语 7

Chōei《鸟影》（啄木）119–120, 129, 240n.27, 242n.56

Christianity 基督教 138, 139, 231n.5, 233n.26; 与啄木 14, 49, 68, 137

"Cloud Is a Genius, The"《云是天才》（啄木）37, 128

Communist Manifesto, The《共产党宣言》188

Confucianism 儒家 7–8, 25

Cossacks, The《哥萨克人》100

Der Fliegender Holländer《飞翔的荷兰人》（瓦格纳）59

"Dialogue Between a Devotee of Egoism and His Friend"《一个自我主义的信徒与友人之间的对话》（啄木）184–186

diaries 日记（啄木）: 论及基督教 49; 论及家庭 12, 55, 103, 123, 133, 135, 143, 153, 221, 247n.19; 与小说 5, 80, 110–12, 235n.34; 论及友谊 23, 124–25, 127; 日记缺失 24, 25, 35, 41, 50, 53, 56, 58, 62, 153, 187, 235n.23, 249n.14; 关于函馆 56, 58, 62, 66, 221, 240n.28; 关于大逆审判 187–188, 192; 关于疾病 25, 193, 208, 209, 210–211; 关于金田一京助, 108, 157, 158, 219–220; 关于钏路, 85, 86–87, 90, 94, 98; 关于经济, 131–32; 关于音乐 28, 40; 关于自然主义 163–64; 关于小樽 70, 75, 76–77, 78; 关于诗歌 102, 133, 160, 238n.35; 关于政治哲学 198; 关于贫困 80–81; 日记中的预言, 121; 日记的保存工作 219–222, 256n.16; 散文 5, 112–113; 日记出版, 207, 215; 学生时代 15, 17; 节子 4–5, 17, 33, 143, 202, 206, 220, 221; 关于涩民 35–36, 38, 41–43, 53, 55, 81; 关于《昴》123; 关于教学 47–50, 53; 关于东京 19, 21, 24; 关于瓦格纳 30; 关于战争 37; 关于女性 22–23, 94, 116,

117; 关于与谢野铁干 104–105，86–87。亦见 Romanji Diary

"Diary of Someone Recently Returned to Japan"《新近返日之人的日记》(永井荷风) 196–197

divination 占卜 72, 74, 233n.2

Doi Bansui 土井晚翠 31–32；26–27

Doi Yae 土井八枝 227n.30

Doll's House, A《玩偶之家》(易卜生) 89

Endō Tadashi 远藤正 53

England 英国 87–88

English language 英语：英国文学 23–25, 27, 87, 113；与罗马字 140；与啄木 20, 24, 41, 50；英语教学 16, 41, 50；译作英文 24, 28, 194, 244n.27

essays 散文 1, 42, 76, 85, 163, 167, 219；诗论 175, 183, 184–186；啄木散文的出版 133, 207, 215；托尔斯泰所撰文章 38, 194–197, 229n.29；论瓦格纳 27–30；23–24

"Fetters"《束缚》(啄木) 124–125, 166

fiction 虚构创作：与日记 5, 80, 110–112, 235n.34; 啄木的虚构创作尝试 109–110, 118, 119, 124, 127–129, 133, 134, 147, 150–151, 152, 160, 164, 178, 215。亦见 novels; short stories

Flute and Whistle《笛子和口哨》(啄木) 190, 253n.12

Footprints《足迹》(啄木) 127–128, 243n.21

France 法国 41, 197

French poetry, modernist 法国现代主义诗人 1–2

friendship 友谊 23, 124–127, 148, 158–159, 160

From the Eastern Sea《自东海来》(野口米次郎) 36

From Yumi Street《从弓町来》(啄木) 175

"Funeral Procession"《葬列》(啄木) 43, 51

Futabatei Shimei 二叶亭四迷 165–166, 169

"Garasu mado"《玻璃窗》(啄木) 163–164, 167, 168

geishas 艺妓 66, 86–87, 90, 93, 130, 144, 205, 237n.7。亦见小奴

Genji monogatari《源氏物语》(紫式部) 112, 240n.27

German language 德语 28, 68, 131, 193; 德国文学 24。亦见 Wagner, Richard

Gleanings from the English Poets《英

格兰诗选》（英格利斯）23

Gorky, Maxim 马克西姆·高尔基 38, 146, 193, 244n.27, 247n.25

"Gyūnyū bin"《奶瓶》（啄木）84

haiku 俳句 2, 84, 107–108, 176

Hakai《破戒》（岛崎藤村）37, 227n.4

Hakodate 函馆（北海道）55–57, 68, 72, 213; 青柳町 58–59, 62, 63, 64, 207; 在日记中 56, 58, 62, 66, 221, 240n.28; 家人在函馆 60, 62, 103–104; 火灾 62–65; 对函馆的怀念 133, 207–208, 232n.25, 241n.28; 在函馆的诗歌讨论会 57, 65–66, 与节子 60, 67, 104, 207, 220; 与啄木的诗 173–174; 旅至函馆 100, 102–103

Hakodate nichinichi shinbun《函馆日日新闻》（报纸）62, 65, 233n.33

Hakodate Takuboku Society 函馆啄木学会 220

Hamlet 哈姆雷特（莎士比亚）87, 146

Handful of Sand, A《一握沙》（啄木）4, 128, 159, 161, 169–175, 179, 215–217, 258n.38; 书评 173–174;《一握沙》与真一 170–171, 174, 192

"Hannichi"《半日》（森鸥外）133

Haru《春》（岛崎藤村）105, 106

Heike monogatari《平家物语》139

Heimin shinbun《平民新闻》（报纸）194, 195, 196

Hepburn, James Curtis 詹姆斯·柯蒂斯·赫本 140

Heretics, The《邪宗门》（北原白秋）136–137

High Treason Trial 大逆审判 187–192

Hikage Ryokushi 日景安太郎 98, 99

Hinatsu Kōnosuke 日夏耿之介 33

Hinoto 日户（岩手）5–6, 7

Hiraide Shū 平出修 122, 188–189, 198

Hirano Banri 平野万里 122, 123, 124

Hirayama Yoshiko (Yoshitarō) 平山良子 117–118, 119

Hokkaidō 北海道 45–57, 85, 169, 172。亦见 Hakodate; Kushiro; Sapporo

Hokumon shinpō《北门新报》（报纸）233n.33

Hokutō shinpō《北东新报》（报纸）86, 98

Horiai Chūsō 堀合忠操（岳父）39, 201, 220

Horiai Fukiko 堀合擦子（小姨子）156, 160, 161, 207, 249n.20, 256n.6, 257n.20

Horiai Setsuko 堀合节子（妻子）25, 100, 218; 失节 203–207; 冲突 158–159, 201–202, 209; 死亡 220; 日记 4–5, 17, 33, 141, 143, 202, 206, 220,

221; 消失与回归 154–162; 与函馆 60, 67, 104, 207, 220; 疾病 202–203, 214; 与金田一京助 155–158, 162, 206; 与钏路 93; 节子来信 93, 123, 134, 154–155, 160–162, 168; 致节子的信 156, 157; 结婚 30–34; 宫崎郁雨 103, 155, 160, 161, 168, 204–7, 256n.6, 257nn.18–19; 与婆婆 155–157, 168, 201–202, 203, 204; 在小樽 70, 72, 83, 179; 关于节子的诗 179, 180; 节子所撰诗歌 155; 与贫困问题 54, 80, 201, 210; 小姨子谈节子 162, 203–207, 225n.30, 257n.18; 谈及啄木 168–169; 啄木谈及节子 44, 45, 52–53, 143–144, 187; 与啄木的死 211–212; 与啄木的病 193; 作为老师 118; 与东京 21, 131, 134, 160–162

Horiai Takako 堀合孝子（小姨子）201, 202

"Hospital Window, The"《病房的窗》（啄木）130, 158

Hōtokuji (Zen temple) 宝德寺, 6, 8, 9, 33–34, 36, 50–51

Hototogisu (magazine)《小杜鹃》（杂志），84

Ibsen, Henrik 易卜生 24, 62, 89, 226n.12, 229n.28

"Ichi riko shugisha to yūjin to no tai-wa"《一个自我主义的信徒与友人之间的对话》（啄木）184–186

Ichiaku no suna《一握沙》（啄木）4, 128, 159, 161, 169–175, 179, 215–217, 258n.38; 评论 173–174; 与真一 170–171, 174, 192

Ichiko (geisha) 市子（艺妓）91

Imai Yasuko 今井泰子 159, 163, 164, 199

Improvisatore, The《即兴诗人》（安徒生）24

Inglis, Robert 罗伯特·英格利斯 23

Ishikawa Fusae 石川房江（女儿）210, 257n.32

Ishikawa Ittei 石川一祯（父亲）10–11, 45, 202, 224n.10; 与佛教 5, 6–7, 11, 33–34; 消失 52–53, 203; 与宝德寺 6–7, 33–34, 36, 50–51, 52; 父亲来信, 90, 237n.18; 野边地 34, 52, 54–55, 62, 232n.16; 与啄木之死 212, 213; 与啄木之病 26; 他的短歌 11, 177; 在东京 153–154, 226n.18, 248n.3, 258n.42

Ishikawa Katsu 石川葛（母亲）。见 Kudō Katsu

Ishikawa Kyōko 石川京子（女儿）158, 249n.23, 259n.14; 出生 44; 与日记 221; 在函馆 60, 104; 患病, 113–114, 209; 与婚姻冲突 154, 201–202, 204; 起名缘由, 229n.32;

在小樽 70, 72, 83, 179; 节子谈论京子 161; 啄木谈论京子 45, 52–53, 93, 103, 143, 144; 与啄木之死 212; 在东京 131

Ishikawa Masao 石川正雄（女婿）259n.14

Ishikawa Mitsuko 石川光子（妹妹），见 Miura Mitsuko

Ishikawa Sada 石川稻（姐姐）。见 Tamura Sada

Ishikawa Shin'ichi 石川真一（儿子）170–171, 174, 192

Ishikawa Takuboku 石川啄木：作为艺术评论家 19–20, 29; 他的无神论 11, 137; 出生 5–6, 224n.7; 童年时期 13–14, 15; 死亡 211–213, 214; 抑郁 146–149, 151, 167–168, 178–179; 教育 7–8, 15–18; 与家庭 131, 157, 167–168; 疾病 25–27, 30, 38, 39, 55, 98, 99, 133–134, 146–147, 192–194, 209, 216–217; 啄木所受影响 11–12, 21, 22, 140–141, 229n.29; 免除兵役 37, 38–39; 现代性 3–5; 名字 6, 9, 114, 224n.12, 233n.2, 241n.38; 抄袭 74; 作为诗歌评论家 175–186; 诗歌 vs. 小说 108–109, 113–115, 124, 127–128, 160; 死后受欢迎 215–16; 贫困 113, 115, 128–129, 130, 137–138, 153, 169, 174, 254n.27; 清教徒 66–67; 自杀的念头 113, 132, 146–147, 148, 151, 240n.28; 作为教师 40–44, 47–49, 50, 60; 翻译工作 24, 29, 190; 诗歌翻译 223n.3

Ishikawa Tora 石川多拉（姐姐），见 Yamamoto Tora

Itō Sachio 伊藤左千夫 107–108

Iwaizumi Kōdō 岩泉江东 73, 74, 75, 76, 78, 234n.9, 234n.12, 235n.20

Iwaki Yukinori 岩城之德 235n.20, 256n.6

Iwano Hōmei 岩野泡鸣 21, 36

Iwasaki Hakugei 岩崎白鲸 59, 61–62, 232n.26

Iwate mainichi《岩手每日新闻》173

Iwate nippō《岩手日报》27, 30, 141, 173

Izumi Kyōka 泉镜花 43, 228n.26

Japanese language 日语：古典日语（文语）1–2, 4, 15, 181–182, 184; vs. 口语 181–182, 185; 现代日语 2, 4, 30; 罗马字 139–140; 涩民方言 120; 东京话 vs. 岩手方言 106; 被译作日语 24, 29, 36, 112, 139, 165, 188, 190, 194, 195, 226n.12, 237n.14, 250n.10

Jashūmon《邪宗门》（北原白秋）136–137

"Jashūmon hikyoku"《邪宗门秘曲》

（北原白秋）136–137

Jesuit Mission Press 耶稣会 139

Jidai shichō (magazine)《时代思潮》194

Jinmu 神武天皇 45, 91, 100; 39, 75, 81

John Gabriel Borkman《约翰·加布里埃尔·博克曼》（易卜生）24

jōruri 净瑠璃（木偶剧）112, 154

Kanashiki gangu《可悲的玩具》（啄木）212, 216–217

Kanaya Kōichi 金矢光一 120

Kaneko Kun'en 金子薰园 250n.17

Kanno Suga 管野须贺 189

Katsurahara Taigetsu 葛原对月 6, 34, 232n.16

Kawamura Tetsurō 川村哲郎, 36

Kibōrō 喜望楼 / 喜望屋（钏路的餐馆）86, 90–92, 95, 97, 238n.22

"Kikuchi-kun"《菊池君》（啄木）109–110, 158

Kindaichi Kyōsuke 金田一京助 229n.32, 243n.14; 与阿伊努语 127, 236nn.1–2; 啄木与他的决裂 124–127, 158–159, 165–167, 249n.16; 与日记 108, 157, 158, 219–220; 来自金田一的帮助 115, 128, 129, 134, 135, 151, 243n.17; 最后一次拜访 197–198, 199; 致金田一信件 39, 114, 159, 236n.1; 与歌妓, 149; 与节子 155–158, 162, 206; 论及啄木 5–6, 43; 啄木论及金田一 108, 127, 171; 与啄木之死 211–212, 213, 215; 与啄木的抑郁症 147–148, 151, 243n.17; 与啄木的疾病 193; 在东京 106, 108, 111, 114, 122, 132, 152

Kinoshita Mokutarō 木下杢太郎 128

Kitahara Hakushū 北原白秋 107–108, 124, 130, 136–137, 215

Kobayashi Shigeo 小林茂雄 226n.19

Kobayashi Torakichi 小林寅吉 77–78, 179–180

Kokinshū《古今和歌集》177, 229n.2

Kokoro no hana《心之花》（杂志）241n.38

Kondō Norihiko 近藤典彦 29

Kōsaka Masaaki 高坂正显 3

Koshizu 小静（艺妓）90, 91

Kotoba no Izumi《言之泉》（落合直文）105, 239n.9

Kōtoku Shūsui 幸德秋水 187–189, 191–192, 194, 198, 199, 253n.6;《陈辩书》189–190, 253n.9

Koyakko (Tsubo Jinko; geisha) 小奴（艺妓）, 93–101, 112, 131, 144, 150, 238n.35

Kropotkin, Peter 克鲁泡特金 188, 191–193, 208, 217, 253n.13

Kudō Katsu 工藤葛（母亲）6, 9–10,

34, 45, 52, 121; 去世, 211, 213, 214; 在函馆, 62, 104; 疾病 209-210; 宫崎郁雨论啄木之母, 12-13; 在小樽 70, 72; 贫穷 12, 80, 123; 节子 155-157, 168, 201-202, 203, 204; 啄木论母亲 12, 143, 173; 啄木的病 26; 在东京 131, 153, 154, 245n.36

"Kumo wa tensai de aru"《云是天才》（啄木）37, 128

Kuraubeki shi《吃的诗》（啄木）175-176, 178, 182-183, 251n.1

Kurihara Kojō 栗原元吉 242n.56

Kushiro 钏路（北海道）82-83, 84-101, 181, 205; 诗歌创作 96, 102; 啄木小说里的钏路 111; 旅至钏路 179-180

Kushiro mainichi shinbun《钏路每日新闻》（报纸）111

Kushiro shinbun《钏路新闻》（报纸）82-87, 89, 93, 95-96, 98, 100, 102, 233n.33

Kuwabara Takeo 桑原武夫 207

Lamb, Charles and Mary 玛丽·兰姆夫妇 23-24

"Letter from San Francisco"《旧金山来信》（幸德秋水）188

letters 信件：伪造信件 31, 201-202; 父亲来信 90, 237n.18; 友人来信 20, 51-52, 58, 67, 94; 关于工作 82, 129-130; 宫崎郁雨来信 114, 131, 134, 203-205, 206, 207; 母亲来信 12; 节子来信 93, 123, 134, 154-55, 160-62, 168; 女性来信 94, 115; 啄木写给朋友的信 36, 84, 122, 137, 170, 173-174, 187; 关于大逆审判 189; 写给堀合孝子的信 202; 关于疾病 26-27; 写给金田一京助 39, 114, 159, 236n.1; 写给小奴 94; 关于钏路 89-90; 写给宫崎郁雨, 89, 118, 137-138, 160, 205, 207; 关于钱, 100, 118; 写给母亲 121; 关于音乐, 27; 关于政治 198-199; 用罗马字写成的信 136-137; 写给节子 156, 157; 关于东京 25; 写给女性 116, 117-118, 187

Lidgey, Charles A. 查尔斯·阿尔伯特·李吉 27, 29

literature 文学：英国文学 23-25, 27, 87, 113; 德国文学 24; 对文学的爱 112; 现代文学, 81; 俄国文学 24, 38, 111-12; 啄木与文学 25, 163。亦见 novels; plays; poetry; short stories; 具体的作品和作者条目

"Little Grave, The"《小坟墓》（啄木）114

Lohengrin《罗恩格林》（瓦格纳）28, 29

Longfellow, Henry Wadsworth 朗费罗 24

Love Suicides at Amijima (Chikamatsu)《心中天网岛》(近松门左卫门) 238n.28

Mainichi shinbun《每日新闻》(报纸) 133, 160, 175, 242n.56, 245n.43

"Makarafu teitoku tsuitō"《マカロフ提督追悼の詩》(啄木) 229n.29

Mansei Sami 沙弥满誓 140

Man'yōshū《万叶集》140

marriage 婚姻 24–25, 30–34, 44, 144

Maruya Kiichi 丸谷喜市 194, 221, 254n.25

Masaoka Shiki 正冈子规 2–3, 84, 108

Matsuoka Rodō 松冈蕗堂 58–59, 66–67, 231n.3, 232n.26

McKinley, William 威廉·麦金利 199

"Meeting Again"《再会》(水野叶舟) 236n.36

Meiji Emperor (Mutsuhito) 明治天皇 46, 47, 187–188, 189, 195

Meiji Restoration 明治维新(1868) 7

Memoirs of a Revolutionist《革命者回忆录》(克鲁泡特金) 188, 193, 253n.13

"Michi"《路》(啄木) 160, 168

Midaregami (Yosano Akiko)《乱发》(与谢野晶子) 23

"Milk Bottles"《奶瓶》(啄木) 84

Mishima Yukio 三岛由纪夫 37

Misty Night in the Blossoms 雾夜之花 147–148

Miura Mitsuko 三浦光子(妹妹) 15, 16, 45, 153, 202; 基督信仰 49; 论及父亲 226n.18; 在函馆 62, 67; 与宫崎郁雨 249n.20; 与母亲 155; 在小樽 34, 54, 55, 62, 70, 72; 论及关于节子 162, 203–207, 225n.30, 257n.18; 与节子的病 203; 论及啄木 9, 10, 13–14

Miyako shinbun《都新闻》(报纸) 233n.33

Miyazaki Ikuu 宫崎郁雨 213; 决裂 124, 205; 与日记 220, 221; 在函馆 59, 61, 62, 70; 来自宫崎郁雨的帮助 76, 103–104, 123, 128, 134, 151, 240n.28; 与堀合福子, 155, 156, 160, 161, 249n.20; 宫崎来信 114, 131, 134, 203–205, 206, 207; 写给宫崎的信 89, 118, 137–138, 160, 205, 207; 与节子 103, 155, 160, 161, 168, 204–207, 256n.6, 257nn.18–19; 啄木论宫崎 171; 论啄木之母 12–13

Mizuno Yōshū 水野叶舟 236n.36

Mori Hajime 森一 25

Mori Ōgai 森鸥外 24, 107–108, 124, 130, 133, 226n.12

Morioka 盛冈(岩手) 173, 201, 202, 204, 251n.34

Morioka Middle School 盛冈中学 15–18, 129; 罢工事件 16–17, 54

"Mourning for Admiral Makarov"《マカロフ提督追悼の詩》（啄木）229n.29

Mukai Eitarō 向井永太郎 65, 67, 232n.21

music 音乐 27–29, 39; 西方音乐 27, 29

"My First Glimpses of Otaru"《我对小樽的第一瞥》（啄木）74

"My Friend Kikuchi"《菊池君》（啄木）109–110, 158

Myōjō《明星》（杂志）59, 94, 116, 117, 231n.3, 241n.37, 241n.41; 失败 105–106, 107, 118, 121; 刊载的诗歌 18, 20, 55, 115; 刊载的短篇小说 43; 与《昴》122, 188

Nagai Kafū 永井荷风 196–197

Nakamura Seikō 中村星湖 243n.21

NAKIWARAI（泪中之笑，土岐善麿）191

Namiki Takeo 并木武雄 132, 149

national socialism 国家社会主义 198

nationalism 民族主义 79

Natsume Sōseki 夏目漱石 14, 36–37, 43, 105, 210, 215, 225n.28, 228n.26

naturalism 自然主义 49, 105, 109, 163–164

New Poetry Society 新诗协会 107

New Year's Day 元旦 45–47, 80–81, 121–122, 123, 208

"Nichiro sensō ron"《日俄战争论》38, 195

Nietzsche, Friedrich 弗里德里希·尼采 30

nihilism 虚无主义 188

Nippon-shiki romanization 日本式罗马字表记 140, 247n.12

Nishikawa Kōjirō 西川光二郎 80

Noguchi Ujō 野口雨情 73–76, 97, 101, 234n.9

Noguchi Yonejirō 野口米次郎 36

Noheji (temple) 野边地（定光寺）34, 52, 54–55, 62, 154, 232n.16

Nomura Kodō 野村胡堂 20, 28

novels 小说 105–106; 来自日记 235n.34; 自然主义小说 164–165; 连载小说, 118, 119; 啄木的小说尝试 37, 109, 118, 119, 127–128, 133, 147, 152, 164

Ochiai Naobumi 落合直文 105, 239n.9

Odajima Koshū 小田岛理平治 241n.45

Oguni Rodō 小国善平（露堂）69, 77, 233n.33

Ōishi Seinosuke 大石诚之助 253n.6

Okada Kenzō 冈田健藏 220, 221

Okayama Gishichi 冈山仪七 173

Omokage《面影》（啄木）65

On the Eve《前夜》（屠格涅夫）111–112

"On the Russo-Japanese War"《日俄

战争论》（啄木）38, 195

Onoe Saishū 尾上八郎 183–186

Ōsaka shinpō《大坂新报》（报纸）118, 120

Ōshima Tsuneo (Rujin) 大岛流人 59, 84, 231n.5

Ōta Masao (Kinoshita Makutarō) 太田正雄（木下杢太郎）243n.20

Otaru 小樽（北海道）23, 67, 103; vs. 钏路 85; 三浦光子在小樽 34, 54, 55, 62, 70, 72; 啄木在小樽 20, 69–70, 71–83; 啄木离开小樽 179, 180–181

Otaru nippō《小樽日报》（报纸）69–70, 71, 73–75, 77–79, 233n.33

"Our Gang and the Other Guy"《我们这帮人和他》（啄木）160

Patriotic Women's Society 爱国妇女协会（钏路）87–88, 237n.8

"Personal View of the Collapse of the Tanka, A"《短歌灭亡私论》（尾上八郎）183

Picture of Dorian Gray, The《道林·格雷的画像》（王尔德）245n.37

plays 戏剧 92, 119; 易卜生所作戏剧 24, 62, 89, 226n.12, 229n.28; 莎士比亚所作戏剧 23–24, 87, 113。亦见 jōruri

"Poem on Leaving Japan"《离开日本的诗》（与谢野铁干）106

Poems to Eat《吃的诗》（啄木）175–176, 178, 182–183, 251n.1

poetry 诗歌：发表于《朝日新闻》160, 168, 169, 174, 175；诗歌聚会 94, 107, 114, 115, 124; 论诗歌 175, 183, 184–186; 相比小说 108–109, 113–115, 124, 127–128, 160; 稿费收入 22, 50, 174; 连歌 2; 新体诗 182–183, 252n.10; 啄木出版诗歌 18, 20, 55, 115, 160, 169, 174, 215; 用罗马字写成的诗 140, 141; 节子的诗 155; 诗风 33, 175–179, 190; 十四行诗 2, 9; 发表于《昴》119; 啄木论诗 163, 175–186; 啄木的日记 102, 133, 160, 238n.35; 啄木的学生 43; 西方诗歌 1–2, 182; 与谢野铁干的诗 94, 106。亦见 tanka poetry; 具体的作家和作品；诗歌讨论会 26, 124; 在函馆 57, 65–66; 森鸥外 107–108, 116; 在东京 21–22, 114, 116

politics, revolutionary 政治革命 37, 41–42, 208, 252n.2; 无政府主义者 188, 189–191, 196, 198–200; 与大逆审判 190–191; 与野口雨情 74; 与瓦格纳 29。亦见 Socialism

Portuguese language 葡萄牙语 139–140

prostitutes 妓女 144–145, 149–150

realism 现实主义 37, 118, 145–146

Rescript on Education (1872)《教育敕语》(1872) 8

"Rinchūsho"《林中书》(啄木) 228n.23, 228n.28

"Road, The"《路》(啄木) 160, 168

Rodrigues, João 若昂·罗德里格斯 139

Romaji Diary《罗马字日记》(啄木) 128, 134, 136–152, 153, 192; 关于金田一京助 127; 作为文学 141, 152, 158; 论及婚姻 33, 144; 论及自然主义 164; 其中的现实主义 145–146; 关于节子 4–5, 141, 143–144; 关于自杀 132, 146, 148, 151; 论及女性 12, 142–146, 149–150

Rōmaji kai (society of poets) 罗马字诗歌会(诗社) 141

romanization (rōmaji) 罗马字 136–140, 191, 247n.12

romanticism 浪漫主义 118

Russia 俄国 44, 100, 165, 196, 229n.28, 253n.14

Russo-Japanese War 日俄战争(1904—1905) 37–38, 39, 46, 88, 194–195, 197, 237n.8

Sad Toys《可悲的玩具》(啄木) 212, 216–217

Saigō Takamori 西乡隆盛 190

"Saikai"《再会》(啄木) 236n.36

Saitō Saburō 斋藤三郎 6, 12

Saitō Taiken 斋藤大砚 234n.5

Sakai Toshihiko 堺利彦 188, 194, 253n.6

Sapporo 札幌(北海道) 65, 67–68, 72, 77, 241n.28

Sasaki Nobutsuna 佐佐木信纲 107–108, 114, 215

Satō Hokkō (Ikkō) 佐藤北江(佐藤真一) 129–130, 170, 213, 244n.29, 245n.43, 251n.25; 来自佐藤的帮助, 132–133, 134, 193

Satō Isen 佐藤衣川 244n.31

Satō Kuniji 佐藤国司 237n.9

Sawada Shintarō 泽田信太郎 76, 77, 78–79, 232n.13

Schopenhauer, Arthur 叔本华 37

"Secret Song of the Heretics"《邪宗门秘曲》(北原白秋) 136–137

Segawa Fukashi 濑川深 173, 191, 198

"Setchūkō"《雪中旅行》(啄木) 85

Shadow of a Bird《鸟影》(啄木) 119–120, 129, 240n.27, 242n.56

Shakespeare, William 莎士比亚 23–24, 87, 113

shi poetry 诗 33, 175–179, 190

Shibukawa Genji 涉川玄耳 169, 171

Shibutami 涉民 / 涩民(岩手) 20; 冲突 33–34, 50–51; 方言 120; 怀乡 21, 72, 133, 169; 啄木在涩民

6–10, 25–26, 27, 35–44; 教师罢工事件 53–54

"Shibutami Diary" 涩民日记（啄木）35

Shibutami Elementary School 涩民小学 7–8, 40, 67, 127

Shimazaki Tōson 岛崎藤村 37, 105, 106, 227n.4

shintaishi poetry 新体诗 182–183, 252n.10

Shiraishi Yoshirō 白石义郎 71, 74, 90, 101, 234n.15, 235n.20, 239n.39; 与《钏路新闻》82–83, 84–87, 89; 啄木与白石决裂 96–99; 啄木辞职 77–78 "Shizuko no hi"《静子之恋》（啄木）119

short stories 短篇小说（啄木）37, 84, 128, 166, 168; 与日记 80, 124–125; 与小说 119; 出版 130, 160; 啄木的小说尝试 109–110, 129, 134, 150–151, 158, 178

Shōtenchi《小天地》（杂志）34, 39, 55

Shun'yōdō 春阳堂（出版商）130, 168, 169, 250n.17

Social Revolutionary Party 社会革命党 187

socialism 社会主义 47, 165, 194; vs. 无政府主义 188; 国家社会主义 198; 议会社会主义 199; 与啄木 49, 69, 80, 181, 188, 189, 191, 199, 200; 与托尔斯泰 38, 195–196

socialistic imperialism 社会帝国主义 198, 199–200

Sokkyō shijin《即兴诗人》（安徒生著，森鸥外译）24, 21

"Sokubaku"《束缚》（啄木）124–125, 166; 103, 137

Sokuseki《足迹》（啄木）127–128, 243n.21; 105, 111 注释 21

sonnets 十四行诗 2, 9; 3, 8

"Sōretsu"《葬列》（啄木）43, 51

"Sorrows of Shizuko, The" (Shizuko no hi; Takuboku)《静子之恋》（啄木）119

Sōsaku《创作》（杂志）184

Spring《春》（岛崎藤村）105, 106

Stark, Oskar Victorovich 奥斯卡·维克多维奇·斯塔克 228n.6

Subaru《昴》（杂志）118–119, 121–124, 129, 133, 160, 188, 242n.60;《足迹》发表于《昴》127–28, 243n.21;《昴》和《明星》122, 188

Sugawara Yoshiko 菅原芳子 115–117, 119

"Summer in Hakodate, A"《函馆之夏》（啄木）58

Susukida Kyūkin 薄田泣堇 36

symbolism 象征主义 109

Tachibana Chieko 橘智惠子 60–61, 144

Taishō 大正天皇 97

Takamura Kōun 高村光云 225n.1

Takuboku's Thought and English Literature (Mori Hajime)《啄木的思想和英语文学》（森一）25

Tale of Genji, The《源氏物语》（紫式部）112, 240n.27

Tales from Shakespeare《莎士比亚故事集》（兰姆）23–24

Tales of the Heike, The《平家物语》139

Tamura Ine 田村稲 203, 205, 206, 256n.7

Tamura Sada 田村サダ（姐姐）224n.10, 256n.7

Tanizaki Jun'ichirō 谷崎润一郎 64–65

"Tanka metsubō shiron"《短歌灭亡私论》（尾上八郎）183

tanka poetry 短歌：古典日语短歌 181–182, 184; 短歌比赛 94; 关于短歌的讨论 181–182; 父亲所写歌, 11, 177; 对啄木的影响 11–12, 21, 22; 单行短歌 254n.17; 现代短歌 84; 相近诗 176, 177, 178; 与啄木 1, 80, 128, 164, 168, 169, 193; 啄木论短歌 4, 175–186, 183; 土岐善麿创作的短歌 191

Tannhäuser《唐豪瑟》（瓦格纳）27, 28, 29

Tōgō Heihachirō 东乡平八郎（联合舰队司令官）195

Toki Zenmaro 土岐善麿 191, 194, 209, 213, 251n.29, 254n.17; 日记, 220; 作为编辑, 217–219; 与啄木的病, 193

Tokyo 东京 31, 82, 90; 关东大地震（1923）64–65; 家人在东京 131, 135, 143, 151–154, 226n.18, 245n.36, 248n.3, 258n.42; 金田一京助在东京 106, 108, 111, 114, 122, 132, 152; 诗歌集会 21–22, 114, 116; 节子与东京 21, 131, 134, 160–162; 啄木在东京 18, 19–25, 103, 104–120, 181; 东京的吉原町 149。亦见 Asakusa district

Tōkyō mainichi shinbun《东京每日新闻》120

Tolstoy, Leo 托尔斯泰 30, 38, 100, 194, 195–196, 197

Tomita Koichirō 富田小一郎 16

Tōundō 东云堂（出版社）170, 171, 218; 139, 140, 177

"Travel in the Snow"《雪中旅行》（啄木）85

Tsubouchi Shōyō 坪内逍遥 165, 250n.10

Turgenev, Ivan 伊凡·屠格涅夫 111–112, 165, 180, 244n.27

Ueda Bin 上田敏 14, 33, 36, 225n.28

Uesugi Shōnan 上杉小南 91

Union Society 联合协会 17, 18, 25, 30

United States 美国 36, 188, 196–197, 199

"Uta no urouro"《所有种类的诗》（啄木）219

Wagner (Lidgey)《瓦格纳》(李吉) 27；24

Wagner, Richard 理查德·瓦格纳 10, 27–30, 59, 68, 224n.13

"Wagner's Thought"《瓦格纳的思想》(啄木) 27–30

Wakayama Bokusui 若山牧水 211–212, 213

"Warera no ichidan to kare"《我们这帮人和他》(啄木) 160

Waseda bungaku (magazine)《早稻田文库》(杂志) 174

West 西方 4, 106, 197; 与艺术 19; 与诗歌 1–2, 182; 与罗马字 140。亦见特定的国家

Wilde, Oscar 奥斯卡·王尔德 131, 137–139, 145, 245n.37, 246n.5

women 女性：暧昧情事 93–101, 112, 131, 144, 150, 158, 238n.35; 对话 109; 英国的女性 87–88; 书信往来 94, 115, 116, 117–118, 187; 小说中的女性, 109; 作为诗人的女性 116; 啄木论女性 22–23, 87–88, 94, 116, 117, 142–146, 149–150, 187。亦见 geishas; prostitutes

"Women of the New Era"《新时代的女性》(啄木), 87–88；73–74

Wordsworth, William 威廉·华兹华斯 27

Yakushiji Gyōun 药师寺行云 19, 225n.1

Yamagata Yūzaburō 山县勇三郎 70, 71

Yamamoto Senzaburō 山本千三郎 23

Yamamoto Tora 山本トラ (姐姐) 54, 70, 85, 203, 210, 224n.10, 258n.42

Yayoi School 弥生小学 (函馆) 60, 65, 67, 69

Yearning (Akogare; Takuboku)《憧憬》(啄木) 33, 60, 177

Yobuko to kuchibue《笛子和口哨》(啄木) 190, 253n.12

Yokoyama Jōtō 横山 (《北东新报》记者，名不详) 98, 100, 239n.40

Yosano Akiko 与谢野晶子 20, 81–82, 131, 188, 236n.36, 243nn.10–11; 与晶子的友谊 22, 23, 124, 147;《明星》106, 107; 作为诗人的晶子 116; 啄木的作品 33, 128, 215

Yosano Tekkan 与谢野铁干 70, 114–115, 131, 236n.36, 240n.13, 243nn.10–11; 铁干的批评 51–52; 与铁干的友谊 20, 21–23, 124; 与大逆审判 188; 与《明星》107, 108, 118, 121; 起名缘由 239n.5; 铁干的诗 94, 106; 诗中的铁干 104–105

Yoshii Isamu 吉井勇 107–108, 122, 124, 243n.10

Yumi-machi yori《从弓町来》(啄木) 175

图书在版编目（CIP）数据

石川啄木 /（日）唐纳德・基恩著；沙青青译.
上海：上海文艺出版社，2025. --（艺文志）. -- ISBN
978-7-5321-9188-8

Ⅰ. K833.135.6

中国国家版本馆CIP数据核字第20259CA689号

策划编辑：肖海鸥
责任编辑：魏钊凌
装帧设计：尚燕平
内文制作：常　亨

书　　名：	石川啄木
作　　者：	[日] 唐纳德・基恩
译　　者：	沙青青
出　　版：	上海世纪出版集团　上海文艺出版社
地　　址：	上海市闵行区号景路159弄A座2楼 201101
发　　行：	上海文艺出版社发行中心
	上海市闵行区号景路159弄A座2楼206室 201101 www.ewen.co
印　　刷：	苏州市越洋印刷有限公司
开　　本：	1092×787　1/32
印　　张：	10.75
插　　页：	2
字　　数：	206,000
印　　次：	2025年3月第1版　2025年3月第1次印刷
ＩＳＢＮ：	978-7-5321-9188-8/K.495
定　　价：	68.00元
告 读 者：	如发现本书有质量问题请与印刷厂质量科联系　T：0512-68180628

THE FIRST MODERN JAPANESE: The Life of Ishikawa Takuboku
by Donald Keene
Copyright © 2016 Donald Keene
Chinese Simplified translation copyright © 2025
by Shanghai Literature & Art Publishing House
Published by arrangement with Columbia University Press
through Bardon-Chinese Media Agency

博達著作權代理有限公司
ALL RIGHTS RESERVED

著作权合同登记图字：09-2020-787号

封面的啄木亲笔字迹及书名设计素材来自日本国立国会图书馆：
石川啄木 [著]『暇ナ時：歌稿ノート』,八木書店,1956.
国立国会図書館デジタルコレクション
https://dl.ndl.go.jp/pid/2541780 (参照 2025-03-05)
石川啄木//〔著〕『石川啄木書簡』,写,明治41（1908）.
国立国会図書館デジタルコレクション
https://dl.ndl.go.jp/pid/1286739 (参照 2025-03-05)